陈式太极拳新架二路

意气势练习及用法

安在峰　编著

人民体育出版社

图书在版编目(CIP)数据

陈式太极拳新架二路意气势练习及用法 / 安在峰编著.
–北京：人民体育出版社，2013
ISBN 978-7-5009-4436-2

Ⅰ.①陈… Ⅱ.①安… Ⅲ.①陈式太极拳–套路（武术）
Ⅳ.①G852.11

中国版本图书馆 CIP 数据核字(2013)第 034325 号

*
人民体育出版社出版发行
三河兴达印务有限公司印刷
新 华 书 店 经 销
*
850×1168 32 开本 18 印张 418 千字
2013 年 6 月第 1 版 2013 年 6 月第 1 次印刷
印数：1—5,000 册
*
ISBN 978-7-5009-4436-2
定价：36.00 元

社址：北京市东城区体育馆路 8 号（天坛公园东门）
电话：67151482（发行部） 邮编：100061
传真：67151483 邮购：67118491
网址：www.sportspublish.com

前　言

陈式太极拳由明末战将河南温县陈家沟人陈王廷，综合吸收了明代各家拳法之长，以戚继光《拳经·三十二势》为基础，运用古代导引吐纳方法，采纳阴阳学说创造而成的，是使人身心得到锻炼的一种拳术套路。在发展过程中它形成了老架与新架，老架与新架又各包括一路和二路两个套路。其新架二路（亦称炮捶）是由温县陈家沟陈氏第十七世陈发科，在缠绕圆转，曲折连贯，腰为主宰，以身带臂，对称协调，圆满灵活，柔中显刚，快脆抖弹，刚猛突出，快慢相间，节奏鲜明，呼吸随势，意气势合的陈式太极拳老架二路的招式基础上，增加了转腕缠绕等动作创编而成。动作比较复杂，套路中以采、挒、肘、靠四隅手的运用为主，掤、捋、挤、按四正手的运用为辅。刚中寓柔、力求坚刚，震脚发力、闪战腾挪、蹿蹦跳跃、松活弹抖，着重于弹性劲的练习。外形上显示极刚、跳跃为主，缓柔沉稳为负的特点。运劲方法要求：以手领身，配合灵活的步法；以刚为主，刚柔相济；以内劲为通元，内不动外不发，一动全动，节节贯串，完整一气，具有卓越的技击、实战、健身、养生的作用。

经常练习可在运动中得以通气活血，静中修神养性，内外兼顾，身心交修。也就是使意识、呼吸、动作三者密切结合，从而达到调整人体阴阳、疏通经络、和畅气血的目的和提高技击实战能力。

陈式太极拳新架二路也是太极拳运动中的经典套路，是我国民族武林宝库中的瑰宝，深受广大群众的喜爱。为了进一步提高广大的陈式太极拳爱好者运动技术水平，编写了这本《陈式太极拳新架二路意气势练习及用法》。

本书既讲功理（介绍陈式太极拳新架二路起源发展、套路结构、技术特点、练习要领、姿势要求、练法要求、练习步骤，基本手型、基本步型、基本身型，基本手法、基本步法、基本身法、呼吸方法、基本套路），又讲套路练法和功夫练法及招势的实战用法，兼顾运气和用意。书中着重对套路、功法动作的呼吸配合，意念中的导气法和技击法等进行了讲述，并配以作者自己示范的标准动作照片，旨在启发学练者习练用意和运气，使学练者能真正掌握陈式太极拳新架二路内外结合的要领和方法。

本书不仅对套路进行分段，还对动作加注了分解式名，新编了动作歌诀，而且揭示了其动作与呼吸、意念密切结合的奥秘，披露了其动作在实战时应用方法，这些内容都是其他同类书中没有涉及到的层面。

“太极拳在内不在外”“练意不练力”，这是对太极拳练法的要求。“内”指的是运气和用意，讲究的是精气神。怎样才能掌握练“内”呢？这就是本书所要阐明的主要问题。编写此书的目的，就是让学习陈式太极拳新架二路者练会套路之后，还要学会配合呼吸和用意的方法及每个动作在实战时的用法，使拳理和动作结合起来，真正掌握陈式新架二路拳的内在实质，全面提高运动技术水平，使锻炼效果更佳，能有效地起到预防疾病，增进健康，延年益寿和防身自卫的作用。

本书力求内容全面、系统，讲解深入浅出、文字简明，并配有大量的动作照片，通俗易懂，是广大太极拳爱好者的良师益友。

本书在编写过程中，得到主治中医师、瑜伽大师、太极拳传人刘召侠和摄影师赵立玲女士的大力支持与帮助，在此一并表示衷心感谢！

由于水平所限，书中难免有不足之处，恳请广大读者批评指正。

安在峰

二〇一二年八月四日于汉高故里

目　录

第一章　新架二路拳概述

第一节　起源发展

太极拳是在综合吸收明代各家拳法的基础上，结合道家导引、吐纳之术，运用道家的阴阳学说和中医经络学说而形成的一种心静体松，以意行气，通畅经络，壮内强体的拳术。它是中华民族辩证的理论思维与武术、技击、艺术、导引术的完美结合，是高层次的人体文化。其拳理来源于《易经》《黄帝内经》《黄庭经》《子午流注》《纪效新书》等中国传统哲学、医术、武术等经典著作，并在其长期的发展过程中又吸收了道、儒等文化的合理内容，因而太极拳是我国宝贵文化遗产之一。

陈式太极拳是太极拳之一种，陈式太极拳为陈王廷所创。陈王廷（约1600—1680年）又名陈奏廷，河南温县陈家沟人，陈氏九世孙，系明末文庠生、清初武庠生，文武双全，曾只身闯玉带山，劝阻登封武举李际遇叛乱，为清廷在山东平定盗匪立过战功，在河南、山东负有盛名却不被清廷重用。陈王廷报国无门，收心隐退，在耕作之余，依据祖传拳法，博采众家之精华，结合中医经络学说和导引、吐呐之术，以古代阴阳学说为理论依据，创编了陈式太极拳。

从陈王廷的《遗词》上半首说：“叹当年，披坚执锐，扫荡群寇，几次颠险。蒙恩赐，枉徒然；到如今，年老残喘，只落得《黄庭》一卷随身伴。闲来时造拳，忙来时耕田，趁余闲，教下些弟子儿孙，成龙成虎任方便……”陈王廷于明亡时正当壮年，到“年老残喘”，尚能“耕田”“造拳”，可推定其创造太极拳，应在 17 世纪 70 年代，即 1644 年明亡后的三十年光景。《黄庭经》是道家“嘘吸庐外，出入丹田”的导引、吐纳方法，从《陈氏拳械谱》可知，太极拳套路原有五个套路，又名十三势，另有长拳一百单八势一套，炮捶一路。

自陈王廷创陈式太极拳以来，世代沿袭，名家辈出，历久不衰。故陈家沟流传着“喝了陈家沟的水，都会跷跷腿”和“谁说咱不会？给你来个金刚大捣碓”的歌谣。

清道光年间，陈氏十四世祖陈长兴（1771—1853 年），立身中正，形若木鸡，人称“牌位先生”，拳技高超，著有《太极拳十大要论》《太极拳战斗篇》和《太极拳用武要言》，将太极拳套路精练简化为太极拳一路和二路，称为陈式太极拳老架。所传授弟子的代表有陈耕耘、杨露禅等。

陈发科（1887—1957 年），陈氏十七世祖，陈式太极拳第九代传人，祖父陈耕耘先生和父亲陈延熙先生也都是陈式太极拳高手。陈发科幼年之时受溺爱，父母也不督促其练拳，加之对饮食不加节制，肚子上长了痞块，整日吃不了东西，身体十分羸弱。在十四岁时，在街上玩耍，同族的叔伯们在他的面前议论：“他们家辈辈出能人，他老祖宗，他爷爷，他父亲都是高手，到了他这儿算是完了，你看这孩子这样，整天光知道玩。”从此他暗下功夫，加强练拳，每日练拳几十遍。如此苦练数年，不仅痞块消失，身体健壮，而且拳艺大增，功夫越来越精湛。但他并不满足于此，在其父的严格要求和精心指导下，更加勤学苦练，拳艺日臻化境，混元内气雄浑虚灵，缠丝内劲刚柔兼备，使陈式太极拳新架以此定型。他所授弟子的代表有陈照旭、陈照奎、冯志强、洪均生、顾留馨、田秀臣等。

陈照旭（1909—1960），陈氏第十八世祖，陈式太极拳第十代传人。陈照旭先生是著名陈式太极拳泰斗陈发科次子，自幼随父习拳，勤学苦练，二十岁时，功夫已达很高水平，与人较技，能轻易制服对手，嗜好喜学书画及二胡，一次与其父推手，被其父一个抖擞劲发放，身子即腾空数尺，才深感自己之功夫与父亲相差甚远，故乃将笔墨和二胡焚毁，发奋图强，日练大架功法三十遍，三年不辍，终至内气充盈，精神饱满，功夫达到高级境界。

陈照奎（1928—1981 年），祖籍河南温县陈家沟，随父定居北京。为陈氏十八世祖，陈式太极拳第十代传人。陈照奎先生是著名陈式太极拳泰斗陈发科的幼子。四岁随父赴北京，七岁从父学习家传拳术。他学拳刻苦，拳走低架，胸腰折叠，手法多变。拳架中正、流畅，精于闪、战、弹、抖。推手、擒拿功夫可达出神入化境地。

陈式太极拳有老架和新架之分。其新架拳中二路亦为经典之作。

第二节 套路结构

陈式太极拳新架二路是由陈发科在陈式太极拳老架二路的基础上增加了转腕缠绕等动作，由其本人修改、其子陈照奎定型的套路。以采、挒、肘、靠四隅手为运用为主，掤、捋、挤、按四正手的运用为辅，动作刚中寓刚，力求坚刚，震脚发力，闪站腾挪，蹿蹦跳跃，松活弹抖，着重于弹性劲的练习。

外形上显示极刚，跳跃为主，缓柔沉稳为辅，具有卓越的技击、健身、养生作用。

练习时要求以手领身，配合灵活的步法；以刚为主，刚柔相济；以内劲为统驭，内不动外不发，一动全动，节节贯穿，完整一气。外形走弧线，内劲走螺旋，整套拳没有平面，没有直线，非圆即弧，浑然一圆。整套共有七十一个动作。

该套路共分为四段：第一段由十八个动作组成。其段开始五个动作大方舒展，动作柔和缓慢，劲路缠绕拧旋，步法平稳扎实。单鞭之后拳势突然转为猛烈起来，劲力刚猛的搬拦捶接跳跃转身，发力暴烈的护心拳，使平缓的气氛一下子活跃了起来。接着斜行拗步、煞腰压肘拳、井拦直入、风扫梅花、金刚捣碓、披身捶使极刚的拳势缓柔下来，却又被翻身跳跃，纵步飞身的翻花舞袖、飞步腰拦肘中间穿插的发力动作掩手肱拳引向小的高潮。第二段二十三个动作，大体上以云手、连珠炮、白蛇吐信、裹鞭炮四大组动作为主，步子灵活平稳，上肢伸展卷放，有些动作连续反复练习，以加强动作的练习强度，有些动作兼带跳跃、快速发力，爆发突然，使套路初步进入了高潮。第三段由十四个动作组成，除抹眉肱、倒插，出现了左右黄龙三搅水、左冲、右冲、左右蹬一根的左右对称动作和海底翻花、掩手肱拳几个重复动作外，着重于左右蹬一根和前后扫蹚腿的腿法练习，这些腿法不仅有左和右及前和后的，而且还有蹬踹的，有扫转的，可谓是丰富多彩，变化多端，使套路高潮逐步升级。第四段由十六个动作构成，主要是拳法及肘法的练习，拳法有上步冲拳、有顺步冲拳、有马步侧搡拳、有架拳、有撩拳、有砸拳，且有多组连环拳；肘法有格肘、架肘、横击肘、顶击肘等。这动作都达到了极快、极刚，使套路进入最后高潮，达到了顶峰。

在动作的编排中，不难看出，编创者考虑了动作的侧重，有些重要的动作如金刚捣碓、掩手肱拳、腰拦肘、翻花舞袖等有多处重复练习外，还有些重要的动作如运手、连珠炮、白蛇吐信、裹鞭炮、黄龙三搅水、蹬一根、夺二肱、玉女穿梭等安排了反复性的重复练习，以突出重点，加大练习强度；同时也考虑了拳势的左右对称，如右右黄龙三搅水、左冲、右冲、玉女穿梭、回头当门炮等，在原右（左）势的基础上，增加了左（右）势，使身体得到均衡的全面锻炼。

第三节　技术特点

一、积柔成刚，以刚为主

陈式太极拳新架二路以刚为主，从松柔入手，刚中寓柔；行气运劲，以缠丝劲的锻炼为主，而刚发的动作较多。质量以刚强是求，刚强是克制柔弱之道。而至刚亦能克刚，故以刚中有柔，为克柔胜刚之道。刚遇至刚则刚坏，柔遇刚则折。新架二路多有“窜蹦跳跃，腾挪闪站”的动作，又多“震脚”、“发劲”，故速度较快，爆发力较强。

这套拳是从松柔入手的，初期动作力求徐缓，揣摩行气运劲，全身内外，一动全动，使之能处处保持平衡而不失其势，练成随遇平衡的技能。做到以身领手，足催手运，动分（离心力）静合（向心力），不断变化，不断调和。在松柔中产生化发之劲，化之缠转软活，发如弓崩射箭。缠丝劲是粘化、牵动、进逼的核心，缠绕圆转，功深后能达到即化即发，依着何处便从何处发的技术。这种依着何处何处发的技术是为“积柔成刚”。发劲的运用，原则上是没有牵动则不发。缠丝劲的锻炼，能逐渐产生一种似柔非柔，似刚非刚，极为沉稳而又灵活善变的内劲。这种灵活善变的内劲是为“刚极则柔”。两种兼之，浑然一体，随心所欲，是为“刚柔相济”。其练习是由慢到快、快后复慢，而又都是快慢相兼。

新架二路的刚不是人们动作中原有的僵劲，应使它化为柔软，这是化柔的时期，这个时期愈长，则愈可把僵硬摧毁得彻底。此时的要点是仍须不失绵软，在柔软之下，向着更有弹性的坚刚阶段迈进。这时的刚，不是僵劲之刚，而是由松开和放长而产生的弹性的刚。因为身肢放长，并不断螺旋式地搅来搅去，就可产生这种弹性。只有这种具有弹性的刚，才能达到“外显柔软，内含坚刚”的要求。这种刚柔的变换是由精神意气的隐显来掌握的。所谓“隐则柔”“显则刚”，就是这个道理。功夫精进后，劲可内隐得极深，使外形显得极柔，使人感到好像又回复到柔上去了，其实内在的质量却更加刚了。因此，积柔成刚、以刚为主就成了陈式太极拳新架二路的显著特点。

二、快慢相间，速度占先

陈式太极拳新架二路是按动作的刚柔，速度的快慢，劲力的蓄发，重心的虚实等矛盾对立统一规律组成的，每个动作、每个段落都体现出了较强的节奏感。如在掩手肱拳这个动作中，蓄劲时的柔缓卷收和出拳发力时的迅速展放所形成的节奏变化，正如拳谚所说的“蓄劲如张弓，发劲似射箭”，体现了陈式太极拳新架二路刚柔相济，快慢相间、节奏鲜明的特点。

套路中的每个动作组合、每个段落，都是由刚柔相济、快慢相间、起伏转折等动作相互衬托、鲜明对比构成的。如第一段前半段中的金刚捣碓、揽扎衣、六封四闭、单鞭这些动作，比后面的动作都显得悠悠缓慢柔和；而第四段的动作夺二肱、连环炮、玉女穿梭、回头当门炮、撇身捶、拗拦肘、顺拦肘、穿心肘、窝底炮，一式快过一式，如疾风暴雨，惊涛拍岸，这与第一段的前半段比有着明显的区别。当然其它段落的动作组合，快慢相兼的特点也是较为明显，再说第一段，它前半段正处于柔和缓慢之中，而突然一个搬拦捶接护心拳而快了起来，却又由斜行、煞腰压肘拳快着快着又由井栏直入、风扫梅花和回头金刚捣碓，撇身捶将其再次缓慢了下来。再如第二段激烈的连珠炮连续的白蛇吐信和裹鞭炮接兽头势、披架子、翻花舞袖、掩手肱拳却由伏虎势及第三段里的抹眉肱、黄龙三搅水将其慢了下来，到了第四段连环炮、玉女穿梭、回门当门炮左右过后撇身捶紧接拗拦肘、顺拦肘、穿心肘和窝底炮，一肘紧似一肘，把套路推向了高潮的顶点。通过以上分析，从总体上来看，整个套路显得节奏鲜明、快慢相间、速度占先。

三、蹿蹦跳跃，腾挪闪站

陈式太极拳新架二路中有很多的动作在换式或换步时运用了跳跃动作，如第五式单鞭过渡到第六式护心拳时；第十五式斩手过渡到第十六式翻花舞袖时；第十八式飞步腰拦肘过渡到云手时；第十九式、第二十一式两个云手之间的第二十式高探马；第二十九式白蛇吐信过渡到第三十一式掩手肱拳时的海底翻花等，这些有的是翻身跳跃、有的是转身跳跃，有的是纵身飞跃、有的是提膝震脚等，使这些跳跃、腾挪动作贯穿于整个套路之中。还有些动作采用了急速上步、快速转身的动作，如搅扎衣是的“擦脚合臂”、单鞭中的“提勾擦脚”、斜行中的“转身提勾”、撇身捶中的“屈肘靠臂”、倒骑龙过渡到白蛇吐信中的“转身拦掌”、伏虎中的“仆步架拳”、左右冲中的“换步双冲”回头当门炮中的“转身摆拳”等，使这些闪站的动作贯穿于整个套路。使套路练起来显示出高低起伏、有起有落、忽高忽低、忽左忽右、蹿蹦跳跃、腾挪闪站的突出特点。

四、缠绕曲折，突发抖劲

陈式太极拳新架二路每个动作都是以螺旋和抽丝式的运动为核心的、由内及外的圆弧运动。外形主要表现为：上肢在空间做不同大小、不同形式的圆弧运动，同时上肢自身还要做螺丝形的旋转进退动作（如运手，两臂在体前交互外绕圈的同时，本身还要做内、外旋的转动）。上肢在做圆弧缠绕运动的同时，全身上下都在和谐地进行着或大或小、或明或暗的圆形动作配合。加之动作往复之间有“折叠”手法，所以使得动作更加圆活曲折。

在整套陈式太极拳各动作之间的衔接处，不可有明显的停顿，一些技术手法，如“续换”“折叠”等，是一种劲力的顿挫变换和动作衔接方式，而不是动作的停顿、继续。

动作时上下相随，刚柔相济，快慢相间；外形走弧线，内劲走螺旋，以身领手，以腰为轴，缠绕圆转，节节贯串，内劲统领全身。一动则周身无有不动，一静百骸皆静，运动如行云流水，连绵不断，发劲时松活弹抖，突然爆发，完整一气。逐渐产生一种似柔非柔，似刚非刚，极为沉重而又极为灵活善变的内劲，如棉花裹铁，外柔内刚。缠绕曲折，突发抖劲成了新架二路的显著特点。

五、步法灵活，手法多变

陈式太极拳新架二路中的步子有些采用了点起点落，例如预备式的开步站立，开步时先提脚跟，再提脚尖，落步是先落脚尖再落脚跟然后全脚踏实；再如金刚捣碓的“擦脚平推”时的提膝先提脚跟再提脚尖然后提起，擦脚时以脚跟内侧向外搓出后，再前脚掌着地最后全脚踏实；懒扎衣的“擦脚合臂”、单鞭的“屈膝擦脚”、斜行拗步的“擦脚绕臂”、掩手肱拳的“擦脚合臂”等等，这些点起点落的步子贯穿整个套路之中，显得步子轻巧灵活。再者套路中有很多动作在换式时采用了各种跳跃、换步、震脚等步法，跳跃有翻身跳跃、转身跳跃、纵身飞跃等；换步有收脚换步、跨脚换步、上脚换步、跟脚换步、插脚换步、摆脚换步、扣脚换步等，这些换步中又有快（快与极快的换步称之为“闪站”）有慢；震脚有提膝震脚、转身震脚等步法，这些步法贯穿整个套路中，随处可见，使之体现出步法灵活的特点。

陈式太极拳新架二路每个动作都是以螺旋和圆弧运动。手要做各种不同大小、不同形式的圆弧运动，同时还要做自身的翻旋绕转。这些圆弧运动轨迹包括平圆弧、立圆弧、斜圆弧、内划圆弧、外划圆弧，内套圆弧、外切圆弧、交叉圆弧、有整圆、有半圆、有少半圆的弧、还有 “S”曲线弧、往复折叠弧等；手的翻旋绕转有内旋、外旋，前翻、里翻，平绕、立绕、斜绕，另外又有冲、摆、砸、架、搬拳等不同拳法；按、摆、拦、捋等不同掌法；蹬、踹、扫等不同腿法；顶、拐、撅、压等不同肘法，交替互换，虚实互变，刚柔相济，阴阳互化，随屈就伸，变化多端，使整个套路显示出手法多变的特点。

六、呼吸随势，意气势合

陈式太极拳新架二路的呼吸是在动作的开合、虚实的变化基础上进行的，其结合的一般规律是蓄收起屈时吸气，发放落伸时呼气。动作是在意识的支配下进行的。练拳时一举一动均要运用意念，不用拙力。

陈式太极拳新架二路的用意方法很多，除支配动作、呼吸的意识外，本书着重介绍了导引法和技击法两种意念方法：导引法是用意念导引内气循经运行的一种方法，循经导气可使气血周流全身，疏通经络，平衡阴阳；技击法是一种练拳时面前“无人似有人”的练法，以增强攻防意识，提高技击能力，加深对套路动作技法和用法及内含的理解。以上两种意念，在练拳时可根据需要选择其一；以意领动，以意行气，以气运身，意到气到，气到劲到，久练之后，可内外合一，体现出陈式太极拳的呼吸随势，意气势合的特点。

第四节　动作要领

练习陈式太极拳新架二路时有十大要领，即“虚灵顶劲、含胸拔背、沉肩坠肘、松腰沉胯、虚实分明、上下相随、用意不用力、动中求静、以意行气、内外合一”。这十大要领是练习陈式太极拳新架二路动作的规范和标准。掌握好这十大要领，是练好陈式太极拳的根本保证。因此，练习陈式太极拳者必须理解和掌握这十大要领，严格遵循。

一、虚灵顶劲

虚灵顶劲也作“虚领顶劲”，语出王宗岳《太极拳论》。《十三势歌诀》说“尾闾中正神贯顶，满身轻利顶头悬”也指此意。它是陈式太极拳新架二路练习的动作要领，是身体姿势端正稳静舒适之后，虚灵之气自然上升的意思。也指练习陈式太极拳新架二路时，始终保持头容端正，百会穴轻轻向上领起，有绳提之意。

要想做到虚灵顶劲，对于身型上的要求是：脊椎松直，两肩平稳端正，竖项，头顶百会略上领起，下颌微微内收，周身放松，两脚平踏地面，有头顶天，足入地之感。《拳论》说：“百会穴领其全身。” 虚灵顶劲就是要清气上升，虚达于百会穴。虚灵顶劲更本质的是指一种状态，在这种状态下，肢体得以开展，神意充沛，在练筋骨皮的同时，使精气神也得到锻炼。自始至终这种状态不可丢。

清气如何上升？《拳论》说：“非平心静气不可，浊气必下降至足。一势既完，上体清气皆使归于丹田，盖心气下，则全体之气无不俱下。”顶劲领起来，气归丹田穴，起于会阴穴，上行循腹里天突穴、廉泉穴、上督脉，亦由会阴穴起，过长强穴，顺脊逆行而上至百会穴。

何谓“顶劲”？《拳论》说：“顶劲者，是中气上冲于头顶者也。”如果中气不向上领，正气即塌，四肢瘫软，无所依附，犹如一堆烂泥，身架难以支起，更谈不上打拳。

但顶劲决非硬顶，硬顶是僵劲，非为真正的顶劲。“顶劲上领，意思如上顶破天，不可用气太过”。太过刚正气猛涌上头，头重脚轻，足下不稳，扭转不灵，气脉不通，横气填胸，有损身体健康。

顶劲又不可不及，不及则提不起精神。所以《拳论》说：“中气上提，若有意，若无意，不轻不重，似有似无，不过不及，折其中而已。” “打拳全是顶劲，顶劲领好，全身精神为之一振”。

练拳之初，很难真正领会其意，准确把握要领，只要由招熟渐悟到懂劲阶段，内气开始动荡，清气产生、丰盈，膀胱发热，丹田中正气浩瀚，才可真正体验灵机一动，清气上浮，周身空灵的奇妙境界，但尽管如此，演练者从一开始，就须严格遵守虚灵顶劲的要领。非如此，难以练好陈式太极拳，不会产生清气，也不会有以后的清气上升、浊气下降、随心所欲的通达和自如。

二、含胸拔背

“含胸”又作“涵胸”指胸部持自然正直状态，不可挺凸，又不可凹塌，此时胸部肌肉得到充分放松。“拔背”指背部肌肉松开，使脊骨有主领之意，从而保持身体的安定和畅。含胸与拔背是完整一体的要领 ，互为关联。杨澄甫指出：“能含胸则自能拔背”，就是说明这种关系。

含胸要含住劲，切忌胸部外挺，若胸部外挺，则会引起气雍胸表，致使自身上重下轻，脚腿上浮，重心不稳。含劲要四面包涵住，却不是紧紧收闭，而要“胸虚如磬”。《拳论》说：“中间胸腹自天突穴至脐下阴交、气海、石门、关元，如磬折如鞠躬形，是谓含住胸，是为合住劲，要虚。” “胸间松开，胸一松，全体舒畅，不可有心，亦不可无心。自华盖至石门要虚、含住，不可令横气填于胸中”。“胸膈横气卸到脚底，即不能，亦当卸至丹田”。也就是说在气未能贯注周身时，即使不可能下沉直达涌泉穴，也要沉入丹田。久而久之自能周身贯通。

拔背就是背部自然往外凸，形成圆弧状。不能用力，要自然，还有就是头顶与尾椎上下这两个点要在一条直线上。拔背活动幅度小，最多不超过30°。活动脊柱的胸椎，能够做到从前弓形转向后弓形的调剂活动，使脊髓神经获得良好的锻炼。其次，是在运动时能使肩背部分的肌肉得到更多的舒展，脊椎骨有力和富于弹性。

“含胸”和“拔背”是连在一起的，能含胸就能拔背。含胸是胸部中正自然，不凹不凸，两肩骨节微向前提，随着动作的变化，胸肌做左右弧形下沉。拔背是当胸略内含时，背部肌肉往下松沉，而两肩中间的脊骨似乎有鼓起上提、不是向后拉之意（特别是颈下脊椎第三根骨节）。

含胸拔背的目的，就是使背部有一个向外的圆形，将来练出手臂的松沉劲后，会感觉手臂的外部和背部合起来有一个向外撑的圈，这才是陈式太极拳的掤劲。

含胸的作用是为了有利于化劲，而拔背的作用则是为了有利于卷劲和放劲，所以，它们在技击上是蓄发相变的关系。“力由脊发”，“若问此中真消息，须寻脊背骨节中”，都说明拔背在卷劲和放劲时的主要作用。含胸拔背能使身体姿势中正不偏，在发劲技巧上同腰部联合起来而能起发动机的作用，使内劲起于脚跟，通于脊背，形于手指，因此“力由脊发”，“腰脊为第一主宰”。经络学说的督脉下起自骶骨尾部中央尾骨末端长强穴，沿督脉上行至颈部背面的大椎穴，而腧穴也都在背部，腧穴是人身气血的总汇，脏腑经气都由腧穴而相互贯通。陈式太极拳重视脊背的锻炼，可以起到调整阴阳、调和气血、开通闭塞的作用，从而达到阴平阳秘（阴平指体质适宜，阳秘指官能相称，即阴阳对立，互用并存的阴阳相对平衡），对机体消化机能、吸收机能和物质代谢等，都有显著良好作用。

所以，含胸拔背非常重要，须悉心掌握，方使全身气血才能走通走活。

三、沉肩坠肘

沉肩坠肘是指练拳时肩不上耸，将肩骨松开，使两肩自然向下松垂，两肘随之下塌，周身骨节放松，心气沉入丹田穴，清气上升，浊气下降至涌泉，全身贯通，劲达四梢。

《拳论》说："打拳运动全在手领，转换全在松肩，功久则肩之骨缝自开，不能勉强，左右肩松不下则转换不灵"。"胳膊如在肩上挂着一般"。"两肘当沉下，不沉则肩上扬，不适于用"。讲的都是沉肩坠肘的基本要领。

两肩要松下，不松下上身僵直，气脉不通，虚灵顶劲、气沉丹田穴无法完成。但松肩不是丢肩，丢肩则不提精神：更不可耸肩，耸肩气血上涌，中气不能通达四梢。故《拳论》说："肩塌下，不可架起来。"

又说："两肩要常松下，见有泛起，即将松下；然不得已上泛，听其上泛，泛毕即松，不松则全肱转换不灵。故宜泛则泛，宜松则松。每势毕，胸向前合，两肩彼此相呼应。"

沉肩坠肘是相互关联的，沉肩是坠肘的基础，坠肘是沉肩的进一步发展。做到了沉肩坠肘才能使胸部得到最大限度的放松，使气息平稳下沉，也使肢体圆活，利于动作的变化。沉肩坠肘无论在定式还是在动态中均应时时处处得到贯彻，这是陈式太极拳新架二路的基本要领要求。

四、松腰开胯

松腰则是指腰部松活。松腰时，“腰中要虚，一虚则上下皆灵”。在陈式太极拳练习中“腰为主宰”，腰紧则上下皆断。故强调“松腰”，虚实变化均由此生。拳诀说：“命意源头在腰际。”松腰是一种贯穿性的舒畅，起到承传的作用，既松又能承受所有劲力的疏导。

《拳论》说：“腰如车轴气如轮。”腰不能紧，紧则束气，全身僵直，腰部要松，肾气才能出入畅通，身体各部位正气皆可上下相通，贯注丹田，遍布周身。清气上升，浊气下降，上冲百会，下至涌泉，气随意动，处处开张，久而久之，内气自然充盈。

松腰能运周身之虚灵，可以促使虚实阴阳变化，足从手运，以腰为轴，圆转自如。与人交手，进退攻防，刚柔相济，松活弹抖，意到气到，足稳身固，无坚不摧。

开胯是指将胯部放开松活。胯为连接人体上下的重要部位，对于左右的对称运动也有枢纽作用。陈式太极拳中对于胯的作用十分重视，认为胯部松开灵活才能有利于全身放松，能使下盘更加稳固，有利于内气的鼓荡。

松腰开胯是互相关联的。松腰先要开胯。胯为腰根，开胯才能松腰。胯松、腰松，气脉才能贯通，涌泉穴、丹田穴、百会穴等穴位，才能一气相连。

因此，练习陈式太极拳新架二路须十分重视松腰开胯之要领，才能气血贯通，劲力顺达。

五、虚实分明

虚实分明是指在练习陈式太极拳新架二路时，不论是身体重心转换、蓄势发劲等动作的结构还是过程，均应有清晰的虚实。陈式太极拳中的虚实要始终不断地变化，变化要灵活。虚中要有实，实中要有虚。虚实要完整，单独只有虚的虚动作发飘，单独只有实的实动作就会发僵。虚实的结构应与陈式太极拳有合理的相应性，只有这样才能稳定灵活，进退转换变化自如。

周身上下，四肢百骸，无处不有虚实之分，所以，练习陈式太极拳的所有动作都必须虚实分明。动作虚实分明，即可灵活转化，才能耐久不疲，张弛轻重均匀转换，不致困顿。

练陈式太极拳时不仅双手要有虚实，双足要有虚实，左手和左足、右手和右足也要上下相随，在运动中分清虚实，左手实则左足虚，右手虚则右足实。一招一势，虚虚实实，遍藏玄机。

虚与实是相对立的一对矛盾，是相对而言的。虚，不是全无力量，过虚则浮飘，无着无落，根基不稳；实，也并非全部落实，过实则迟滞。只是比重各有所偏罢了。虚实不可过偏，所谓“偏”，是指人的重心的偏心距离超出两腿内距离的中间1/3的范围。过偏转换不灵。

虚实分明就是要求练习陈式太极拳者要尽量做到外形隐蔽，心中明了。“心要虚，心虚则四体皆虚，丹田与腰劲足底要实，三处一实则四体之虚皆实，此谓虚而实”。“实中有虚，虚中有实，太极自然之妙用，至结果之时，始悟其理之精妙”。

“开合虚实，即为拳经”。练习拳能虚实分明，深得虚实变化要领，则为掌握了太极拳的真谛。

六、上下相随

上下相随是指全身的统一协调运动。对于人体而言，上为阳，下为阴，上下相随也是阴阳相合的一种体现。陈式太极拳新架二路的劲起于脚，行于腿，主宰于腰，达于四指，周身必须上下相随，一气贯通。由腿而腰，由腰而臂，由臂达于手指。“发令者在心，传令者在手，观色者在目。手、眼、身法、步一齐俱到，缺一不可”。

要做到上下相随应着重注意几点：一是每式动作手、足、膝、胯应同时到位，上下一体，一气相连，说动一齐动，说停一齐停，将顶、裆、心、眼、耳、手、足、腰八体紧密结合，不先不后，迎送相当，前后左右，上下四旁，转机灵敏，缓急相当。正可谓“击首尾动精神贯，击尾首动脉络通，当中一击首尾动，上下四旁扣如弓”。不能因某一部位运动匆忙而造成动作变形；二是特别注意“腰为主宰”的功能，腰为连通上下之枢纽，为中心带动身体运转，就容易做到内外的同步和谐；三是意态上要轻灵，如此才可达到形体的不僵化，实现意动则全身皆动的效果。

初学者动作不熟，容易顾此失彼，顾上不顾下，顾下不顾上，必须加强训练，使之协调一致。同时，还要注意分清虚实，特别是左手虚与右手实，右手虚与左手实，左脚虚与右脚实，右脚虚与左脚实，左手虚与右脚实，右手实与左脚虚等相互配合，以意运气，以气运形，练出灵劲，周身才有真正的上下相随。

七、呼吸自然

陈式太极拳新架二路呼吸深长、细匀，顺畅自然。动作熟悉后可有意识地引导呼吸，使其更好地适应劲力与动作的要求。一般地，由实转虚，劲力含虚轻灵，肩胛开展，胸腔扩张的时候，应该配合吸气；相反，当动作由虚转实，劲力沉实集中，肩胛内合，胸腔收缩的时候，应该配合呼气。这种结合与运动中的生理需要是一致的，这也是“以意运气、以气运身”，“气力合一”的体现。这种呼吸与动作自然结合形成习惯，习惯了就成为了自然。

八、动中求静

陈式太极拳新架二路运动本身是一种动态导引，连贯、均匀、稳衡的“动”，又是一种“静”。同时在心绪上始终保持恬静平和，神态安然。这是因为它要克服外家拳术以跳跃为本、用尽气力去拼搏、练过之后气喘吁吁的弊端。为此，就必须在动之中求得相对的、暂时的静，并于短暂的体形静态之中继续完成意念运动，调理身体内部因外部变化而带来的短暂的不协调，使自己在顷刻之间达到上下相随、内外相合，以应御外来之动，克制对方于不协调的短暂瞬间，一举制敌。所以，太极拳的动作虽各式各样、千变万化，但在动的形态下进行却又贯穿着动中有静的自然规律，是一套无与伦比的具有无限生机的内家拳术。

陈式太极拳新架二路着重于动中有静与静中有动的自然运动规律，顺其道而行，在拳路运动中自然地把动与静有机结合在一起，该动则动，该静则静，既有节奏性又有规律性，并且有变化性。演练中以慢为上，保持虽动犹静法则，动作紧密配合呼吸，将气沉于丹田穴，保持身体血脉经络相通，使演练者大脑神经中枢保持兴奋和抑制过程的平衡，在运动之中求得安定和沉着，保证在技击之中发挥更大的作用。这也是陈式太极拳新架二路的“以静制动”的重要准则。

陈式太极拳新架二路要求：一动无有不动，一静无有不静。这是陈式太极拳新架二路中动中求静和以静制动的具体表现形式。即不动时如五岳之山，巍然不动；动时似山洪奔泻，惊涛拍岸。不动时像狸猫捕鼠，待机而动；动时如苍鹰叼兔，迅疾准狠。

陈式太极拳新架二路的每一招每一势，都是有起有落的。起是动的开始，落是暂时的静。在两势承接之处，似停而非停，劲似断而意未断。如此动中有静，静中有动，连绵不断，如波浪一般，徐徐变动。

陈式太极拳新架二路的内气运行，当一个动作结束时，要将内气运沉于丹田穴之中，而后再由丹田穴发出，随着已经起势的拳式进行周身运动。内气回归丹田穴时，是短暂的一静，再由丹田穴勃发而出，持续运动。练习者于静时蓄养内气，于动时气行周身。这是一个内气的转换与增生过程。在整个陈式太极拳术套路运动中，演练者必须善于做内气的转换，使身体内部源源不断地产生新气，维持整个运动的需要。

陈式太极拳新架二路是一静一动的有机结合，外形静时，内气欲动；内气静时，外形又发。太极拳本身就是在动中有静、静中有动的状态中持续进行的。练习者必须细心体会，领悟出动中求静之理，方可实施以静制动之法。

九、以意行气

以意行气是运用意念引导内气的运行，通过动作的导引，处处体现出意识的引领作用。意是指的意识活动；气指的是通过练拳在体内产生的内气和功力。练习陈式太极拳新架二路时一举一动均要用意不用力，先意动而后形动，意到气到。以意行气，用意不用拙力，是太极拳最重要的特征。正如《拳论》所说“以心行气，务令沉着，乃能收敛入骨”，“以气运身，务令顺遂，乃能便利从心”；“全身意在神，不在气，在气则滞”。

虽然，练陈式太极拳新架二路要“以意行气”，但初练者意与气还没有达到高度协调，必须经过以意行气，以气催形的漫长过程。达到以气催形、势气结合阶段时，也不可只想气在体内如何运行，而要把意注入动作中，否则就会神态呆滞，气不仅不能畅通，而且会造成气势散漫，使意气俱蒙其害。所以，《拳论》说：“意在神，不在气，在气则滞。”只有这样，才能取得形神兼备、意气势合，内外兼修的效果。可以说，太极拳所有训练的最终目的，都是为了达到意气势高度合为一体。

由于陈式太极拳新架二路是意气运动，所以，久练则精神集中，周身遍布脆劲灵劲，只要意到，便可做出迅速反应，对忽然而来的刺激，也会做出敏感、准确的相应动作，免受损害。到了这个时候，就到了神明阶段，以意运气可以随心所欲。

十、内外合一

这里的内指内脏，身体内部器官，内在精神，意念，精、气、神等。外指外部形体姿态、动作节奏、幅度等要素。外为导引，内为本质，两者双方要高度统一协调为一体。“合一”意思是内外运动的整体性抱成一团；内外互为沟通性，双向交流；运动的统一趋同性，始终处于动态平衡之中。

简而言之，内外合一就是指外形动作与内气运行互相合为一体，高度一致。

陈式太极拳新架二路之所以要求内外合一。这是因为，只有这样才能在练习陈式太极拳新架二路时达到全身上下、内外统一，和谐、完整。太极拳所练在神，神为主帅，身为驱使。精神能提得起，自然举动轻灵。所以，练习陈式太极拳新架二路要求“先以心使身”。这就是说练拳以练意为先，意为主帅，意到气到，以气运形，身体上下、内外才高度一致。正如《拳论》所说：“内外一气流转。”

陈式太极拳新架二路千变万化，虽然动作态势多端，也不外乎虚、实、起、落、开、合六字。练习者从头顶到足尖，内有五脏六腑、经络筋骨，外有肌肉皮肤、毛发、四肢百骸处处相连为一体，破之而不开，撞之而不散，打之而不乱，以意行气催形变。若要拉开，不但手开足开，心中意念随之也开，心若要闭合，不但手合足合，心中意念也与之俱合。一招一式，凡上欲动下自随神往，凡下欲动上自领神去，凡上下动中部和神策应，凡中欲动上下辅神主之，内外相连，前后相须，虚实开合，浑然一气，则功夫自然而成。

第五节　姿势要求

谚语云：“不以规矩，不能成方圆”陈式太极拳新架二路对周身各个部位，都有严格要求。

一、对头颈部位的要求

陈鑫在《太极拳图说》中说："头为六阳之首，周身之主，五官百骸，莫不惟首是瞻。"《拳论》规定："百会穴领其全身，""自始至终顶劲决不可失。"还有"虚灵顶劲""提顶""吊顶""头顶悬"等说法。所以，用领、提、虚、灵等字来描绘头颈部位，主要是怕中气过于上冲，从而引起颈部肌肉僵直，失掉头部的灵活性，导致全身的僵滞。从力学来讲，头处在人体上下垂直线上；从生理学来讲，头部的大脑是神经系统的中枢。如果练拳时头部东倒西歪，势必影响身体的平衡和协调，不但失去动作姿势的优美，也影响精神的集中。《拳论》说："腰脊为第一主宰，喉头为第二主宰。"练拳时，头颈部要领掌握得好，才能使精神集中，一招一式，举手投足，受着意识的指导，动作起来，才能使周身灵活。否则就显得精神涣散，动作失去了完整和协调。就像陈鑫指出的："一失顶劲，四肢若无所附，且无精神。故必领起，以为周身纲领。"具体要求是：头部要保持正直，颈部肌肉要保持松弛状态，使头部有悬起的感觉。注意不要勉强和呆板，避免前俯后仰东倒西歪。身体移动和旋转时，头颈部与身躯四肢要上下一致，两目要平视延远。运行中，某手为主，眼神注于该手的中指端。下颚要微向内收，牙齿和口唇要微合。舌尖抵住上腭，以加强唾液分泌。耳听身后，兼顾左右。总之，处处要自然轻松，不可有丝毫急躁的情绪。

二、对肩肘部位的要求

“沉肩坠肘”是各派太极拳的共同要求。有的也叫“沉肩垂肘”，就是两肩关节要向外下松开，两肘关节要向下沉坠。沉肩和坠肘是相互联系的，只有做到坠肘沉肩，两臂才能圆满松活，运动自然。《拳论》说：“转关在肩，折叠在腕。”也就是说，解脱擒拿，内劲运动在胸腰。通过肩肘，力达手腕，方能解脱。肩肘关节通顺，内劲才能达到指尖。如果肩肘受到障碍，便会影响内劲运用，从而也影响了周身协调。在练习时，经常要注意两肩关节的松弛，有意识地向外引伸，使劲逐渐拉开下沉；两肘则要有下垂之意，以起到“护肋”的作用。同时还要注意使腋下留有大约一个拳头的空隙，以利于手臂的旋转自如。肩臂的上下左右旋转，虽然要求轻灵，但不可漂浮和软化，处处要力争圆满，做到轻而不浮和软化，处处要力争圆满，做到轻而不浮沉而不僵。但是这种功夫必须日久才能达到。陈鑫说：“肩膊头骨缝要开。始则不开，不可使之强开。功夫未到自开时，心说已开，究竟未开。必功苦日久，自然能开，方算得开。此处一开，则全胳膊之往来屈伸，如风吹杨柳，天机动荡，活泼泼地毫无滞机，皆系于此。此肱之枢纽，灵动所关，不可不知。”

三、对腕部的要求

陈式太极拳有竖腕、坐腕、折腕、旋转腕等多种变化，是随着动作的需要，协调配合身法而变化的。如懒扎衣、单鞭等势，手掌都应竖腕；掩手肱拳、云手等势应直腕；六封四闭等势应坐腕；懒扎衣转六封四闭等势，应折叠腕；黄龙三搅水等应为旋转腕。但是，不论千变万化，必须结合身法，以中气运行而变化之。既要使腕部灵活多变，又要使腕部具有一定的柔韧性。决不可为了花哨好看而变为浮漂软化，失去腕部的劲，这样在推手时就容易被对方拿住手腕而受制。

四、对掌部的要求

陈氏太极拳老架二路的掌是瓦拢掌。要求掌心要虚。但这不是绝对的，在拳式的运动中也会有变化。如在运劲与合劲时，掌心要虚；在开劲与发劲时，掌心就要实。陈氏太极拳新架二路的缠丝劲有顺有逆，在手上的表现也有所不同。如在做逆缠丝时，拇指领劲向外按（如六封四闭为左右双逆缠），内劲由拇指到食指，到中指，依次贯足指梢；在做顺缠丝时，小指领劲向里合（如云手一势往里时，为顺缠，往外开时为逆缠），由小指到无名指到中指，一直合于拇指，都是随着手臂的旋转依次贯注指肚，也就是力达指梢。只是陈式太极拳新架二路在运行中除随着身法与手臂的旋转依次贯注指肚外，思想意识与眼神都是贯注于中指。陈鑫说：“中指劲到，余指劲也到。”

五、对拳法的要求

陈氏太极拳新架二路的握拳要求不可太紧。如握太紧会使整个手臂与半侧身体肌肉的紧张度增加，呈现僵硬，内劲不能顺利达到拳面。所以，拳论有“蓄势散手，着人成拳”之说。也就是说在蓄劲时要虚握拳，在发劲着人的一瞬间成拳，力贯拳面。使劲由足而生，行于腿、主宰于腰，通过肩肘，达到拳面，周身完整一气。但注意在发拳时腕部千万不能软，拳面不能上撩，也不能下栽，必须直腕。如腕部软塌，拳遇实物，就会受伤。

六、对勾手的要求

腕里屈要放松，不能形成死弯。如用力死勾，会使腕部与臂部僵直，失去灵活，阻碍经气的循行，勾手可以锻炼腕部的旋转，含有刁手，擒手与解脱擒拿的方法，在套路练习中对勾手的动作意义不可忽视。

七、对胸部的要求

陈式太极拳新架二路对胸部的要求是要含、要虚、要松。陈鑫说："胸要含住劲，又要虚。""胸间松开，胸一松，全体舒畅。"胸部含虚和胸间松开，可以自然形成腹式呼吸，使呼吸深长舒畅。从技击意义上讲，"紧要全在胸中腰间运化。胸部虚含，锁骨和肋骨松沉，可以使上肢虚灵和身体重心向下降，于此大有助益。陈式太极拳对背部的要求是：要舒展松沉，"用中气贯注"。人体背部呈微弧形，有脊椎骨上下连接，是脊髓神经所在部位。按照经络学说，背部是督脉的通道，督脉则属阳脉之海。练拳时，背部肌肉要注意舒展和向下松沉，要根据脊椎生理状态，随屈就伸，保持脊背的相对端正，以利于气血的通畅，做到"牵动往来气贴背"，便于及时使"力由脊发"。

八、对腰脊的要求

人在日常生活中，行走坐卧，要保持正确的姿势，腰脊起着重要的作用。在练习陈式太极拳新架二路的过程中，腰脊的作用更为重要。有“腰脊为第一主宰”的说法。陈式太极拳对腰部的要求是：腰劲向下塌。就是腰部椎弓要按生理特性，略向内收下沉，向下塌住劲，腰是上下体转动的枢纽。在含胸的情况下，向下塌住劲，能够使心气下降，下盘稳固。同时，还要注意两肋微内收，即拳论中的“束肋”。但是腰劲下塌不可用力太过。在陈鑫的论著中，一方面说“腰劲贵下去，贵坚实”，另一方面说“腰中要虚，一虚则上下皆灵”。他说：“腰为上下体枢纽转关处，不可软，亦不可硬，折其中方得。”如果腰部过于用力，会使腰大肌收缩，影响上下体转动的灵活性。在塌腰的同时，还要注意使腰脊直竖，就是所谓“立腰”。腰椎是向前弯曲的。又因为椎骨之间，有关节软骨和关节韧带相连接，活动性强，伸缩性大，容易受其他部位的肌肉牵引，而出现俯仰歪斜的现象。做好“立腰”，就是为了尽可能的减小腰弯曲度，避免在全身放松的情况下，影响脊椎的正常生理状态，维持立身中正，使腰脊更好地起到“车轴”的作用。《拳论》说：“心为令，气为旗，腰为纛”（古代军队里的大旗），这里指的就是腰脊要像旗杆那样竖立着。需要说明的是，在练习过程中，腰椎以上的胸椎部分，根据动作的需要，有时虽然有些轻微的伸缩，但不可随意摇摆，要注意曲中求直。

九、对腹部的要求

陈式太极拳新架二路对腹部的要求是要“合”。陈鑫说：

“中间胸腹，自天突穴至脐下阴交穴、气海穴、石门穴、关元穴如馨折，如鞠躬形，是谓含住胸，是为合住劲，要虚。”又说：“胸腹宽宏广大，向前合住，中气贯注。”腹部是丹田穴所在的地方，丹田穴是中气归宿的场所。练习太极拳时，周身之劲，往外发者，皆起于丹田穴。腹肋的左右气冲穴、维道穴、气海穴、关元穴、中极穴虚合住，有利于中气出入丹田穴，有利任脉的通畅。有的太极拳家提出“腹松”；有的提出“空胸实腹”。实际上，腹部肌肉随着中气出入丹田穴有张有弛，两者并不矛盾，是“中气存于中，虚灵含于内”。

十、对臀部的要求

陈式太极拳对臀部的要求是“敛”。顾留馨在《太极拳术》中说：练拳时要“尽量放松臀部和腰部肌肉，轻轻使臀肌向外下方舒展，然后再轻轻向前、向里收敛，就像臀把骨盆包起来，又像用臀把小腹托起来那样”。这显然是要求臀部要注意收敛，不可向后突或随意摇摆。敛臀，有利中气贯于脊中；有利起于足发于腿的劲能顺利地通过，沿腰脊而行于肩达于手，而不至于由于翘臀使起于足发于腿的劲力从臀部分流出去，从身后发于体外；利于腰劲、裆劲、腿劲的运用。能保证练习者整体动作得心应手。

十一、对裆部的要求

陈式太极拳新架二路对裆部的要求是要圆、要虚、要松、要活。避免出现尖裆，塌裆和死裆。《拳论》说：“肾囊两旁谓之裆，贵圆贵虚。”又说：“裆内自有弹簧力，灵机一转鸟难飞。”裆在套路运行和技击方面都起着重要作用。圆裆：就是两胯根与两膝盖要撑开撑圆而又有相合之意。每逢开步时，一腿实，一腿虚，虚腿脚尖里扣，小腿肚和大腿肌（即股内斜肌）才有内旋外转之意，裆部有圆虚之感，就可避免尖裆（人字裆）的虚实不分。松裆和活裆，就是胯部与臀部肌肉要放松，不能死顶住骨盆，虚实要灵活变换。裆部的虚实变换，不像挂钟一样左右摆动。在左右变换时，走的是平行“∞”字，内外旋转；在前后变换时，走的是下弧线。这样才能避免“死裆”不动，虚实不分，只见上肢活动的现象。塌裆是臀部低于膝关节，膝关节有了死弯，步法不轻，犯了转关不灵的毛病。裆部的会阴穴是任督二脉的起点，练拳时头顶的百会穴与裆部的会阴穴上下呼应，阴阳经气得到平稳，也有利于立身中正。在运动过程中，腰与裆有密切关系，裆与胯膝也要相互配合。腰能松沉，胯能撑开，膝能里合，裆劲自能撑圆。陈鑫在《陈氏太极拳图说》中说：“下腰劲，尻微翻起，裆劲自然合住。”又说：“尻骨，环跳蹶起来，里边腿根撑开，裆自开；两膝合住，裆自然圆。”

十二、对胯部的要求

陈式太极拳新架二路对胯部的要求是：胯根要开，就是胯关节要松开。《拳论》讲：“腰如车轴，气如车轮。”腰部的左右旋转和腿部的虚实转换，是靠胯关节的松活来完成的。如果两个胯关节不松活，死顶住骨盆、腰也难以起到车轴的作用。“松胯”这一要求，一般是不太好掌握的。因为胯部支撑着上半身的重量。胯部放松，膝关节的负担就要加重。一般初练的人，腿部力量差，膝关节支持不了全身的重量，所以不敢松胯，形成膝盖前栽，鼓肚挺胸，身体后仰的不良姿势。正确的要求是：保持躯干部的中正安舒，下蹲时，膝盖不能超过前脚尖，胯部和臀部像是后边有凳子坐着一样。髋关节的放松，又必须与肩关节的放松上下结合。如果胯不松而肩硬向下垂，肋部和腹部肌肉受压，影响肋部腹部肌肉的松弛下沉及膈肌的下降，气机升降功能就会不同程度地受到影响，就难以达到“腹内松静气腾然”的要求。

十三、对膝部的要求

膝是由关节和关节韧带等周围组织所组成，活动性能好，伸缩力强，是胫腓骨与股骨的结合部，它在太极拳运动中的地位是非常重要的，因为太极拳是在屈膝松胯的基础上保持立身中正。在整套架式练习时，膝关节要始终保持一定的弯曲。拳架身法的高低，步法的大小，都与膝关节有直接的关系。从身法上讲，身法低，步法大，膝关节承受负担就重。在套路练习中，腿部支撑力的大小，全身的重量都是由膝关节的调节来完成的。初学太极拳的人，应该先练好身法，待腿上有了支撑力，再逐渐降低身法。这样由高到低，活动量由小到大，循序渐进，以免膝关节受伤。同时还要注意膝关节的保护，练拳之后，关节及身体组织血液运行加速，关节局部有热感，这时皮窍开而腠理松，千万不可用冷水洗或风吹，以免风湿乘机入侵，引起关节皮肉的风湿痹症。陈式太极拳新架二路的技击上对膝部也有一定的要求，双人推手，两腿相并，两膝互相粘化，可以外撇、里扣、膝打，既可迫使对方失势，也是护裆、护臁骨的方法。《拳论》有“远用足踢，近便加膝”的说法。

十四、对足部的要求

足是周身之根基，两足姿势的正确与否，对保证步法的灵活稳健有重要的作用。陈式太极拳新架二路对两足的要求是：两足踏实地，足趾、足掌、足后跟皆要抓地，涌泉穴（正脚心）要虚。足趾不能跷，足掌不能左撇右歪，前搓后晃。在开步及迈步时，要定准方向和位置，要做到“落地生根”，不能乱动。这样才有步履清晰、沉着、稳健的感觉。另外，在运行中，向前迈步或向左右开步时，都要曲膝松胯，足尖上跷里合，足跟里侧着地向外铲地滑出，开到适当的位置，再移重心落实。向后退时，足尖先落地，再移重心逐渐踏实。在向左右旋转方向时，一足支撑重心，另一足足尖上跷外摆或里扣，以足跟外侧着地，方向位置移好，再移重心踏实。足尖外摆和里扣时，要使腿部还具有螺旋缠丝劲。足在技击上可分为勾、套、蹬、踢、踩等方法。勾、套、踢一般是用足尖的方法；蹬、踩是用足跟及足掌的方法。

以上对周身各部位的要求，要贯穿在整个陈式太极拳新架二路套路中，它们是相互依存、相互联系、相互制约的，任何一部分的姿势正确与否都会影响全身。所以，初学者必须细心揣摩，认真思考，按照全身各部位的要求，在基本功夫上打好基础，这样才能逐渐在整个套路运行中，将各部位的姿势恰当配合，从而掌握动作中的速度、路线和方法，逐渐达到身端步稳，动作连贯圆活，节节贯穿，上下相随，周身协调，一动全动，一气呵成，动如流水，静若山岳，慢如行云，疾似闪电的境界。

第六节　练法要求

练习陈式太极拳新架二路首先要掌握动作，明确运动方法；其次要熟悉结构，做到连贯协调；再次要提高节律，达到内外合一；第四是勤学苦练，做到精益求精。为使练习者能掌握这些练习要求，现将其分述如下。

一、掌握动作，明确运动方法

初习陈式太极拳新架二路，应该在姿势、动作上打好基础，把手型、手法、步型、步法、身型、身法和眼法等基本要求弄清楚，掌握其运动方法及动作的规格，了解套路路线、动作运动的方向及每个完整动作的方法、相对静止的拳架结构及发力特点等。陈式太极拳每个动作都是以螺旋式和抽丝式运动为核心的、由内及外的圆弧运动，动作路线多往复曲折，因此，初习者应在掌握动作、明确运动方法上多下功夫。这样才能在已经弄清楚动作方法的基础上，做到姿势正确，手型、步型、身型工整，手法、步法、身法、眼法准确，才能使动作分解活动过程中的手、眼、身、法、步变换无误，才能算是真正的入了门。

二、熟悉结构，做到连贯协调

当掌握了陈式太极拳新架二路动作，明确了其运动方法后，就应当熟悉套路结构，做到连贯协调。这时应着重掌握动作的变化规律及特点，熟悉动作之间的衔接过程，做好每个过渡动作，做到式式连贯，动作协调圆活。要使动作连贯完整，使分解的动作连贯起来，除掌握好过渡动作外，还要掌握动作的完整性。练习时要正确、连贯、完整地按正常速度进行，并且要注意意念的引导和呼吸的配合。此外，还要注意使劲力运用顺达合理。久练则可使动作协调、前后衔接、节节贯穿，一气呵成。

三、提高节律，达到内外合一

当整个套路打得式式连贯，动作协调圆活之后，要进一步巩固和提高套路动作练习的技巧。不断地提高刚柔、虚实、快慢、蓄发等抑扬顿挫的节律感，着重“劲儿”的运用，做到意念、呼吸、动作高度协调配合、达到意气势内外合一。要达到内外合一的境界，练习时除熟悉动作的劲力、节奏、精神、眼法等技巧外，还要了解陈式太极拳每个动作各个环节的技术要求，以及在意念支配下呼吸与动作的协调配合，明确动作的攻防含意。这样久练才能逐步达到内外合一、神形兼备的要求。

四、勤学苦练，做到精益求精

勤学苦练就是要求坚持长期有恒，不间断地练习，做到“一苦、二严、三勤、四恒”。只要明确锻炼目的，能吃大苦，耐大劳，不避酷暑，不畏严寒，坚持经常练习，定能做到又专又精。

精益求精就是要求脚踏实地，一丝不苟，从理论到技法，从功法到套路仔细推敲，苦练不懈，先求姿势，再求精神，后求功夫。“冬练三九，夏练三伏”，专中求精，精益求精，练就虚中有实，实中有虚，刚柔相济，内外合一的上乘功夫，达到陈式太极拳新架二路随心所欲的最高境界。

第七节　练习步骤

练习陈式太极拳新架二路与练习其他太极拳一样，要经过一个由生到熟、由熟到巧的逐步提高过程。

大致说来，学练陈式太极拳新架二路可以分为三个阶段，有人称为三步功夫：

第一阶段为练势阶段，此阶段主要是在姿势上、动作上打好基础，初学者应把套路中的手型、手法、步型、步法、身型、身法及腿法、眼法等基本技术、要领弄清楚，做到动作端正舒展、缠绕连贯、协调圆活。

第二阶段为练气阶段，此阶段应在呼吸方法及呼吸与拳势配合规律和运动特点上下功夫，做到由自然呼吸过渡到拳势呼吸，最后达到拳势呼吸自然。

第三阶段为练意阶段，此阶段要掌握好意念方法。做到意念集中，意念引导，意气势合一。

现把练习陈式太极拳新架二路的各阶段的要点简述如下。

一、练势阶段

在打基础练势的第一阶段，应注意以下几点。

（一）端正舒展

练习陈式太极拳新架二路首先要保持身体中正安舒，姿势正确，在悬头竖项、沉肩垂肘、松腰敛臀等要领中，特别要注意腰脊中正，两肩两胯放松放平，以保持上体自然正直。身体其他部位的姿势也要认真按动作要求做好。要使上体端正舒展，还必须保持下肢稳定，掌握好步型、步法及身体重心转换的要领和时机；其次要注意姿势动作的舒松自然，按照具体要求把动作做舒展柔和；再次要注意姿势动作要慢、要柔，运动路线准确，姿态正确。

（二）缠绕连贯

在姿势动作有了一定的基础之后，要努力做到动作弧形螺旋、缠绕圆转，曲线缓和运动，意劲贯于四梢。身体重心的虚实变化、手法的折叠、步法的进退、劲力的刚柔等，紧密衔接起来，节节贯穿，圆转自如，滔滔不绝，如环无端，看不清衔接之处，一气呵成，浑然而成。

（三）协调圆活

练习陈式太极拳新架二路是全身活动，要求上下相随，完整一气，“一动内外俱动”，全身各部的运动保持协调一致。动作时处处带有弧形，使动作圆活，避免直来直往和转死弯、拐直角。在动作要领上，要特别注意运用腰脊带动四肢进行活动，只有做到以腰为轴，才能使手法、步法变转圆活，动作轻灵顺遂。这时柔中寓刚，刚柔相济，内劲沉重而又灵活。

二、练气阶段

练势纯熟之后，开始进入练气阶段。在练气阶段应注意以下几点。

（一）自然呼吸

初练气时，首先要注意保持自然呼吸，这就是说，练习者应按照自己的习惯和当时的需要进行呼吸，该吸就吸，该呼就呼，动作和呼吸不互相约束。呼吸时必须以鼻呼鼻吸，唇齿轻合，舌抵上腭，徐徐而行，逐步达到太极拳对呼吸的五字要求，即呼吸要“深、长、细、匀、缓”。

1. 深长

整个练拳过程，均以深呼吸为主，并要求腹式呼吸。吸气时引气入丹田穴，呼气时将丹田穴内气行于梢达于体外。只有这样才能使呼吸深长，符合太极拳对呼吸的基本要求“气沉丹田穴”。对身体来讲，也可以提高吐故纳新的效果。

2. 细匀

练习陈式太极拳新架二路还要求呼吸“细匀”。细，不可粗气猛呼猛吸；匀是要求均匀，不可忽快忽慢。呼吸做到细匀，就能起到“调息养气，宁神逸志”的作用。

3. 和缓

练习陈式太极拳新架二路要求呼吸和缓，就是要求轻声柔和缓慢地呼吸。只有柔和缓慢地呼吸，才能做到呼吸深长、细匀，才能满足身体对氧的需要。

（二）拳势呼吸

自然呼吸纯熟之后，可根据个人锻炼体会的程度，毫不勉强地随着动作速度的快慢和幅度的大小，按照起吸落呼、合吸开呼的要求，使呼吸与动作自然配合。这种呼吸与动作的密切配合，就是拳势呼吸，也是太极拳的特定要求。通过拳势呼吸，可以使动作更加协调圆活，轻灵沉稳。在技击上才能起到以气催力的作用。它的基本做法是：当动作是开、起、升、屈的时候，就要有意识地深深吸气；动作是合、落、降、伸时，就应有意识地呼气。具体来讲，主要表现在开与合、起与落、升与降、屈与伸这四对矛盾上。

1. **开与合**

当动作和劲力向左右、上下舒展开的时候称为“开”，这时就徐徐地吸气。当动作和劲力向里合或集中向某一方向时称为“合”，这时应徐徐地呼气。

2. **起与落**

手臂由下向上举起时或脚屈膝上提欲向前迈、后退、侧行时为“起”，这时应徐徐地吸气。当手臂由上下落时或脚步落地时为“落”，这时应徐徐地呼气。

3. **升与降**

主要指身体的上升与下降。当身体重心上升时，应徐徐地吸气。当身体重心下降时，应徐徐呼气。

4. **屈与伸**

当手臂屈肘或腿屈膝回缩时，应徐徐地吸气。当手臂或腿由屈到伸时，应徐徐地呼气。

总之，拳势呼吸是根据动作的活动性质来配合的。除上述四对矛盾外，还有一些配合呼吸的方法。如蓄吸发呼、收吸放呼等，这些也都可以理解为按虚实配合的呼吸，即“虚”为吸，“实”为呼。只有这样进行拳势呼吸，才会使肢体的活动无形之中贯注内在的劲力，才能使功夫逐渐深厚。

（三）呼吸自然

达到拳势呼吸后，通过锻炼要逐步地去除动作与呼吸配合的强求性，使呼吸与动作自然结合形成习惯，习惯了就成为自然。这种拳势的自然呼吸，才是呼吸与动作结合的顺畅妥善，才符合太极拳“气以直养而无害”的原则要求。

三、练意阶段

练至拳势呼吸自然时，开始着重于意的练习。练意时应注意以下几点。

（一）意念集中

意念集中是练好陈式太极拳新架二路的基本方法，它对于其他方法的运用和掌握起着一种保证作用。意念集中就是练习时，思想上要尽量排除一切杂念，心理上要保持相对安静、专一的状态，使精神能贯注到每一个细小的动作中去，做到专心练拳，以心使身，用意识引导动作。达到意动身随，势到劲发，想象力自然地与拳势动作密切配合的要求。

（二）意念引导

意念引导是指以意念引导动作的运行，把注意力贯注到动作之中去。

意念引导必须安静。安静首先要从心理上安静下来，不再思考别的问题，专注于练拳准备和整个练拳过程中。练拳时，无论动作如何变化，心理上要始终保持安静状态。安静才能保持意识集中，精神贯注到每个动作之中。用意还必须集中注意力。在心理安静的前提下，要把注意力放在引导动作和考虑要领及体会动作含义上，专心致志地练习。

练习陈式太极拳新架二路时意念导引的方法有多种。一般来说，动作记熟后，可把注意力专注于动作的开合虚实变化，或注意于动作的技击含义，或注意引导气血的运行，或注意于意念、呼吸、动作三者的密切配合上。总之，要把“用意”这一要求贯穿于整套太极拳练习的始终。逐步从先想后练，边想边练，达到意动身随、手到劲发、随心所欲的高级程度。

（三）意气势合

意气势合就是意念、呼吸、动作三者密切结合在一体的方法。只有这样，才能在练拳时，达到全身上下内外统一、和谐、完整。太极拳所练在神，神为主帅，身为驱使。练拳时能内外相合，即意念一动，就能随心所欲地做出“拳势呼吸”的动作；而动作一变，精气神必然贯注到所要求的部位中去，功夫自然而成。

第二章　陈式新架二路拳基本技法

第一节　手型、步型、身型

一、基本手型

陈式太极拳新架二路中所涉及的基本手型有拳、掌（瓦垅掌）、勾等。现分别图解如下。

（一）拳

【方法】四指并拢卷握，拇指紧扣食指和中指的第二节指骨上。(图 2–1)

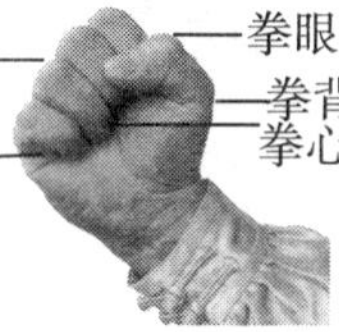

图 2–1

【要求】拳紧握，拳心空含，拳面平，腕挺直。

【组成】由拳面（食指、中指、无名指和小指第一节指骨相并形成的平面）、拳心（手心的一面，也就是五指弯曲的一面）、拳背（手背的一面，也就是拳心的反面）、拳眼（虎口处，拇指、食指屈卷而形成的圆孔）、拳轮（小指一边的圆孔）组成。

（二）掌（瓦垅掌）

【方法】手指自然伸直，拇指与小指根微内合，食指外张（图 2–2）。根据掌位的变化，掌有立掌（手腕上翘，指尖朝上）、仰掌（掌心朝上）、俯掌（掌心朝下）和横掌（俯掌，小指侧朝外）之分。

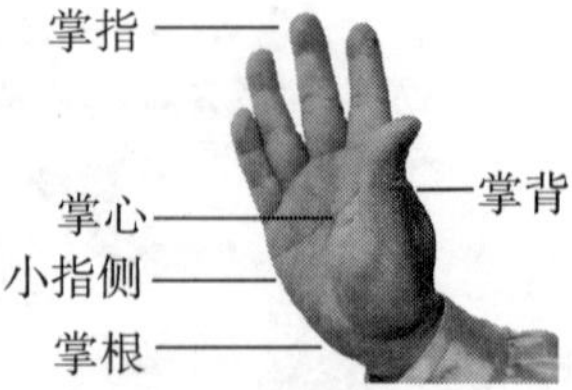

图 2–2

【要求】掌心内含成瓦垅状，食指外张。

【组成】由掌心（手心的一面）、掌背（手背的一面）、掌根（掌心一侧突出处）、掌外侧（小指一侧）、掌指（手指）组成。

（三）勾

【方法】五指指尖捏拢在一起，屈腕。（图 2–3）

【要求】五指指尖捏拢成一撮，手腕屈紧。

【组成】由勾顶（手腕屈紧的顶部）、勾尖（捏拢的指尖）组成。

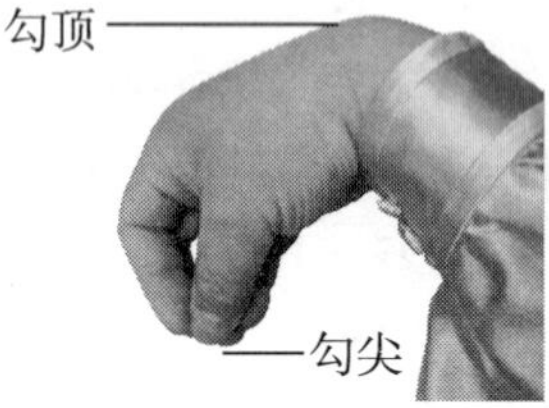

图 2–3

二、基本步型

（一）偏马步

两脚平行开立，相距约三脚半宽，两腿屈膝下蹲，大腿稍

高于水平位置。沉胯敛臀，上体正直，身体重心偏右为“右偏马步”，身体重心偏左为“左偏马步”。（图 2–4）

图 2–4

（二）半马步

两脚平行开立，一脚脚尖外展，两腿略蹲，上体转向脚尖外展的方向，身体重心偏于后腿，左脚尖外展成半马步。（图 2–5）

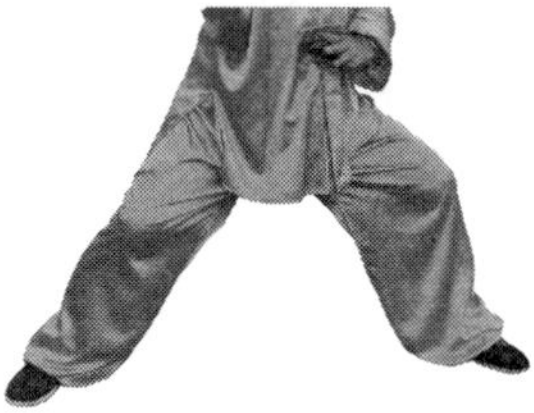

图 2–5

（三）弓步

两脚前后站立，前腿屈膝，大腿高于水平位置，膝尖不得超过脚尖。后腿微屈，两脚尖斜向前方，身体重心偏于前腿。（图 2–6）

图 2–6

（四）虚步

两腿均屈膝，两脚跟之间的纵向、横向距离均为 5 厘米左右，前脚踏实支撑体重，后脚全脚掌虚着地面。（图 2–7）

图 2–7

三、基本身型

陈式太极拳新架二路对身型的要求是含胸拔背，尾闾中正，腰部松沉，不偏不倚，沉肩坠肘，开胯圆裆。

第二节　手法、步法、眼法、身法

一、基本手法

（一）内旋

掌心向小指侧方向翻转。

（二）外旋

掌心向拇指侧方向翻转。

（三）缠绕

手臂自转的同时在空间弧形运转。

（四）折叠

当前后动的运行路线形成往复时，就要在往复路线的衔接处加以折叠，即在前一动运劲至尽头时，先向回折一小段距离，再弧形连接下一动，使之呈曲线形和缓地连接起来。折叠动作本身就是“意欲向上，必先向下；意欲向左，必先去右”这是太极拳显著特点的具体体现。（图 2–8）

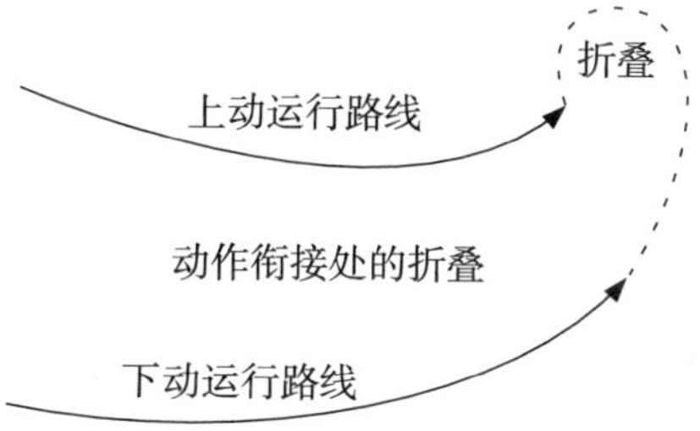

图 2–8

例如，披身捶接背折靠时，右拳向左运行到尽头，手腕轻轻向上松提，随即向左、向下沉腕，就会自然圆活地过渡到“背折靠”的开始动作。这一松提、沉腕的做法，即为“折叠”。

（五）续换

在动作运行到一定位置，劲路稍有顿挫时，就要在顿挫之后使“劲儿”松沉，动作沿原方向延长运行路线，自然缓和地

连接下一动作。这种顿挫之后松沉、延长运行路线的做法，即为“续换”。（图 2-9）

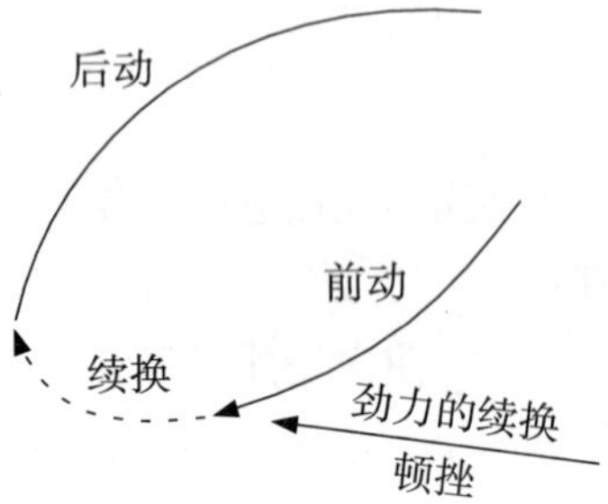

图 2-9

二、基本步法

（一）提步

一腿支撑身体重心，另一脚迅速屈膝抬起、着地。

（二）擦步

一腿支撑身体重心，屈膝下蹲，另一腿由屈至伸，以脚跟内侧着地，轻贴地面滑动。（图 2-10）

图 2-10

（三）跟步

后腿屈膝，脚尖外摆，全脚掌擦地面向前脚跟近。

（四）转换步

在步法进退的重心转换过程中，前一步与后一步之间要呈曲线弧形缓和地连接。这种弧形进退的步法即为“转换步”。如倒卷肱动作中，两脚的连续后退采用的就是弧形转换步。

三、基本眼法

眼是传神之窗，是内在意识的表露。意识贯注于动作之中，外在的体现便是手眼相随。眼法的一般规律是：目光平视，看进攻的手或主攻的方位。忌偏头斜视，瞪目圆睁；神态应自然，具体做法如下。

在动作运行过程中，眼神随着主要进攻手（较前方的手）运行（即眼随手转）。目光宜灵活有神，眼要自然睁开，威而不猛，表现出沉着、机敏、严肃的神态。

手位于面前的动作定势时，眼神自食指或中指尖端向前延展及远。

凡是两手上下、左右展开的亮势动作（如白鹤亮翅），目光要平视远望，有待机而动的神态。

四、基本身法

身法有提抽、回转、开合等各种方式的变换。

（一）提抽

提抽是指左右腰侧肌的上下相对运动，向上为“提”，向下为“抽”。两侧腰肌的提抽，形成了腰两侧虚实的变换。右侧腰肌上提时，左侧腰肌下抽，此刻腰部即为右侧虚、左侧实。

由于“提抽”形成的腰部两侧的虚实转化，同时也带动着两胯、两腿的虚实变换，因而提抽运动成了左右全身虚实的关键。

（二）回转

以腰脊为轴，上体左右旋转即为“回转”，如在云手动作时的身法变换就是“回转”。

（三）开合

开为伸展、放大，合是收敛、缩小。身法的开合，从外形来讲，“开”主要是指胸廓随上肢的伸放而舒展；“合”主要是指胸廓随上肢的缩收而含敛。两臂和胸廓的开合是协调一致的。如倒卷肱的两臂左右展开时，身法即为“开”；两臂屈肘卷收时，身法即为“合”。

第三节 呼吸方法

太极拳的呼吸一般是鼻呼鼻吸，采用腹式逆呼吸，即缓缓深吸气时脐下小腹逐渐内收，缓缓呼气时则脐下小腹部外突。陈式太极拳新架二路在做跳跃动作时，有时也采用提气的吸气法，提气是吸气的一种特殊形式（以鼻急促吸气，把气从腹中提至胸部）。在做发劲动作时，有时也采用喷气呼气法，喷气是呼气的特殊形式（以鼻将气短促有力地喷出）。除提气、喷气等呼吸外，一般要求呼吸要深、长、细、匀、缓，呼吸与动作要密切结合。动作与呼吸相配合的一般规律是蓄、收、起、屈为吸；发、放、落、伸为呼。总之，在变换姿势时吸气，掌或拳向前击出时呼气，应尽可能地做到起吸落呼，收吸发呼，开吸合呼，屈吸伸呼，轻吸重呼。

在呼吸结合动作时，呼吸不可勉强，不可憋气。也就是说，虽然有意识地调节呼吸，但要使呼吸与动作自然结合；如果呼吸有意识的与动作结合而产生胸闷、头晕的现象，那就不要勉强去做，而要注意全身放松，采取纯自然的呼吸。通过长期练习，会不自觉地自然使动作与呼吸结合起来。

第四节　意念方法

陈式太极拳中的意念，又称意识，是练拳时的一种念头、想象或思维活动，也叫心法。在练拳过程中除支配动作、呼吸的意识外，还有导气法和技击法两种特设的意念。

一、导引法

导引法就是用意识沿经络导引内气的方法。其内气沿经路线有：

（一）丹田穴内气行至百会穴

丹田穴内气向下经会阴穴向后上过长强沿督脉上行至百会穴。

（二）内气由百会穴行至丹田穴

内气由百会穴向前下过膻中穴沿任脉行至丹田穴。

（三）内气由两手行至丹田穴

内气由两手沿两臂外侧（手三阳经）行至百会穴再向前下过膻中穴沿任脉行至丹田穴。

（四）丹田穴内气行至两手

丹田穴内气向前下经会阴穴向后上沿督脉上行过百会穴向前下至膻中穴分两股过两腋下沿两臂内侧（手三阴经）行至两手。

（五）内气由两脚行至丹田穴

内气由两脚向前上沿两腿内前侧（足三阴经）上行过会阴穴行至丹田穴。

（六）丹田穴内气行至两脚

丹田穴内气分两股沿两腿外侧（足三阳经）下行至两脚。

（七）丹田穴内气行至膻中穴（称为提气）

丹田穴内气向下向后沿督脉上提过头顶百会穴向前下至膻中穴。

（八）内气由膻中穴沉入丹田穴

内气由膻中穴向下沿任脉沉入丹田穴。

采用导引法意念，可使人体内气充盈，培育元气，扶植正气，疏通经络，调和气血，促进营养，持阴阳平衡，以维持内环境稳定，改善微循环功能，增强消化功能，提高免疫功能，能收到祛病健身的效果。

二、技击法

技击法意念是练拳时根据拳势动作和技法设想与对手进行攻防格斗的一种意识。它是面前无敌似有敌的一种练习方法。通过这种练法练习，可使人能练知其用，熟悉技击招法，领略动作的技击含义，能提高攻防能力和实战水平，有利于防身护身。

第三章　陈式新架二路拳意气势练法

第一节　动作名称顺序

第一段

一、起势

（一）并步直立　（二）开步站立　（三）两掌上提

（四）屈膝下按

二、金刚捣碓

（一）转身绕掤　（二）转身绕捋　（三）转身双掤

（四）转身右捋　（五）擦脚平推　（六）弓步捋掤

（七）虚步撩掌　（八）上举下沉　（九）举拳提膝

（十）震脚砸拳

三、懒扎衣

（一）左转绕臂　（二）右转绕臂　（三）擦脚合臂

（四）马步立掌

四、六封四闭

（一）转身旋腕　（二）下捋掤挤　（三）掤刁上托

（四）虚步双按

五、单鞭

（一）转身推收　（二）转身提勾　（三）屈膝擦脚

（四）马步立掌

六、搬拦捶

（一）提膝双摆　（二）震脚合捶　（三）转身横击

（四）提膝双摆　（五）震脚合捶　（六）转身横击

七、护心拳

（一）转身栽掌　（二）翻跃抡劈　（三）右转拦拳

（四）跳步格肘　（五）马步拦拳　（六）马步穿拳

（七）推拳提肘　（八）马步合肘

八、斜行拗步

（一）虚步插掌　（二）虚步分掌　（三）虚步抖掌

（四）震脚绕臂　（五）擦脚绕臂　（六）转身提勾

（七）马步展臂

九、煞腰压肘拳

（一）收脚挽拳　（二）上步架劈

十、井栏直入

（一）弓步摆掌　（二）按掌顶肘

十一、风扫梅花

（一）转身后扫　（二）虚步绕臂

十二、金刚捣碓

（一）虚步撩掌　（二）上举下沉　（三）举拳提膝

（四）震脚砸拳

十三、披身捶

（一）左右托拳　（二）马步分掌　（三）擦脚合掌

（四）转身握拳　（五）双肘并推　（六）转身拦拳

（七）跳步格肘　（八）转身拦拳　（九）旋臂格肘

（十）屈肘转靠
十四、撇身捶
（一）转身合拳　（二）弓步分展　（三）震脚收抱
（四）弓步分展
十五、斩手
（一）马步跟手　（二）转身双捋　（三）弓步砸拳
十六、翻花舞袖
（一）提膝举拳　（二）落步砸拳　（三）翻跃抡击
十七、掩手肱拳
（一）转身震脚　（二）擦脚合臂　（三）马步崩捶
（四）马步旋臂　（五）弓步发拳
十八、飞步腰拦肘
（一）弓步拦掌　（二）虚步穿掌　（三）跳转拐肘
（四）弓步拐肘

第二段

十九、云手
（一）转身旋掌　（二）插步旋掌　（三）开步旋掌
（四）插步旋掌　（五）开步旋掌
二十、高探马
（一）转身摆掌　（二）提膝击掌
二十一、云手
（一）落步旋掌　（二）插步旋掌　（三）开步旋掌
（四）插步旋掌　（五）开步旋掌
二十二、高探马
（一）马步分掌　（二）转身摆掌　（三）虚步横击

二十三、连珠炮

(一) 撤步刁托　　(二) 跟步前推

二十四、连珠炮

(一) 撤步刁托　　(二) 跟步前推

二十五、连珠炮

(一) 撤步刁托　　(二) 跟步前推

二十六、倒骑龙

(一) 撤步刁托　　(二) 弓步抖掌

二十七、白蛇吐信

(一) 转身拦掌　　(二) 上步拦掌　　(三) 跟步穿掌

二十八、白蛇吐信

(一) 上步拦掌　　(二) 跟步穿掌

二十九、白蛇吐信

(一) 上步拦掌　　(二) 跟步穿掌

三十、海底翻花

三十一、掩手肱拳

(一) 转身震脚　　(二) 擦脚合臂　　(三) 马步崩捶

(四) 马步旋掌　　(五) 弓步发拳

三十二、转身六合

三十三、左裹鞭炮

(一) 震脚裹拳　　(二) 裹拳擦脚　　(三) 马步双劈

三十四、左裹鞭炮

(一) 震脚裹拳　　(二) 裹拳擦脚　　(三) 马步双劈

三十五、右裹鞭炮

(一) 转身震脚　　(二) 裹拳擦脚　　(三) 马步双劈

三十六、右裹鞭炮

(一) 震脚裹拳　　(二) 裹拳擦脚　　(三) 马步双劈

三十七、兽头势

(一) 撤步按掌　　(二) 弓步翻砸　　(三) 弓步冲拳

(四) 马步侧冲

三十八、披架子

(一) 提脚合臂　　(二) 弓步掤臂

三十九、翻花舞袖

(一) 虚步抡臂　　(二) 翻身栽掌

四十、掩手肱拳

(一) 转身震脚　　(二) 擦脚合臂　　(三) 马步崩捶

(四) 马步旋掌　　(五) 弓步发拳

四十一、伏虎

(一) 马步拦掌　　(二) 提膝拦掌　　(三) 弓步穿掌

(四) 仆步架拳

第三段

四十二、抹眉肱

(一) 弓步拦掌　　(二) 提膝推掌　　(三) 跃步推掌

(四) 跳步前推

四十三、右黄龙三搅水

(一) 撤步转身　　(二) 跟步里摆　　(三) 撤步转身

(四) 跟步外摆　　(五) 撤步转身　　(六) 跟步里摆

(七) 撤步转身　　(八) 跟步外摆　　(九) 撤步转身

(十) 弓步穿掌

四十四、左黄龙三搅水

(一) 转身提膝　　(二) 跃步转身　　(三) 虚步双劈

(四) 跟步里摆　　(五) 撤步转身　　(六) 跟步外摆

(七) 撤步转身　　(八) 跟步里摆　　(九) 撤步转身

（十）跟步外摆　（十一）撤步转身　（十二）跟步里摆
（十三）撤步转身　（十四）跟步外摆

四十五、左蹬一跟

（一）开步分掌　（二）收脚合臂　（三）分手侧踹

四十六、右蹬一跟

（一）转身分掌　（二）跟脚合臂　（三）分手侧踹

四十七、海底翻花

四十八、掩手肱拳

（一）转身震脚　（二）擦脚合臂　（三）马步崩捶
（四）马步旋臂　（五）弓步发拳

四十九、扫蹚腿

（一）马步架拳　（二）震脚架砸　（三）马步顶肘
（四）俯身前扫　（五）俯身后扫

五十、掩手肱拳

（一）震脚旋掌　（二）弓步发拳

五十一、左冲

（一）提膝摆拳　（二）换步双冲

五十二、右冲

（一）提膝摆拳　（二）换步双冲

五十三、倒插

五十四、海底翻花

五十五、掩手肱拳

（一）震脚擦步　（二）马步崩捶　（三）马步旋掌
（四）弓步发拳

第四段

五十六、夺二肱

（一）马步架拳　（二）震脚架砸　（三）马步撩拳

五十七、夺二肱

（一）上步屈肘　（二）马步撩拳

五十八、连环炮

（一）弓步冲拳　（二）马步侧冲

五十九、玉女穿梭

（一）虚步收拳　（二）跃步冲拳

六十、回头当门炮

（一）转身摆拳　（二）弓步双冲

六十一、玉女穿梭

（一）提膝收拳　（二）跃步冲拳

六十二、回头当门炮

（一）转身摆拳　（二）弓步双冲

六十三、撇身捶

（一）弓步合肘　（二）弓步分掌

六十四、拗拦肘

（一）弓步插掌　（二）上步拐肘

六十五、顺拦肘

（一）回身收肘　（二）弓步顶肘

六十六、穿心肘

（一）回身收臂　（二）弓步顶肘

六十七、窝底炮

（一）回身合臂　（二）马步撅肘

六十八、井栏直入

（一）回身合臂　（二）马步撇捶　（三）弓步摆掌

（四）按掌顶肘

六十九、风扫梅花

（一）转身后扫　（二）虚步绕臂

七十、金刚捣碓

（一）虚步撩掌　（二）上举下沉　（三）举拳提膝

（四）震脚砸拳

七十一、收势

（一）转身托拳　（二）开步分掌　（三）胸前按掌

（四）开步直立　（五）并步还原

第二节　套路练习图解

第一段

一、起势

【动作歌诀】

混沌初开法为先，凝神静气沉丹田。

头颈正直身端正，平腕坐肘势自然。

【动作方法】

（一）并步直立

两脚并拢，身体自然直立，两臂自然下垂，两手轻贴在两

大腿外侧；目视正前方。（图 3–1）

（二）开步站立

左脚脚跟、脚尖依次缓缓提起，向左横开一步先落脚尖再落脚跟然后全脚踏实，两脚距离与肩同宽，脚尖向前，身体重心落于两腿之间，身体自然直立；目视正前方。（图 3–2）

图 3–1

图 3–2

（三）两掌上提

两掌慢慢向前平举，手心向下，手指微屈，举至与肩同高，两臂相距同肩宽，腕平肘微下垂；目视前方。（图 3–3）

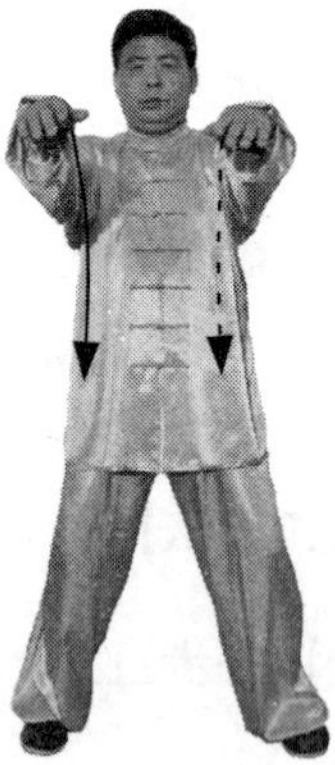

图 3–3

（四）屈膝下按

上体保持正直，两腿缓缓屈

膝半蹲，两掌轻轻下按，落于腹前，掌与膝对；目视前方。（图3–4）

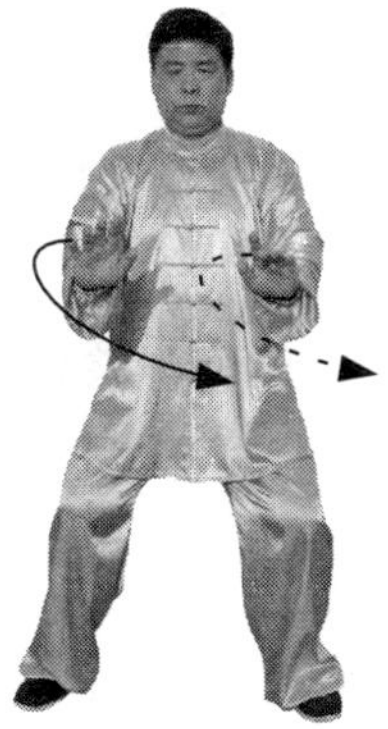

图 3–4

【练习要点】

头颈正直，颌部内收，胸腹放松，肩臂松垂，含胸拔背，脊背有上下对拉拔长感觉，圆裆，两腿自然微屈，精神集中。屈膝按掌时，要落臀收腹缩胯，避免前俯后仰。两掌上提与屈膝下按时，两掌的提按速度要均匀。

【呼吸方法】

用鼻呼吸，呼吸要细匀。

做并步直立时，静站一下，以求意识集中，一般做三次深呼吸。开步站立的提脚开步时吸气，落脚踏实时呼气。两掌上提时吸气，屈膝下按时呼气，呼至此动作结束。

【意念方法】

导引法：做并步直立时，意守丹田穴。做开步站立时，意想丹田穴内气向下过会阴穴向后上沿督脉至头顶百会穴（以下简称为：丹田穴至百会穴）。落脚踏实时，意想内气由百会穴向前下过膻中穴沿任脉沉入丹田穴（以下简称为：百会穴至丹田穴）。两掌上提时，意想气由两手外劳宫穴沿两臂外侧（手三阳经）经百会穴向前下过膻中穴沿任脉沉入丹田穴（以下简称为：两手至丹田穴）。屈膝下按时，意想丹田穴内气向下过会阴穴向后上沿督脉经百会穴向下前至膻中穴分两股过两腋下沿两臂内侧（手三阴经）到两手内劳宫穴（以下简称为：丹田穴至两手）。

技击法：想象守我之静，待彼之动。

二、金刚捣碓

【动作歌诀】

捣碓招法变无穷，掤采挤按藏势中。

擦脚上步浑一体，震脚聚气称英雄。

【动作方法】

（一）转身绕掤

身体微右转，两掌同时在胸前向右上、向右、向右下、向左、向左上划弧，左掌掌心向下，指尖向斜向前，高与腹平，右掌掌心向下，指尖斜向左，高与腹平；目视左前方。(图 3–5)

上动不停，身体左转，带动两臂，两掌向左前上划弧掤举至肩平，两掌掌心均斜向下，指尖均斜向上；目视两掌之间。(图 3–6)

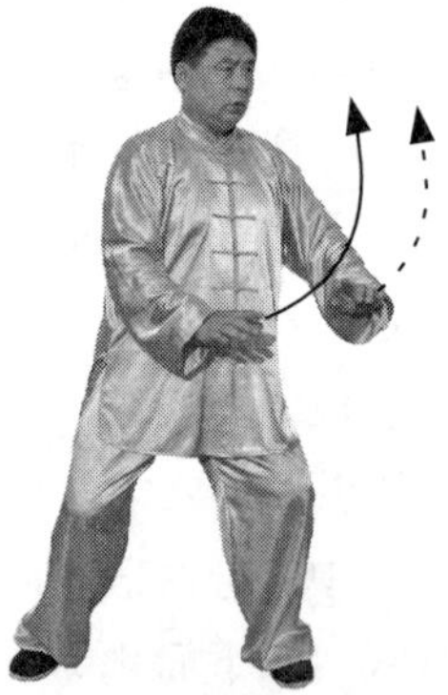

图 3–5

图 3–6

（二）转身绕捋

上动不停，身体右转，带动两臂，两掌继续向上、向右经面前向右下划弧于右肩侧上方，两掌掌心均向右，掌指均向上；目视两掌方向。（图 3–7）

上动不停，身体微左转，带动两臂由右肩侧上方向下、向左划弧于右肋旁，右掌在后，指尖向右，拇指侧向上，左掌在前，掌心向里，拇指侧向上；目视左前方。（图 3–8）

图 3–7

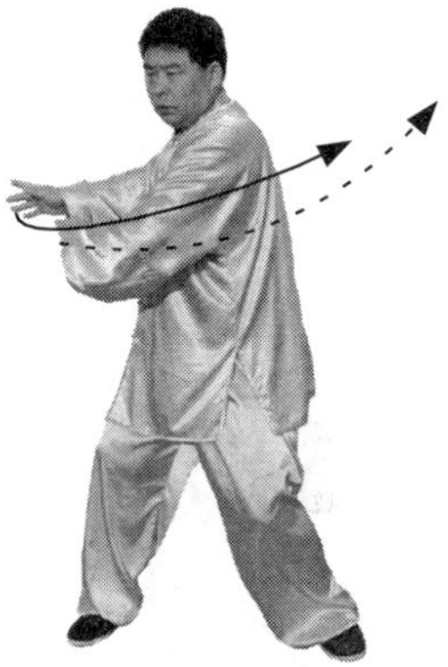

图 3–8

（三）转身双掤

上动不停，身体继续左转，带动两臂，两掌继续向左、向上划弧掤撑，左掌于左肩侧旁，掌心向左，拇指侧向下，右掌

于右上臂内侧，掌心向上，指尖向左；目视左掌方向。（图3–9）

图 3–9

（四）转身右捋

两腿屈膝半蹲，身体重心移至左腿，上体稍左转，带动左手外旋，掌心向前，指尖向左，右掌内旋，掌心向下，指尖向左；目视左掌前方。（图 3–10）

上体右转，同时右脚以脚跟为轴，脚尖外摆约 90°，随转身两臂微屈，向前、向左后划平弧横捋于右侧旁，两手腕高与肩平，两掌掌心均向右，指尖均向左前；目视左手前方。（图 3–11）

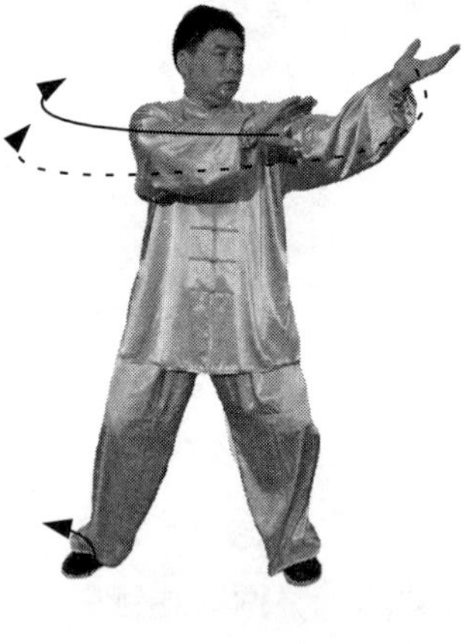

图 3–10

图 3–11

（五）擦脚平推

图 3–12

右脚前脚掌下落踏实，身体重心移至右腿，左脚上提，脚尖上翘；目视左手前方。（图 3–12）

上动不停，左脚以脚跟内侧，贴地面向左前方铲出，同时两手向右后方平推，手心均向右；目视右手方向。（图 3–13）

图 3–13

（六）弓步捋掤

身体重心左移，随着身体重心的移动，左脚踏实，身体微向左转，随即左手臂内旋，两手向下、向左前上方捋掤，左臂屈肘横于左腹前，手心向下，右手外旋向下，向右划弧于右肋

旁，手心斜向下；目视左掌前方。（图 3-14）

（七）虚步撩掌

接上动，身体重心移至左腿，身体继续左转，随转身右脚向前上步，脚尖着地成为右虚步，同时右手划弧外旋向下、向前上撩至右腹前，掌心斜向上，指尖斜向前下方，左手划弧，外旋回收，掌心向下搭于右前臂上侧旁；目视右手方向。（图 3-15）

图 3-14

图 3-15

（八）上举下沉

左掌外旋下落与脐平，掌心向下，拇指侧向里，右掌向

上、向里屈臂上举于面左前方，掌心向后，指尖向上；目视前方。（图 3–16）

上动不停，左掌外旋，稍下落脐平，掌心向下，指尖向右，右掌握拳，向下沉落于左掌旁，拳心向上，拳面向前；目视前方。（图 3–17）

图 3–16

图 3–17

（九）举拳提膝

左腿支撑身体，右腿屈膝上提，脚尖微翘起，同时右拳屈臂上举至与鼻同高，拳心向内，拳面向上，左掌落至腹前，掌心向下，指尖向右；目视右拳前方。（图 3–18）

图 3–18

（十）震脚砸拳

接上动作，右脚向下在左脚内侧踏地震脚，两脚相距约20厘米，同时，左掌外旋，掌心向上，右拳下落，以右拳背砸击左掌心；目视前下方。(图3–19)

图3–19

【练习要点】

转身绕掤时要稍向左转身划弧。转身绕捋时，稍向右下转身划弧。转身双掤时，两手要向左上掤撑，左臂掤圆。转身右捋时，要稍向右下转身划弧。擦脚平推时的左脚擦地铲出，与两手向右前划弧平推，弓步捋掤的转身与捋手、弓步形成与掤左臂和虚步撩掌时的右脚向前上成虚步与右掌的前上撩，震脚砸拳时的右拳砸击与右脚下踏震地动作，均要协调一致。同时，两手的内旋、外旋，要有内含的缠丝劲。右脚踏震时，要屈膝松胯，全脚掌着地。震脚砸拳时，上体要保持正直，不可前俯后仰或左右歪斜。

【呼吸方法】

转身绕掤与转身绕捋时吸气，转身双掤时呼气。转身右捋时的前半动作旋掌时吸气，转身右捋后半动作右捋时呼气。擦脚平推的前半动作捋掤提脚时吸气，后半动作擦脚平推时呼气。弓步捋掤时吸气，虚步撩掌时呼气。上举下沉的前半动作虚步上举时吸气，上举下沉的后半动作虚步沉拳时呼气。举拳提膝时吸气，震脚砸拳时喷气（以鼻将气短促有力地喷出，以下均同）。

【意念方法】

导引法：转身绕掤与转身绕捋时意想气由两手行至丹田穴，转身双掤时想象丹田穴内气行至两手。转身右捋时的前半动作旋掌时意想气由两手行至丹田穴，转身右捋后半动作右捋时想象丹田穴内气行至两手。擦脚平推的前半动作捋掤提脚时意想气由两脚涌泉穴沿两腿内前侧（足三阴经）上行经会阴穴至丹田穴（以下简称为：两脚至丹田穴），后半动作擦脚平推时想象内气由丹田穴向下经会阴穴沿两腿外侧（足三阳经）向下至两脚涌泉穴（以下简称为：丹田穴至两脚），弓步捋掤时意想气由两手行至丹田穴。虚步撩掌时想象丹田穴内气行至两手。上举下沉的前半动作虚步上举时意想气由两手行至丹田穴，上举下沉的后半动作虚步沉拳时想象丹田穴内气行至两手。举拳提膝时想象内气由两手沿两臂外侧行至百会穴（以下简称为：气由两手行至百会穴），震脚砸拳时想象内气由百会穴沉入丹田穴。

技击法：设想对方用右拳向我面部击打而来，我右手粘其来拳之腕，左手粘托住其来拳之肘，顺其来劲向右捋推，同时，用左脚从对方右腿前绊住向右擦脚，使其前跌。当对方后抽右拳，我借劲用左臂掤击两臂，并用右掌撩其裆部，接着顺势用掌向上托击其颌部。当对方用左手向我腹部打来时，我右拳下沉砸开其击来之左手。接着再用右拳向前上托击对方颌部，同时用右膝撞其裆，然后再用右脚下踩其左脚面，左掌下按其头部，用右拳砸击其后脑部。

三、懒扎衣

【动作歌诀】

左臂旋绕转胸前，两臂合劲阴阳变。

右采左按呈靠劲，体松气顺沉丹田。

【动作方法】

（一）左转绕臂

接上动作，左掌腹前托右拳随身体稍向右转；目视右前方。（图 3–20）

上动不停，身体左转左掌腹前托右拳随身体向左转；目视左前方。（图 3–21）

图 3–20

图 3–21

上动不停，身体再微向左转，身体重心偏于左腿，随即左手托右拳向左上托于左腋前方时，右拳成掌内旋附于左上臂内

侧，掌心向左，指尖斜向上，左掌以左肘关节为轴向左、向上划弧，掌心向右，指尖斜向上；目视左掌前方。（图3–22）

上动不停，身体右转，右手仍附于左上臂内侧，左手以左肘关节为轴由左上继续向上右划弧于面部左前方，掌心斜向右、指尖斜向上；目视前方。（图 3–23）

图 3–22

图 3–23

（二）右转绕臂

上动不停，身体继续向右微转，身体重心偏向于右腿，右手仍附于左上臂内侧，左手以左肘关节为轴经面、胸前向右下划弧，左手落于右腕外侧，成两手交叉状，左掌掌心斜向里，指尖斜向右；目视左前方。（图 3–24）

图 3–24

上动不停，身体继续向右微转，身体重心偏于右腿，右手向上、向右划弧至右肩前上方，掌心向右，指尖向上，左手向下，向左划弧至左肋旁，掌心向里，指尖向右；目视右前方。（图 3–25）

图 3–25

（三）擦脚合臂

接上动，身体重心移至左腿，左腿支撑身体，屈膝下蹲，右腿屈膝向上提起，同时，左掌外旋并向左、向上划弧于左耳侧旁，掌心向右，指尖向上，右掌向下、向左落于右胯旁，掌心向下，指尖斜向前；目视右侧下方。（图 3–26）

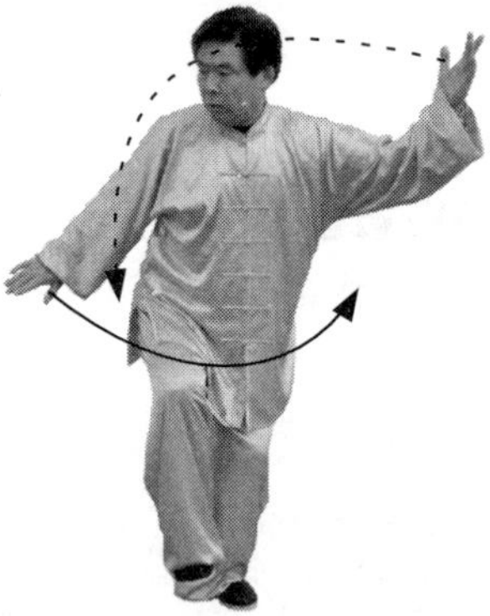

图 3–26

上动不停，左掌由左耳侧旁向右、经面前向右下划弧于胸前，掌心向里，拇指侧向上，同时，右掌由右胯旁向左、经腹前向左上划弧于左臂外侧，指尖向左，拇指侧向上，两臂相合抱于胸前；目视前方。（图 3–27）

上动不停，右脚以脚跟内侧贴地向右铲出，同时左手向上划弧在胸前两腕相搭，交叉十字，左手在里，掌心向里，指尖向右，右手在外，手心向左里，指尖向左；目视右侧方。（图 3–28）

图 3–27

图 3–28

（四）马步立掌

身体重心右移，右脚掌踏实，上体微左转，右手内旋，手心向里，指尖斜向上；目视右前方。（图 3–29）

上动不停，上体继续左转，右掌向左划弧并内旋，左掌内旋按掌于右上臂内侧，掌心向下，拇指侧向里；目视右前方。（图 3–30）

接上动，身体重心右移成为右偏马步，上体随即右转，同时右手向上、向右经颌前向右划弧至右肩侧前方，前臂外旋，塌腕立掌，掌心向右，指尖向上，腕与肩同高，左手屈肘向右、向下、向左划弧于小腹前，掌心向上，指尖向右；目视右手方向。（图 3–31）

图 3–29

图 3–30

图 3–31

【练习要点】

整个懒扎衣动作过程中，身法的变换是向左、向右的两个“回旋”，同时，以腰转动带动两臂左右缠绕。右脚铲出与两手胸前搭腕要协调一致。懒扎衣动作定势时，要沉肩垂肘、旋臂塌腕、敛臀圆裆、松腰沉胯。

【呼吸方法】

左转绕臂时吸气，右转绕臂时呼气。擦脚合臂的前半动作提膝时吸气，后半动作擦脚合臂时呼气。马步立掌的前半动作身体右转再左转旋掌时吸气，后半动作马步立掌时呼气。

【意念方法】

导引法：左转绕臂时想象气由两掌行至丹田穴，右转绕臂时想象丹田穴内气行至两掌。擦脚合臂的前半动作提膝时想象气由两脚至丹田穴，后半动作擦脚合臂时想象丹田穴内气行至两脚。马步立掌的前半动作身体右转再左转旋掌时想象气由两掌行至丹田穴，后半动作马步立掌时想象丹田穴内气行至两掌。

技击法：设想对方右手抓我左上臂，我右手盖对方右手背于我左上臂上，我用左前臂绕于对方右肩后向前下别压对方肩部，使其肩臂被缠索别压不能动弹。若对方左拳向我打来，我用右臂由里向外拦挡其臂，左手抓握其手腕，上步近身，顺势用肩靠肘顶，手扑其面部。

四、六封四闭

【动作歌诀】

转腰旋腕捋采变，捋掤刁托劲混元。

上引下松气随意，跟步闭中双掌按。

【动作方法】

(一) 转身旋腕

身体微左转，重心左移，随即上体要微右转，重心随之右移，同时，右手以腕为轴向右、向下、向内上旋转绕一圈，左手轻贴左腹向左、向上内旋后屈腕上提；目视右手方向。(图3-32)

上动不停，上体微左转，同时，右手以腕为轴继续向上、向右下旋绕坐腕立掌，掌心向右，指尖向上，同时，右手以腕为轴缓缓外旋向右、向下、向左绕成掌心向上，指尖向右；目视右掌方向。(图 3-33)

图 3-32

图 3-33

(二) 下捋掤举

接上动，身体微左转，重心微左移，同时，右手外旋向下、向左捋、屈肘向上划弧至左掌背下方，贴住左掌掌背，两掌相互交叉，右掌掌心向下，指尖向左前，左掌小指侧轻贴腹

部，掌心向上，指尖向右；目视右前方。（图 3–34）

上动不停，身体左转，两手随身体左转向左、向上划弧，左掌于身体左侧，腕高与肩平，掌心向上，指尖向左，右掌于左上臂内前侧，掌心向下，指尖向左；目视前方。（图3–35）

图 3–34

上动不停，上体右转，重心右移，随转身两手向上、向右、向下划弧，右手于身体右侧，掌心向右，指尖向上，左手于右臂内侧，指尖向右，拇指侧向上；目视右手前方。（图 3–36）

图 3–35

图 3–36

（三）掤刁上托

上动不停，上体稍左转，重心左移，两手同时向下、向左划弧，左手于右腹前，掌心向下，指尖向右，右手于右肋侧旁，掌心向下，指尖向右；目视右手前方。（图 3–37）

上动不停，身体继续左转，重心左移，同时，左手经下向左划弧，当经胸前时，内旋转腕，屈肘屈腕以手背、五指斜向下，小指、无名指、中指依次内收，成刁手于左耳侧旁，右手外旋经下向左、向上划弧托于右肩右前方，右手高与肩平，指尖向右，掌心向上；目视右掌方向。（图 3–38）

图 3–37

图 3–38

（四）虚步双按

身体微右转，向下稍沉坐，同时，右掌向右下落，高与腰平，掌心斜向上，指尖向右，左手向右下落，高与胸平，掌心

向下，指尖向右下；目视右掌方向。（图 3–39）

上动不停，身体左转，重心左移，同时，左掌随转身向左上划弧分举，高与左肩平，掌心向上，指尖向左，右掌向左、向上划弧于右肩侧旁，掌心向上，指尖向右；目视前方。（图 3–40）

图 3–39

图 3–40

接上动，上体稍右转，两臂同时屈肘，两掌里屈于两腮旁，两掌虎口相对，掌心均向前；目视前方。（图 3–41）

图 3–41

上动不停，重心移至右腿，左腿屈膝外展收至右脚内侧，脚尖点地，两脚相距约 20 厘米成虚步，上体右转，随转身两手向

右、向下按至右胯旁，虎口斜相对，掌心斜向下；目视两手之间。（图 3–42）

图 3–42

【练习要点】

动作的开合、转变要以腰脊为轴来带动。身体左右转动时，上体均须端正，不可前俯后仰。转身旋腕要协调，转身旋腕、下捋掤举、掤刁上托动作要连贯，掤刁上托要发力，发力短促弹抖。收脚双按要协调一致。

【呼吸方法】

转身旋腕的前半动作旋腕时吸气，后半动作立掌坐腕时呼气。下捋掤举的前半动作下捋时吸气，后半动作掤举时呼气。掤刁上托的前半动作两手下沉捋时吸气，后半动作刁托时喷气。虚步双按的前半动作两臂外分胸前合掌时吸气，后半动作收脚双按掌时呼气。

【意念方法】

导引法：转身旋腕的前半动作旋腕时意想气由两手至丹田穴，气在丹田穴内随旋掌而旋转，后半动作立掌坐腕时意想丹田穴内气行至两手。下捋掤举的前半动作下捋时想象气由两手行至丹田穴，后半动作掤举时意想丹田穴内气行至两手。掤刁上托的前半动作两手下沉捋时想象气由两手行至丹田穴，后半动作刁托时意想丹田穴内气行至两手。虚步双按的前半动作两臂外分胸前合掌时想象气由两手行至丹田穴，后半动作收脚双按掌时意想丹田穴内气行至两手。

技击法：设想对方两手按于我右臂上下按我时，我顺其劲下沉化，当对方有落空感时，我用右前臂靠挤或用右掌击推对方胸部，使其后倒。若对方用左手向我右肋部攻击而来，我用两手粘住其来手之顺劲捋化，对方回抽调整重心时，我借机用右臂挤对方胸部，将对方挤出。若对方用手向我右肋部攻击时，我用左手刁抓住其来手之腕，右手托住其来手之肘关节，向上猛托，使其肘伤。当对方两臂欲搂抱我时，我用双手从其胸顺其腹向外下按击对方，将对方按出。

五、单鞭

【动作歌诀】

单鞭多用可防攻，左像箭来右似弓。

右挤左化左步靠，翻掌前推转腰行。

【动作方法】

（一）转身推收

身体微右转，左手内旋向里、向上划弧，左掌掌心斜向下，指尖向右，右手外旋，向前、向下、向里划弧，掌心斜向上，指尖向左；目视左掌方向。（图 3–43）

图 3–43

上动不停，左掌向前、向下划弧，掌心斜向下，指尖斜向右，右手向里、向上划弧于左上臂内侧，掌心向

上，指尖向左；目视左手前方。（图 3–44）

上动不停，上体稍左转，左掌向前、向下外旋翻，掌心向上，指尖向前，右掌内旋翻，掌心向下，掌指向左；目视左掌方向。（图 3–45）

上动不停，上体继续左转，右掌从左臂上方向左侧横掌推出，掌心向外，拇指侧向下，左掌屈肘回收于右上臂内前下侧，掌心向上，指尖向右；目视右掌方向。（图 3–46）

图 3–44

图 3–45

图 3–46

（二）转身提勾

上体左转，重心右移，左脚脚尖着地成为虚步，同时，右掌成勾向右前方上提，腕稍低于肩，勾尖向下，臂微屈，左手屈肘收至腹前，掌心向上，指尖向左；目视左前方。（图 3–47）

图 3–47

（三）屈膝擦脚

身体重心移至右腿，右腿支撑身体屈膝下蹲，左腿屈膝上提，右勾稍向右摆，勾尖仍向下；目视左前方。（图 3–48）

接上动，右勾稍向右伸，勾尖向下，左手稍向右上，掌心向上，指尖向右，左脚以脚跟内侧贴地向左铲出；目视左脚。（图 3–49）

图 3–48

图 3–49

（四）马步立掌

左脚尖落地踏实，左腿屈膝，身体重心左移，上体左转，左掌随转身划于左胸前，掌心向上，拇指侧向前；目视左前方。（图 3–50）

接上动，上体右转，身体重心右移，右腿屈膝，左掌随转身由腹前向右上托至右腋前内旋，掌心向前，拇指侧向下；目视左掌前方。（图 3–51）

图 3–50

随即身体重心再左移成左偏马步，左掌向左经胸前划弧至左侧方外旋塌腕，腕稍低于肩，指尖斜向上成为立掌，掌心斜向左；目视左手。（图 3–52）

图 3–51

图 3–52

【练习要点】

身体左右转动带动两手上下翻转缠成一圈，与右勾弧形上提要分别体现出缠丝抽丝的内劲。定势动作要松肩坠肘、沉腕，松腰沉胯、敛臀。

【呼吸方法】

转身推收时吸气，转身提勾时呼气。屈膝时吸气，擦脚时呼气。马步立掌的右转左掌右托时吸气，马步立掌的左掌左划时呼气。

【意念方法】

导引法：转身推收时，想象内气由两手行至丹田穴，转身提勾时想象丹田穴内气行至右勾顶。屈膝时想象气由两脚行至丹田穴，擦脚时想象丹田穴内气行至两足。马步立掌的右转左掌右托时意想气由两手行至丹田穴，马步立掌时想象丹田穴内气行至右勾左掌。

技击法：设想对方用左拳击来，我右手按消来拳，并用左掌推击其腹部，接着再用右勾撞击其胸部。然后左掌顺势抓住对方左腕，向左领其左臂，以加大我右勾顶击其胸部的力度。

六、搬拦捶

【动作歌诀】

提膝摆臂转圆环，震脚合捶劲内含。

转身横击腰发劲，左右式子紧相连。

【动作方法】

（一）提膝双摆

上体右转，重心右移，同时，左掌向下随转身向右上划

弧，于右肋侧旁，掌心向下，指尖向右，右勾成掌稍向右伸摆掌心向下，指尖向右；目视右前方。（图 3–53）

身体重心移至左腿，右腿屈膝上提，同时，两掌向上、向左摆，左掌摆于身体左侧，腕高与肩平，掌心向左，指尖向上，右掌摆于面前，掌心向左，指尖向上；目视左掌方向。（图 3–54）

图 3–53

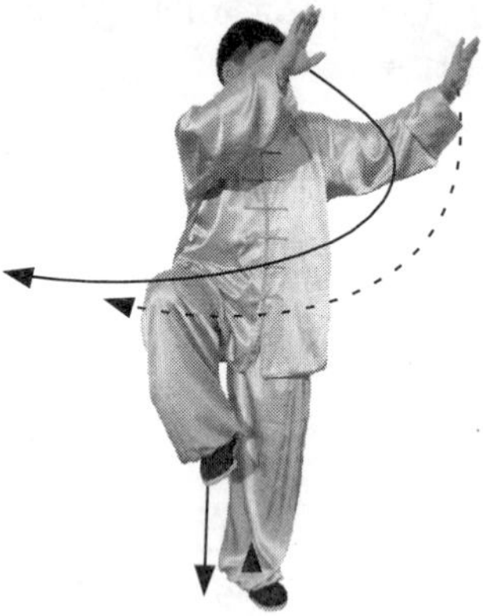

图 3–54

（二）震脚合捶

上动不停，右脚下踏震地，左脚跟提起，同时，两掌继续向左、向下、向右上摆，两掌握拳合于右肋侧旁，右拳拳心向上，拳面向右，左拳于右臂内侧，拳心向下，拳面向右；目视右拳方向。（图 3–55）

图 3–55

（三）转身横击

左脚向左横开一步，两腿屈膝半蹲成为马步，同时，上体稍向右转，两拳稍向右后摆；目视右拳前方。（图 3–56）

接上动，上体快速左转，并猛然而停，同时，两拳随转身向左横击，在横击过程中，左拳外旋翻，右拳内旋翻，左拳横击于身体左侧，腕高与肩平，拳心向上，拳面向左，右拳于左上臂内侧，拳心向下，拳面向左；目视左拳前方。（图 3–57）

图 3–56

图 3–57

（四）提膝双摆

身体重心移至右腿，左腿屈膝提起，同时，两拳成掌向上、向右下摆，右掌摆于身体右侧，腕高与肩平，掌心向右，指尖向上，左掌摆在面前，掌心向右，指尖向上；目视右掌方向。（图3–58）

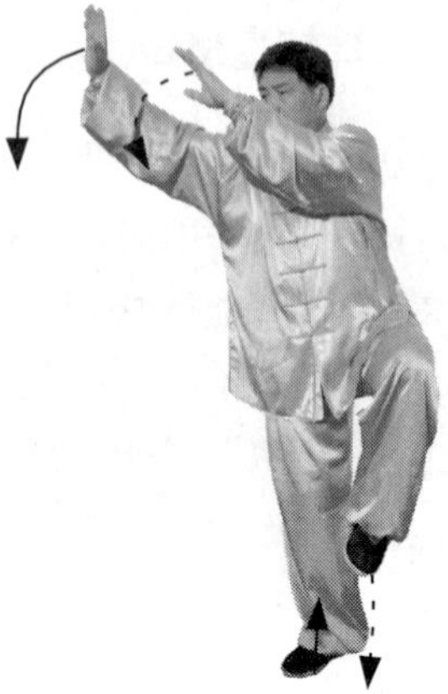

图 3–58

（五）震脚合捶

左脚下踏震脚，同时两掌向下、向左摆于身体右侧，右掌高与肩平，掌心斜向右，指尖斜向上，左掌于右上臂内侧，掌心向下，指尖向右；目视前方。（图 3–59）

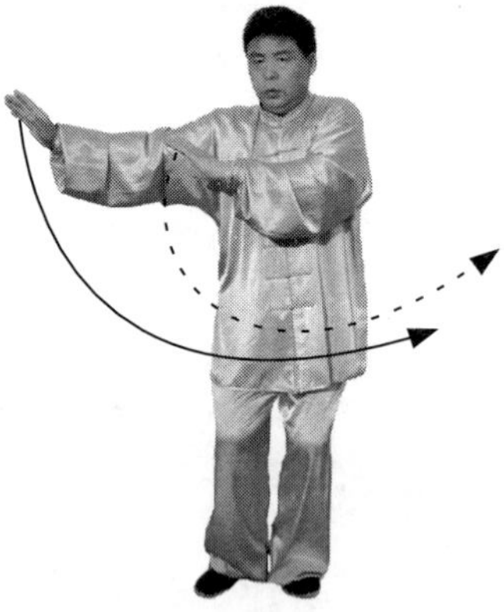

图 3–59

上动不停，右脚跟提起，同时，两掌经腹前向左上摆，两掌成拳合拳于左肋旁，左拳高与腰平，拳心向下，拳面斜向左，右拳于左上臂内前下侧，拳心向上，拳面向左；目视前方。（图 3–60）

图 3–60

（六）转身横击

右脚向左横开一步，两腿屈膝半蹲成为马步，同时，上体稍向左转，两拳稍向左后摆；目视右拳前方。（图 3–61）

接上动，我上体快速右转，并猛然而停，同时，两拳随转体，向左横击，在横击过程中，右拳外旋翻，左拳内旋翻，右拳横击于身体右侧，腕高与肩平，拳心向上，拳面向右，左拳于右上臂内侧，拳心向下，拳面向右；目视右拳前方。（图3–62）

图 3–61

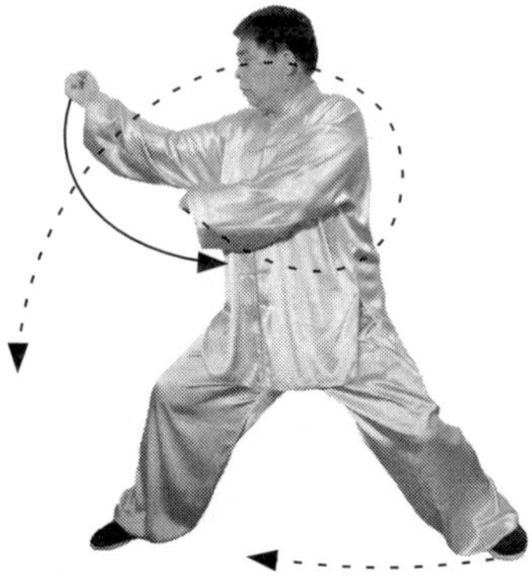

图 3–62

【练习要点】

震脚摆掌与上步合拳要协调一致，左右横击抖发动作要连贯、紧凑，动作移动与转腰两拳的发劲要协调一致。

【呼吸方法】

提膝双摆、震脚合捶时吸气，转身横击时喷气。

【意念方法】

导引法：提膝双摆、震脚合捶时想象气由两手行至丹田穴，转身横击时意想丹田穴内气行至两拳。

技击法：当对方右拳向我胸部打来时，我两臂向外挑拨开对方来拳，接着我左脚左上一步于对方右腿外后侧别绊住对方右腿，同时，我用两臂横击对方胸部，使对方后倒。

七、护心拳

【动作歌诀】

翻跃抡劈臂下磕，摆拳跳步肘横格。

拦穿横拳多变化，马步推肘胸前合。

【动作方法】

（一）转身栽掌

身体右转，重心移至右腿，左脚里收半步于右脚内侧旁，脚尖着地，左拳成掌向下、向左、向上、向右、向下划弧栽掌于身体右侧，掌心向里，指尖向下，右拳屈肘收抱于右腰侧，拳心向上，拳面向前；目视左掌前下方。（图 3–63）

图 3–63

（二）翻跃抡劈

左脚上提，右脚蹬地跃起，身体腾空，向左翻转，同时左掌直臂向上、向左、向下抡臂于身体左侧，掌心向前，指尖斜向左，右拳成掌直臂向前、向上抡于右侧上方，掌心向上，指尖斜向右；目视上方。（图 3–64）

图 3–64

上动不停，身体在空中继续向左翻转，同时，左掌成拳屈肘收抱于左腰侧，拳心向上，拳面向前，右掌成拳直臂向前、向下抡劈于面前上方，拳眼斜向上，拳面斜向前；目视前方。（图 3–65）

图 3–65

上动不停，左右两脚依次落地成为马步，同时，右拳屈臂下砸，拳心斜向上，拳面斜向前；目视右拳方向。（图 3–66）

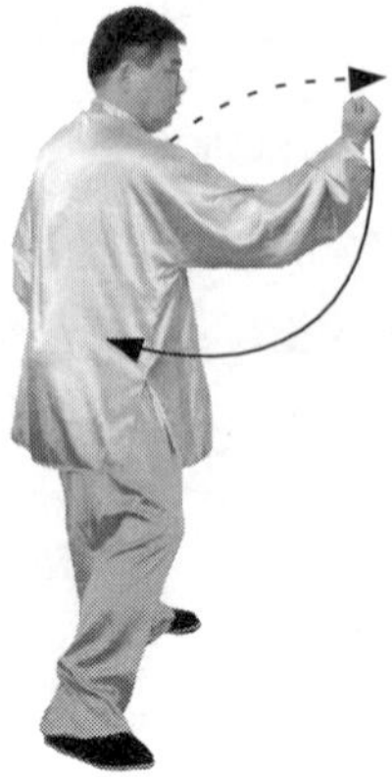

图 3–66

（三）右转拦拳

上体右转，同时，右拳屈肘收于右腰侧，拳心向上，拳面向前，左臂屈肘向前随转身向左横向格拦于胸前，拳心斜向里，拳面斜向上；目视左拳方向。（图 3–67）

（四）跳步格肘

两脚蹬地跳起下落仍成为马步，上体左转，同时，左拳直臂向左、向后摆于身体左后侧，拳眼向下，拳面向后，右拳向前屈臂随转身向左横向格肘于胸前，拳心向里，拳面向上；目视右拳方向。（图 3–68）

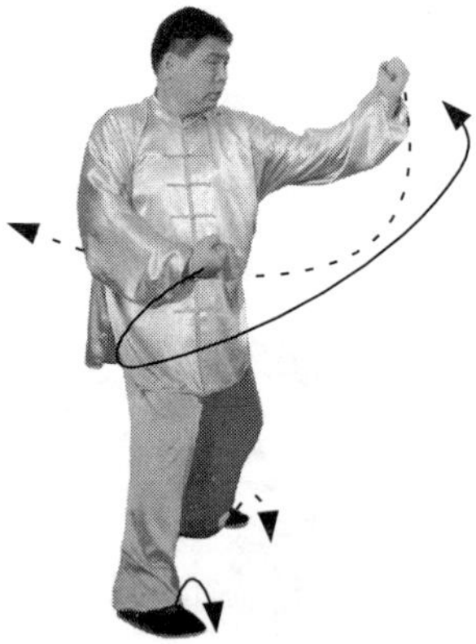

图 3–67

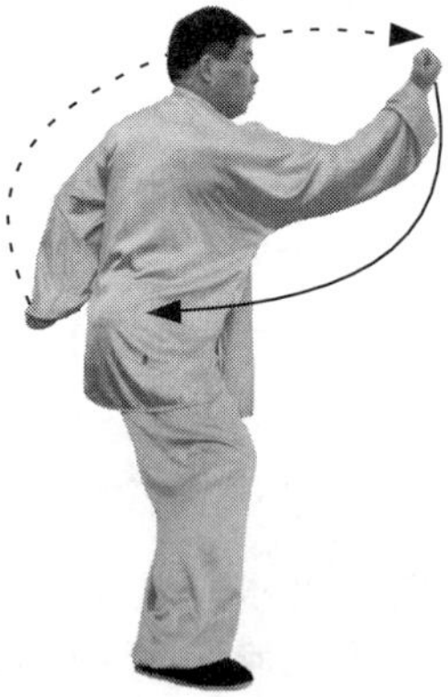

图 3–68

（五）马步拦拳

上体右转，同时，右拳屈肘收抱于右腰侧，拳心向上，拳面向前，左拳向左、向前、向右横拦于胸前，拳心向里，拳面向上；目视左拳方向。（图 3–69）

（六）马步穿拳

上体左转，同时，左拳屈肘收抱于左腰侧，拳心向上，拳面向前，右拳随转身向前穿拳，拳心向上，拳面向前；目视右拳方向。（图 3–70）

图 3–69

图 3–70

（七）推拳提肘

上体右转，同时，左拳直臂向前推出，拳心向上，拳面向前，右拳屈肘，右肘向后上提拉，肘尖向后；目视左拳前方。

（图 3–71）

（八）马步合肘

上体左转，同时，右肘随转身向前抖劲推出，右前臂竖立于胸前，右拳拳心向里，拳面向上，左拳屈肘向下合收于右肘内侧旁，拳心向下，拳眼斜向里；目视右拳前方。（图 3–72）

图 3–71

图 3–72

【练习要点】

腾跳要高，翻转身体中腾跳、腾跳中翻转身体，落步要稳，落地与右砸拳要协调一致。落步时要落髋塌腰，砸拳时要快速、有力，力达拳背。拦拳与跳步格肘动作要协调，旋腰带动两臂，落成马步与格肘要一致，格肘力达前臂。拦拳穿拳提肘动作要连贯柔和，要以腰带臂。马步合臂时，身体要先向右转再向左转，转身与击肘要上下相随，协调一致，击肘发力快猛，力达前臂。

【呼吸方法】

转身栽掌与翻跃抡臂的腾空翻跃时提气（以鼻急促吸气，把气从腹中提到胸部，以下均同），翻跃抡臂的落步抡砸时喷气。右转拦拳时吸气，跳步格肘时喷气。马步拦拳时吸气，马步穿拳时呼气。推拳提肘时吸气，马步合肘时喷气。

【意念方法】

导引法：转身栽掌与腾空翻跃时想象丹田穴内气沿任脉向上行至膻中穴（以下简称为：丹田穴内气行至膻中穴），落步抡砸时意想内气一部分沉入丹田穴，另一部分行到两手。右转拦拳时想象气由两手行至丹田穴，跳步格肘时意念丹田穴内气行至两手。马步拦拳时想象气由两手行至丹田穴，马步穿拳时意念丹田穴内气行至两手。推拳提肘时想象气由两手行至丹田穴，马步合肘时意念丹田穴内气行至两手。

技击法：设想当对方由身后偷袭我时，我跳转翻身用右拳砸击对方头部。对方若再用右拳向我胸部击打，我用左臂拦拨开其来拳。对方又用左拳向我胸部击打，我用右臂横格开其来拳。再接着对方又重新用右拳向我胸部击打，我用左拳拨开其来拳。对方见攻击又无效，并又用左拳向我胸部击打，我提右肘挡开其来拳，并借机用右肘向前猛撞对方胸部。

八、斜行拗步

【动作歌诀】

插抖两掌引劲来，斜进搂膝左捌采。

转身勾搂松腕提，坠肘塌腕敞胸怀。

【动作方法】

（一）虚步插掌

身体重心移至左腿，右脚向左前半步，前脚掌着地，成为右高虚步，同时右拳成掌向前抖劲猛插，掌指向前，掌心向下，左拳成掌屈于右腋下，掌心向下，拇指侧向里；目视右掌方向。（图 3–73）

（二）虚步分掌

接上动，左腿屈膝半蹲成为右虚步，同时，左掌向下、向右划弧按于右胯旁，掌心向下，指尖向前，左掌向左、向上划弧于左肩侧旁，掌心向外，拇指侧向下；目视前方。（图3–74）

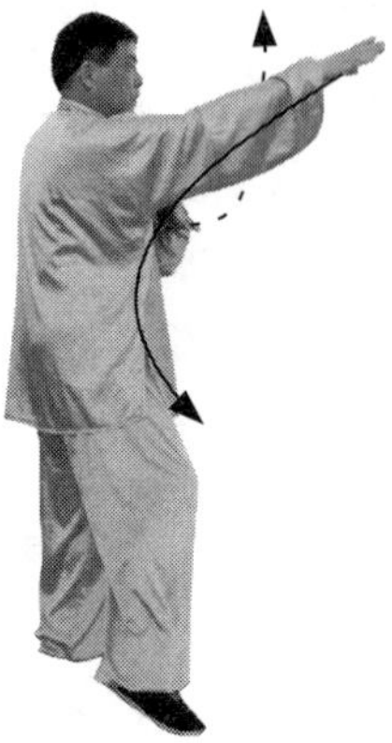

图 3–73

图 3–74

（三）虚步抖掌

身体稍上起，成为右高虚步，同时，右掌向右前上方抖

出，掌心向前，指尖向上，左屈肘向下收于左腰侧，掌心向下，指尖向前；目视前方。（图 3–75）

图 3–75

（四）震脚绕臂

身体左转，左脚踏实，左腿支撑身体，右脚屈膝提起于左腿内侧，脚尖自然下垂，同时，右臂稍屈向前、向左于面前掌心向左，指尖向上，左掌稍向后下按于左胯旁，掌心向下，指尖向前；目视前方。（图 3–76）

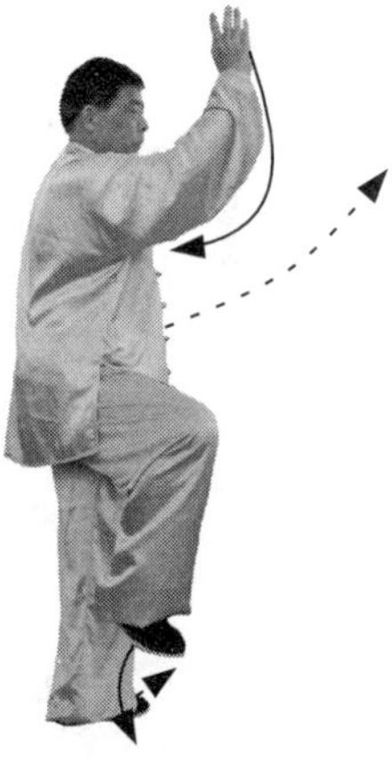

图 3–76

身体右转，右脚下落踏实，左脚虚着地，同时，左掌向前、向上划弧摆掌于左胸前，拇指侧斜向上，指尖斜向前，右掌向

前、向下、向里划弧按附于左上臂内前侧，掌心向下，指尖向前；目视左掌食指。（图 3–77）

接上动，上体稍向右转，右腿支撑身体，左腿屈膝提起收于右腿内侧，脚尖自然下垂，同时，右掌向下、向左按摆于左肋旁，掌心向下，拇指侧向里，左掌向上，向左划弧摆于左面侧旁，拇指侧向里，指尖向上；目视左侧方。（图 3–78）

图 3–77

图 3–78

（五）擦脚绕臂

身体右转，左脚以脚跟内侧贴地向左侧铲出，同时，右掌向右、向上划弧摆举于右侧旁，掌心向上，指尖向右，左掌过面向右下划弧摆落于右上臂内上侧旁，掌心向右，指尖斜向上；目视右掌方向。（图3–79）

图 3–79

上动不停，右腿屈膝下蹲，左脚以脚跟内侧贴地继续向左侧铲出，同时，两掌向下、稍向左划弧，掌指均向右，拇指侧均斜向上；目视右掌方向。（图 3-80）

接上动，身体左转，左掌向下、向左上划弧摆于左胸前，臂微屈，拇指侧斜向里，指尖斜向上，右掌向下、向左上摆落于左上臂内前侧，掌心斜向下，指尖斜向前；目视左掌方向。（图 3-81）

图 3-80

图 3-81

（六）转身提勾

左脚尖内扣，右腿屈膝下蹲，上体右转，同时，右掌向下、向后上摆于右胯侧旁，掌心斜向下，拇指侧向里，左掌向上、向右下划弧于胸前，掌心向右，指尖斜向上；目视左侧方。（图 3–82）

图 3–82

左脚前掌下落踏实，右腿全蹲，成为左仆步，同时，上体稍左转，右掌向上、向左划弧屈肘于右耳旁，掌心向前，拇指侧向下，左掌向下、向左搂于左膝上方，掌心向下，拇指侧向里；目视左前方。（图 3–83）

图 3–83

上动不停，上体继续左转，重心前移，左腿屈膝半蹲，右腿挺膝蹬直成为左弓步，同时，左手随转身向左搂并成为勾手向左侧提举，勾尖向下，右掌从耳侧旁向左划弧至胸前，掌心向前，拇指侧向下；目视前方。（图 3-84）

图 3-84

（七）马步展臂

紧接上动，上体右转，右掌随转身向前、向右后划平弧于身体右侧，外旋塌腕平展，掌心斜向右，指尖斜向上；目视前方。（图 3-85）

图 3-85

【练习要点】

虚平插掌要快速，力达掌指尖。虚步分掌，两掌外分臂保持微屈，不可过直。虚步抖掌要突然，发力短快弹抖，力达手梢。转身绕臂与撤步擦脚要协调，身体以腰为轴左、右旋转，以带动两手臂在体侧缠绕并使其一致。定势时，松肩、沉腕与转腰、合胯下沉要周身协调一致，形成一个完整的内合劲。

【呼吸方法】

虚步插掌动作启动时急速吸气，插掌时喷气。虚步分掌时吸气，虚步抖掌时喷气。震脚绕臂时吸气，擦脚绕臂时呼气。转身提勾时吸气，马步展臂时呼气。

【意念方法】

导引法：虚步插掌动作启动时想象气由两手行至丹田穴，插掌时意想丹田穴内气行至两手。虚步分掌时想象气由两手行至丹田穴，虚步抖掌时意想丹田穴内气行至两手。震脚绕臂时想象气由两手行至丹田穴，擦脚绕臂时丹田穴内气行至两手。转身提勾时想象气由两手行至丹田穴，马步展臂时丹田穴内气行至两手。

技击法：设想对方于我面前欲向我发起进攻，我速用右掌插击其面部。当对方后闪开我右插掌时，用左腿向我右肋部踢击，同时用右拳向我胸部击打，我用右掌向外挂开对方来腿，并用左掌拨开对方来拳。接着，我抖右手击打对方面部。若对方再用左手向我胸部击打，我右掌向下拨按开其来手。对方又用右拳向我胸部击打，我用左手拨按开其来拳。接着我左脚上步于对方右腿后，绊住其腿，我用左臂向左搂对方胸部，使其后摔。若对方后撤解开我之绊腿，并用右拳击我胸部，我左手向左搂开其来拳，并用右掌向右横击对方右颈大动脉或右面侧部。

九、煞腰压肘拳

【动作歌诀】

回身收脚里挽拳，绕臂缩身劲内含。

上步侧身拳砸架，劲合一体架不散。

【动作方法】

（一）收脚挽拳

身体右转，重心左移，右脚里收一步于左脚内侧，同时，右掌向右、向下抓握成拳向左上划弧挽拳于右腹前，拳心向里，拳面向下，左掌向左、向上举于头左侧上方，掌心向上，指尖斜向右；目视右前方。（图 3–86）

图 3–86

左脚左上一步，两腿屈膝半蹲成为马步，上体左转，同时，左掌成拳向右经面前向下、向左上划弧于左肋旁，拳心向前，拳眼向上，右拳向左、向上划弧摆于身体左侧至左臂上方，拳心向下，拳面向左；目视前方。（图 3–87）

图 3–87

（二）上步架劈

上体右转，两拳同时随转身向上、向右、向下划弧抡摆，右拳抡摆劈拳至右肋侧旁，臂微屈，拳心向上，拳面向右，左拳抡摆至头上方，拳眼向下，拳面向右；目视右侧方。（图3–88）

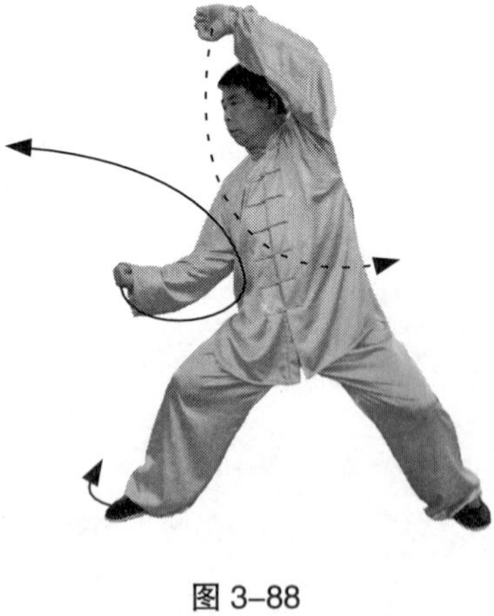

图 3–88

【练习要点】

收脚挽拳、上步抡摆与

马步劈架拳要协调一致，抡摆拳要成为立圆，劈架拳发力短快、颤抖，发力顺达，力达两拳。

【呼吸方法】

收脚挽拳时吸气，上步架劈时喷气。

【意念方法】

导引法：收脚挽拳时想象气由两手行至丹田穴，上步架劈时意想丹田穴内气行至两手。

技击法：设想对方左弓步，用左直拳向我右肋部击打而来，我用两臂向前挑拨开其来拳，接着我右脚右上一步于对方左腿外后侧挂住对方左腿，并用右臂翻拳向下砸击对方胸部。

十、井栏直入

【动作歌诀】

弓步摆掌向外翻，上步虚灵点脚尖。
震脚沉胯提右肘，劲成一体胯旁按。

【动作方法】

（一）弓步摆掌

右脚稍向右上步，重心稍向右移成为右弓步，同时，右拳成掌向里、向上、向右划弧摆掌，腕高与肩平，掌心向上，指尖向右，左拳向下经胸前向左划弧收于左腰侧，拳心向后，拳面向下；目视右掌方向。（图 3–89）

图 3–89

（二）按掌顶肘

右脚外展，左脚经右脚前上一步，脚尖着地，身体右转，同时，左拳成掌向前屈肘于胸前，掌心向下，拇指侧在里，右掌稍向下于左肘下方，掌心向上，指尖向左；目视左肘方向。（图 3–90）

图 3–90

紧接上动，左脚跟向下踏震，成为右横弓步，同时，左掌向左后下按掌于左胯旁，掌心向下，拇指侧在里，右肘向右上顶拉，肘尖向右上；目视左掌方向。（图 3–91）

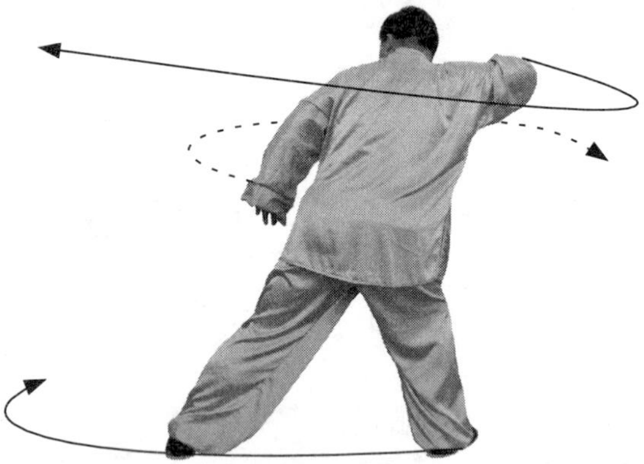

图 3–91

【练习要点】

弓步与摆掌要协调一致，上步屈肘抱掌与震脚顶肘动作要连贯，上步、转身、抱掌要协调，脚跟下震、左掌按于胯旁与右上顶拉肘要一致，发力要短快，力道要整，力撑八面。

【呼吸方法】

弓步摆掌、按掌顶肘的前半动作虚步抱掌时吸气，按掌顶肘的后半动作震脚顶肘时喷气。

【意念方法】

导引法：弓步摆掌、按掌顶肘的前半动作虚步抱掌时想象气由两手、两脚行至丹田穴，按掌顶肘的后半动作震脚顶肘时意想丹田穴内气行至左掌右肘及两脚。

技击法：设想对方右弓步，用右拳向我胸部击打，我用右手粘住其来拳之腕，左脚前上一步于对方右脚外后侧别绊住其腿，同时左臂于对方右臂之上下压其右肘关节。上动不停，我右手向右上拉对方右臂，我并用左手后拍对方腹裆部。

十一、风扫梅花

【动作歌诀】

转身后扫似旋风，臂随身旋劲力横。

虚步绕臂右左划，转身平稳步轻灵。

【动作方法】

（一）转身后扫

身体重心移至左腿，身体右后转 180°，随转身右脚向右后扫转，前脚掌着地成为右虚步，同时，右掌直臂随之向右后平弧横摆于身体右侧，掌指尖高与头平，掌心向右，指尖斜向

上，左掌直臂随之向前、向右平弧横摆于身体左侧，指尖高与肩平，掌心向左，指尖斜向上；目视前方。（图 3–92）

（二）虚步绕臂

上动不停，右掌向后、向下划弧于右胯外后侧，掌心向下，指尖向后，左掌向上、向右下划弧于面前，掌心向下，拇指侧向里；目视前方。（图 3–93）

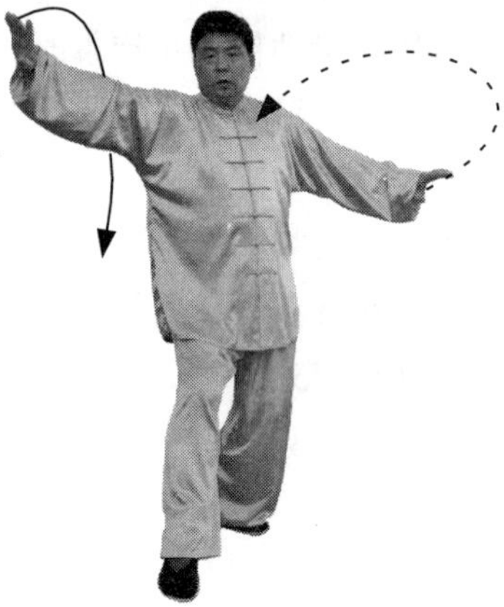

图 3–92

图 3–93

【练习要点】

右后转身要平稳，转身、扫腿与两臂转摆要协调一致。虚步绕臂步子虚实要分明，虚步要站稳，右掌前绕与左掌绕按要一致。

【呼吸方法】

转身后扫时吸气，虚步绕臂时呼气。

【意念方法】

导引法：转身后扫时想象气由两手、两脚行至丹田穴，虚步绕臂时意想丹田穴内气行至两手、两脚。

技击法：设想对方由我身后向我进攻而来，我速右后转身用右腿后扫对方腿部，用右臂横扫对方上体。若对方躲开，同时由我正面用左掌向我胸部推击时，我左手粘其左腕向下按，同时用右手向前上托击对方左肘，使其肘部受伤。

十二、金刚捣碓

【动作歌诀】

步子虚实要分明，掤撩举沉气先行。

抱捶震脚气沉聚，神机变化转移中。

【动作方法】

（一）虚步撩掌

上动不停，右掌向前、向上撩掌于右腹前，掌心向上，指尖向前，左掌向下按于胸前，掌心向下，拇指侧向里；目视前方。（图 3–94）

图 3–94

（二）上举下沉

左掌外旋下落与脐平，掌心向下，拇指侧向里，右掌向上、向里屈臂上举于面左前方，掌心向后，指尖向上；目视前方。（图 3–95）

上动不停，左掌外旋，稍下落高与脐平，掌心向下，指尖向右，右掌握拳，向下沉落至左掌下旁，拳心向上，拳面向前；目视前方。（图 3–96）

图 3–95

图 3–96

（三）举拳提膝

左腿支撑身体，右腿屈膝上提，脚尖微翘起，同时右拳屈

臂上举至与鼻同高，拳心向内，拳面向上，左掌落至腹前，掌心向下，指尖向右；目视右拳前方。（图 3–97）

图 3–97

（四）震脚砸拳

接上动作，右脚向下在左脚内侧踏地震脚，两脚相距约 20 厘米，同时，左掌外旋，掌心向上，右拳下落，以右拳背砸击左掌心；目视前下方。（图 3–98）

图 3–98

【练习要点】

右虚步前上撩时步子要虚实分明，震脚砸拳时的右拳砸击与右脚下踏震地动作，均要协调一致。同时，两手的内旋、外旋，要有内含的缠丝劲。右脚踏震时，要屈膝松胯，全脚掌着地。震脚砸拳时，上体要保持正直，不可前俯后仰或左右歪斜。

【呼吸方法】

虚步撩掌与上举下沉的前半动作虚步上举时吸气，上举下沉的后半动作虚步沉拳时呼气。举拳提膝时吸气，震脚砸拳时喷气。

【意念方法】

导引法：虚步撩掌与上举下沉的前半动作虚步上举时意想气由两手行至丹田穴，上举下沉的后半动作虚步沉拳时想象丹田穴内气行至两手。举拳提膝时想象内气由两手沿两臂外侧行至百会穴，震脚砸拳时想象内气由百会穴沉入丹田穴。

技击法：设想对方用右拳向我腹部击打，我左手按开对方来拳，并用右掌向前拍击对方腹部，接着顺势用掌向上托击其颌部。对方又用左拳向我腹部击打，我右拳下沉砸开其击来之左手。接着再用右拳向前上托击对方颌部，同时用右膝撞其裆，然后再用右脚下踩其左脚面，左掌下按其头部，用右拳砸击其后颈部。

十三、披身捶

【动作歌诀】

擦脚合掌神宜凝，握拳并肘猛力砰。
摆拳跳步横格肘，屈臂转靠腰旋拧。

【动作方法】

（一）左右托拳

接上动作，身体稍右转，左掌托拳随转身向下、向右划弧

至右肋前，左掌仍托右拳；目视前方。（图 3–99）

上动不停，身体左转，左掌托拳随转身向前、向左划弧于左肋前，左掌仍托右拳；目视前方。（图 3–100）

图 3–99

图 3–100

（二）马步分掌

身体右转，重心右移，两腿屈膝半蹲成为马步，同时，右拳成掌，两掌内旋向外，再内旋向上分掌于体两侧，臂微屈，掌心均向前，指尖均向外；目视右手前方。（图 3–101）

图 3–101

（三）擦脚合掌

身体重心移至左腿，左腿支撑身体，右腿屈膝提起，脚尖自然下垂，同时，两掌向上、向里相互交叉合于胸前，左掌在外，右掌在内，掌心均向外，指尖均向上；目视前方。（图3-102）

右脚向右侧擦脚上步，两腿屈膝半蹲成为马步，同时，两掌稍向左推于左胸前，两掌仍交叉，左掌在外，右掌在里，两掌掌心向外，指尖均向上；目视前方。（图 3-103）

图 3-102

图 3-103

（四）转身握拳

身体左转，重心稍向左移，两掌仍交叉随转身向左划弧，掌心均向里，指尖均向上；目视两掌方向。（图3-104）

身体再向右转，重心稍向右移，同时，两掌稍向左推于左胸前，两掌仍交叉，

图 3-104

左掌在外，右掌在里，两掌掌心向外，指尖均向上；目视前方。（图 3–105）

上动不停，两掌握拳均外旋仍相交叉，左拳在外，右拳在里，拳心均向里，拳面均斜向上；目视两拳方向。（图 3–106）

图 3–105

图 3–106

（五）双肘并推

身体再向右转，重心稍向右移，两掌握拳均外旋仍相交叉，随转身向右划弧于右胸前，拳心均向里，拳面均斜向上；目视两拳方向。（图 3–107）

图 3–107

身体左转，重心左移成为左弓步，同时，两臂屈肘，两前臂竖立并齐随转身向左

前推出，肘尖均向下，两拳拳心均向里，拳面均向上；目视两拳方向。（图 3-108）

图 3-108

（六）转身拦拳

身体右转，重心右移，同时，右拳向下、向右划弧收于腹前，拳心向里，拳眼斜向上，左拳向前、向右上划弧拦拳于面前，拳心向后，拳面向上；目视左前方。（图 3-109）

（七）跳步格肘

身体继续右转，重心右移，同时，右拳向下，经右体侧向右上划弧内旋摆拳于右肋旁，拳眼向下，拳面向右，左拳向右，经面前向右下划弧，摆于右胸前，拳心向下，拳面向右；目视前方。（图 3-110）

图 3-109

图 3-110

（八）转身拦拳

图 3–111

紧接上动，两脚蹬地跳起左转，两脚同时落地踏稳，同时，左拳向左，经左腰侧内旋向后下摆于左胯旁，拳面向下，拳心向后；右臂屈肘内旋，竖立前臂向前、向左横向格肘于胸前，拳心向里，拳面向上；目视右拳方向。（图 3–111）

（九）旋臂格肘

身体右转，重心右移，同时，右拳向下、向左划弧收于右腰侧，拳心向上，拳面向前，左拳内旋向上、向前、向右于胸前，拳心向里，拳面向上；目视左拳方向。（图 3–112）

图 3–112

身体稍左转，同时，左拳外旋屈肘收于左腰侧，拳心向里，拳面向前，右拳内旋向右、向上划弧摆拳高与胸平，拳眼向下，拳面向右；目视右拳方向。（图 3–113）

图 3–113

（十）屈肘转靠

身体微左转后再右转，重心稍左移后再右移，同时，右拳外旋屈肘向左、向里、向右划弧于右肩前，拳心向里，拳面向上，右肘肘尖向下，左拳向上、向里内旋拳面紧贴腰侧；目视右肘方向。（图 3–114）

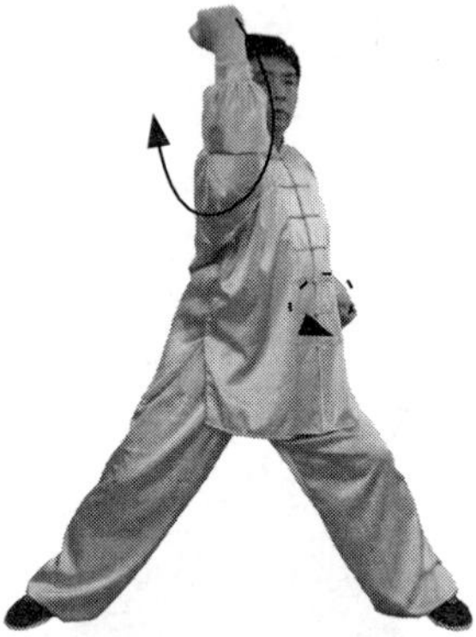

图 3–114

接上动作，重心右移，成为右横弓步，上体向右拧转，随之右拳内旋，屈肘向右上方靠顶，拳置于右耳侧方，拳心向

外，拳面向左，左拳内旋，拳面紧贴腰侧；目视左脚方向。（图 3–115）

图 3–115

【练习要点】

托拳转身要柔和，两臂外分与提右脚、擦步与合掌动作要协调一致。并推肘要突然、有力，力达两前臂外侧。转身拦拳、跳步格肘、转身摆拳、旋臂格肘、屈肘转靠动作要连贯，重心转换与上臂动作要协调一致，右拳左摆成格肘时，内旋缠一小圈蓄劲后随身体右转右臂向右上方掤架，当接近右肩时背部有向右后方的靠劲，并协调一致。左拳面紧贴腰肋部，以增加背的靠劲。

【呼吸方法】

左右托拳的前半动作托拳右转时吸气，后半动作托拳左转时呼气。马步分掌时吸气，擦脚合掌时呼气。转身握拳时吸气，双肘并推时喷气。转身拦拳时吸气，跳步格肘时喷气。转身拦拳前半动作转身时吸气，后半动作摆拳时呼气。旋臂格肘时吸气，屈肘转靠时呼气。

【意念方法】

导引法：左转托拳的前半动作托拳右转时想象气由两手行至丹田穴，后半动作托拳左转时意想丹田穴内气行至两手。马步分掌时想象气由两脚、两手行至丹田穴，擦脚合掌时意想丹田穴内气行至两脚、两手。转身握拳时想象气由两手行至丹田穴，双肘并推时意想丹田穴内气行至两前臂。转身拦掌时想象气由两手行至丹田穴，跳步格肘时意想丹田穴内气行至两手。转身摆拳前半动作转身时想象气由两手行至丹田穴，后半动作摆拳时意想丹田穴内气行至两手。旋臂格肘时想象气由两手行至丹田穴，屈肘转靠时意想丹田穴内气行至两肘、手及后背。

技击法：左转托、马步分掌、擦脚合掌时设想对方用右拳向我面部击打时，我两臂交叉上架开其来拳，同时上右脚于对方右腿外后侧方挂住其腿，并用右臂向左搬靠对方胸部，使对方后倒。转身握拳、双肘并推时想象对方又用右拳向我胸部击打时，我用两手粘住对方来拳之臂向右后回领，对方有前倾感时，我突然用双前臂撞击对方胸部，使对方被击而倒。跳步横格时想象对方用左拳向我左胸部击打时，我用右臂横格开其来拳。转身摆拳时想象对方用右拳向我胸部击打，我用左臂拨开其来拳。旋臂格肘、屈肘转靠时意想对方用左拳向我胸部击来，我趁机右脚上步于对方左腿后方绊住其腿，右臂右格开来拳，然后用右肘背向右后靠击对方胸部，将其后摔倒地。

十四、撇身捶

【动作歌诀】

转身合拳劲力攒，弓步外分展两拳。
震脚蓄劲待外发，催劲上步两臂展。

【动作方法】

（一）转身合拳

右臂外旋，右拳向外、向下、向左于右胸前，拳心向里，拳眼向上，左拳外旋向右、向上划弧于右肋旁，拳心向上，拳

眼向前，两拳上下基本相对；目视左拳方向。（图 3–116）

图 3–116

（二）弓步分展

上体左转，重心左移成左弓步，同时，两拳向左前上、和右后下方斜分，左拳于左肩侧前，腕高与肩平，拳心向上，拳面向前，右拳高与右胯平，拳心向后，拳眼向下；目视左拳方向。（图 3–117）

图 3–117

（三）震脚收抱

紧接上动，身体重心继续向左移至左腿，右腿屈膝提起，脚尖自然下垂，左拳向下、向右划弧于左腹前，拳心向上，拳面向右，右拳向上、向左划弧于头右前方，拳心向前，拳眼向下；目视左前方。（图 3–118）

右脚下踏震步，左脚跟提起，同时，左拳成掌继续向右下伸，掌心向上，指尖向右，右拳成掌向下、向右划弧于右肩前，掌心向下，拇指侧向里；目视左前方。（图 3–119）

图 3–118

图 3–119

（四）弓步分展

身体稍左转，左脚前上一步，屈膝半蹲，右腿挺膝蹬直成为左弓步，同时，两掌向左前上与右后下方斜分，右掌于左肩侧前，腕高与肩平，掌心向上，指尖向前，右掌高与右胯平，

掌心向下，拇指侧向里；目视左掌方向。（图 3-120）

图 3-120

【练习要点】

转身合拳上体要向左拧身，两拳臂向外旋拧以破劲将身体放松端正。弓步分展两臂展开，但两臂要保持微屈。震脚不可有起伏，震脚要平稳。上步与两臂分展要协调一致，劲力顺达，力达两臂。

【呼吸方法】

转身合拳时吸气，弓步分展时呼气。震脚收抱时吸气，弓步分展时呼气。

【意念方法】

导引法：转身合拳时想象气由两手行至丹田穴，弓步分展时意想丹田穴内气行至两臂。震脚收抱时想象气由两手行至丹田穴，弓步分展时意想丹田穴内气行至两手。

技击法：设想对方由我左侧用右拳向我左肋部击打，我用左臂向前挑拨开来拳。当对方回抽右拳时，我借其劲用左臂挑靠对方右腋及胸部。若对方后抽臂成功后再次用右拳向我左肋部击打，我用左臂粘其来拳之臂向右引开其拳，当对方回抽时，我左脚前上一步于对方右腿外后侧，借其回抽之劲，用左臂挑靠对方右腋及胸部，使其后倒。

十五、斩手

【动作歌诀】

转身跟手左腕前，双掌后捋似绳牵。
两手胸前立圆划，左掌上托砸右拳。

【动作方法】

（一）马步跟手

身体重心稍向右移，两腿屈膝半蹲成为马步，同时，左内旋向左稍伸，掌心斜向下，指尖斜向上，右掌外旋再内旋向左、向上伸于左臂内侧旁，掌心向里，拇指侧向上；目视左掌方向。（图 3–121）

图 3–121

（二）转身双捋

上体右转，重心稍向下移，两手随转身向下、向右上弧线捋掌，右掌捋于身体右侧，腕高与肩平，掌心向上，指尖向右，左掌于右腹前，掌心向上，指尖向右；目视右掌方向。（图 3–122）

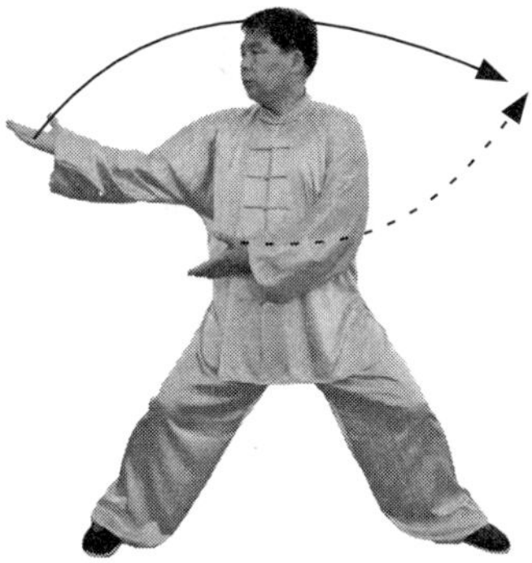

图 3–122

（三）弓步砸拳

上体左转，重心左移，左腿半蹲，右腿蹬直成为左弓步，同时，左掌随转身向左上摆于身体左侧，掌心向上，指尖向前，右掌成拳外旋向左、向下翻拳砸于左掌心上方，拳心向上，拳面向前；目视右拳方向。（图 3–123）

图 3–123

【练习要点】

双掌向右下捋动时要以腰带臂，以臂带手缓慢均匀地捋动，弓步砸拳时左摆掌托举与右拳翻砸要相对进行，协调一致，砸拳以腰带动，发力顺畅，力达右拳拳背。

【呼吸方法】

马步跟手、转身双捋时吸气，弓步砸拳时喷气。

【意念方法】

导引法：马步跟手、转身双捋时想象气由两手行至丹田穴，弓步砸拳时意想丹田穴内气行至两手。

技击法：设想对方右弓步，右冲拳向我胸部击打，我右手粘其腕，左手粘其肘部顺其来拳之劲向右后捋其来拳之臂。当对方有前倾感时，回抽右臂以调整身体，我借其抽臂之劲用右翻拳砸击对方面部。

十六、翻花舞袖

【动作歌诀】

提膝举拳似烧天，落步砸拳重若山。

鹞子翻身冲云霄，抡臂下砸翻背拳。

【动作方法】

（一）提膝举拳

身体左后转，重心全移于左腿支撑身体，右腿屈膝提起，脚尖自然下垂，左掌内旋向下按于右膝内侧旁，掌心向下，指尖向前，右拳上举于头上方，拳眼向后，拳面向上；目视左掌前上方。（图 3–124）

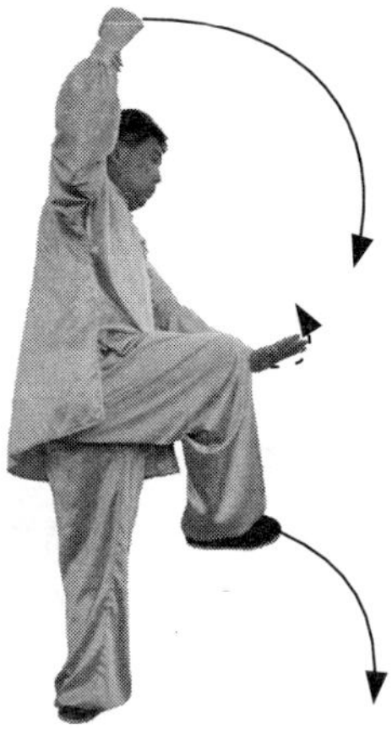

图 3–124

（二）落步砸拳

身体继续左转，右脚向右下侧震脚落步成为马步，同时，左掌外旋翻，掌心向上，指尖向右，右拳向右下侧翻拳砸击于右肋旁，拳心向上，拳眼向右；目视右侧方。（图 3–125）

图 3–125

（三）翻跃抡击

右拳成掌，两掌向右侧伸出，右掌伸于身体右侧旁，高与肋平，掌心向下，指尖向右，左掌于右臂内侧下，掌心向上，指尖向右；目视左前方。（图 3–126）

图 3–126

紧接上动，重心移至右腿支撑身体，左腿屈膝上提，脚尖自然下垂；目视左前方。（图 3–127）

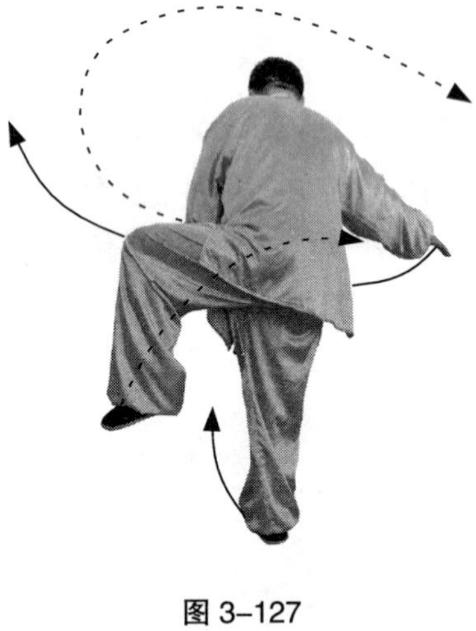

图 3–127

上动不停，右脚蹬地跃起，身体腾空，在空中身体向左翻转，同时，右掌直臂随翻转身向上、向左下抡摆于身体左侧，掌心向上，指尖向左，右掌直臂向左、向上摆于身体右侧，掌

心向上，指尖向右；目视左前上方。（图 3–128）

上动不停，身体在空中继续左翻转，然后右左两脚依次下落成为马步，同时，左掌成拳屈肘收抱于左腰侧，拳心向上，拳面向前，右掌成拳向上、向前下翻拳抡砸于胸前，高与肩平，拳心向上，拳面向前；目视右拳方向。（图 3–129）

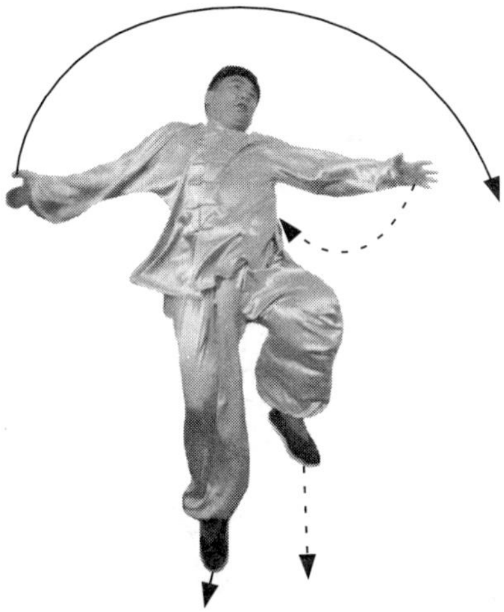

图 3–128

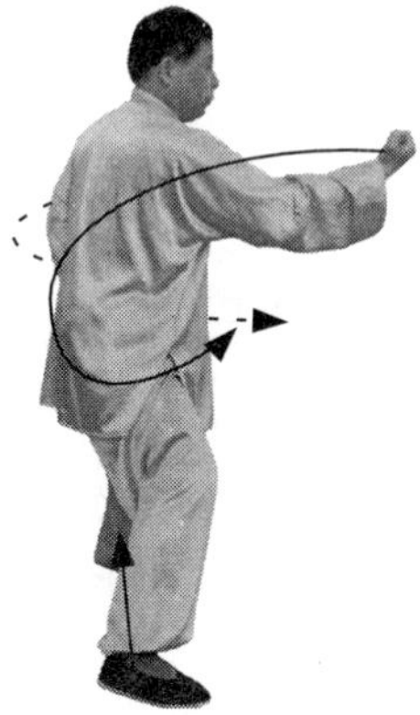

图 3–129

【练习要点】

提膝举拳支撑腿要稳，右举拳与左按掌要有对拉劲，举拳要尽量向上挣拉。落步马步的形成与右拳下砸要协调一致，砸拳力达右拳拳背。身体起跳要高，翻转身时带动两臂进行抡摆，两臂抡摆成为立圆。落步要转稳，落步与翻拳砸击要一致，砸拳发力要顺，力达右拳拳背。

【呼吸方法】

提膝举拳时吸气，落步砸拳时呼气。翻身抡击的前半动作起跳腾空翻身时提气，后半动作落步砸拳时喷气。

【意念方法】

导引法：提膝举拳时想象气由两手行至丹田穴，落步砸拳时丹田穴内气行至两手。翻身抡击的前半动作起跳腾空翻身时想象丹田穴内气行至膻中穴，后半动作落步砸拳时意想内气行至两手。

技击法：设想对方左拳向我胸部击打，我左手粘住其腕向左下领对方左臂，并用右拳向下砸击对方左肘关节。若对方回抽逃脱，我翻转身逼近对方，用右拳砸击对方头面部。

十七、掩手肱拳

【动作歌诀】

提膝翻臂右下斩，震步擦脚把拳掩。
翻拳崩打腰催劲，旋臂左引发右拳。

【动作方法】

（一）转身震脚

身体右转，重心移至左腿，左腿支撑身体，右腿屈膝提起，右拳随转身向右、向下、向前上划弧屈收于腹前，拳心向下，拳眼向里，同时，左臂向左、向下、向前上屈肘按附于右拳背上方，掌心向下，拇指侧向里；目视前方。（图 3–130）

右脚下踏震步屈膝半蹲，左脚跟提起，两臂仍交叉合于腹前，右拳在下，左掌在上；目视前方。（图 3–131）

图 3–130

图 3–131

（二）擦脚合臂

身体稍右转，左脚屈膝提起后左脚向左前方铲出，身体再左转，随转身两手在胸前交叉合劲相叠，左臂在里，右臂在外，两掌掌心均斜向外，指尖均斜向上；目视右前方。（图3–132）。

图 3–132

（三）马步崩捶

上体左转，重心稍左移，两脚蹬地发力，同时，右拳以右拳背为力点，向右前上方翻拳崩击，高与鼻尖平，拳面向前，拳心向上，左掌屈臂收屈于左肋间，掌心向下，指尖向前；目视右拳方向。（图 3–133）

图 3–133

（四）马步旋臂

身体右转，重心右移成为马步，同时，右拳屈肘收于右侧，拳心向上，拳面向前，左手向前立掌推出，掌心向前，指尖向上；目视左掌方向。（图 3–134）

图 3–134

紧接上动，左掌外旋向上、向里划弧置于左肩前，掌心向上，拇指和食指伸直，其余三指弯曲；目视左掌方向。（图3–135）

（五）弓步发拳

上体左转，重心迅速左移成左弓步，右腿微屈，同时左手快速收于左肋侧，手心轻贴左肋，右拳随转体后拉蓄劲，然后内旋经左臂上向右前方急促打出，拳同肩高，臂微屈，拳心向下；目视右拳。（图 3–136）。

图 3–135

图 3–136

【练习要点】

擦脚上步要平稳，身体要右左迂回，以蓄周身之劲于右拳，翻背崩拳要突然发力，发力短快而富弹抖发力顺畅，力达右拳拳背。旋臂发拳时应将周身的蓄劲通过肩、臂迅速达于拳面，而后迅速制动。表现出脆快的冷弹劲。

【呼吸方法】

转身震脚的前半动作提膝合臂时吸气，后半动作震脚时呼气。擦脚合臂时吸气，弓步崩捶时喷气。马步旋臂时吸气，弓步发拳时喷气。

【意念方法】

导引法：转身震脚的前半动作提膝合臂时想象气由两手行至丹田穴，后半动作震脚时意想丹田穴内气行至两脚。擦脚合臂时想象气由两手、两脚行至丹田穴，弓步崩捶时意想丹田穴内气行至两手、两脚。马步旋臂时想象气由两手行至丹田穴，弓步发拳时意想丹田穴内气行至两手。

技击法：设想对方用右拳向我腹部击打而来，我提右膝护住裆部，并用左掌按开对方之来拳。接着我用右手接抓住对方右腕向右后回领，将对方右臂引直，同时，用左肘下压对方右肘关节，使其关节受制，接着，我腾出右拳用右翻背拳向对方右面侧崩击，使其面部受伤。若对方右拳解脱后再次向我胸部打来，我左臂内旋掩肘，拨压对方的右臂，顺势用右拳冲击对方胸部。

十八、飞步腰拦肘

【动作歌诀】

横掌里揽于胸前，虚步推掌照三尖。

飞身跳转肘横击，弓步拐肘势法连。

【动作方法】

（一）弓步拦掌

身体左转，重心左移成为左弓步，同时，右拳成掌，随左转身向右、向前、向左划弧横拦于胸前，掌心向上，指尖向

前；目视右掌方向。（图 3–137）

（二）虚步穿掌

身体重心后移至右腿，右腿屈膝半蹲，左腿里收半步，脚尖着地，成为左虚步；同时，右掌屈肘收抱于右腰侧，掌心向上，指尖向前，左掌向前直臂穿出，掌心向上，指尖向前；目视左掌方向。（图 3–138）

图 3–137

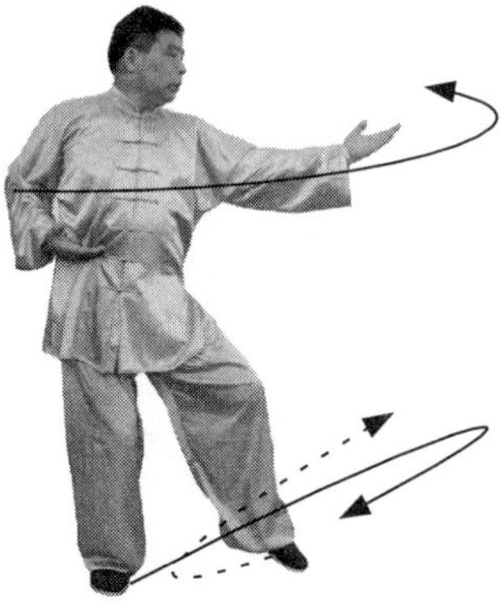

图 3–138

（三）跳转拐肘

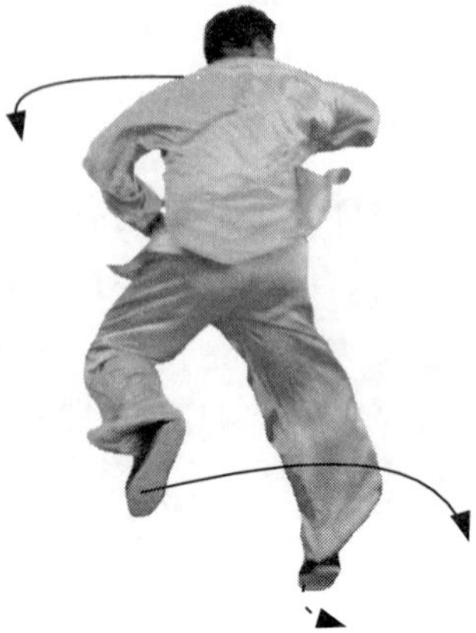

图 3–139

右脚蹬地，右脚向前上方大跃跳步，左脚腾起，身体腾空，在空中身体向左后转，在转身的同时，右肘向前、向左划平弧横向拐肘；目视右肘方向。（图 3–139）

（四）弓步拐肘

身体在空中继续左后转，右脚下落地，右腿支撑身体，左脚向左后摆落，屈膝成独立步，同时，右肘随转身向左、向后划平弧横拐于身体右侧，肘尖向右；目视前方。（图 3–140）

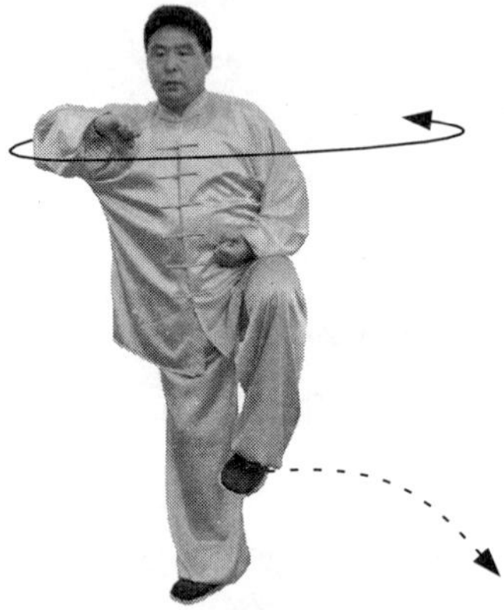

图 3–140

紧接上动，身体继续左转，左脚向前上一步，屈膝半蹲，右腿挺直，成为左弓步，随转身右肘向左横向拐肘于胸前，肘

尖向前；目视右肘。（图 3–141）

图 3–141

【练习要点】

弓步拦掌、虚步穿掌动作要连贯，虚步穿掌时要将劲蓄足，起跳跃步要高、要远，身体腾空要轻飘，空中转身与横拐肘要协调一致，身带肘走，拐肘快速、有力，落步右左两脚依次着地，落步要稳，弓步形成与右拐肘要一致，拐肘有力，发力顺畅，力达右肘肘尖。

【呼吸方法】

弓步拦掌时吸气，虚步穿掌时呼气。跳转拐肘时提气，弓步拐肘时喷气。

【意念方法】

导引法：弓步拦掌时想象气由两手行至丹田穴，虚步穿掌时意想丹田穴内气行至两手。跳转拐肘时想象丹田穴内气行至膻中穴，弓步拐肘时意想内气由膻中穴行至两手。

技击法：设想对方用左拳向我胸部击打，我用右掌拦开其来拳，并用左掌前穿其胸部。对方后闪躲时，我飞身追上对方飞肘拐击其头部，落身后再次用右肘拐击对方胸部。

第二段

十九、云手

【动作歌诀】

两手交替环形转，势如行云圆连锦。

腰领手转目随视，插步横行轻灵缓。

【动作方法】

（一）转身旋掌

身体右转，重心稍右移，拇指侧向上，右拳成掌向上、向右于左胸前，掌心向里，拇指侧向上，左掌向前侧伸，指尖向左；目视左掌方向。（图 3–142）

图 3–142

（二）插步旋掌

身体微右转，身体重心移至右腿并屈膝，随之左脚向右后方插步，前脚掌着地，同时，右掌内旋向上、向右划弧于身体

右侧，掌心向前，指尖向上，左掌外旋向下、向右上划弧于右胸前，掌心向里，拇指侧向上；目视右掌方向。（图 3–143）

图 3–143

（三）开步旋掌

身体微左转，身体重心移至左腿并屈膝，右脚向右开步；同时，左掌内旋，经胸前向上、向左划弧于身体左前方，稍高于肩，掌心向左，指尖向前，右掌外旋向下、向左、向上划弧于左胸前，掌心向里，拇指侧向上；目视左掌方向。（图 3–144）

图 3–144

（四）插步旋掌

身体微右转，身体重心移至右腿并屈膝，随之左脚向右后方插步，前脚掌着地，同时，右掌内旋向上、向右划弧于身体右侧，掌心向前，指尖向上，左掌外旋向下、向右上划弧于右胸前，掌心向里，拇指侧向上；目视右掌方向。（图 3–145）

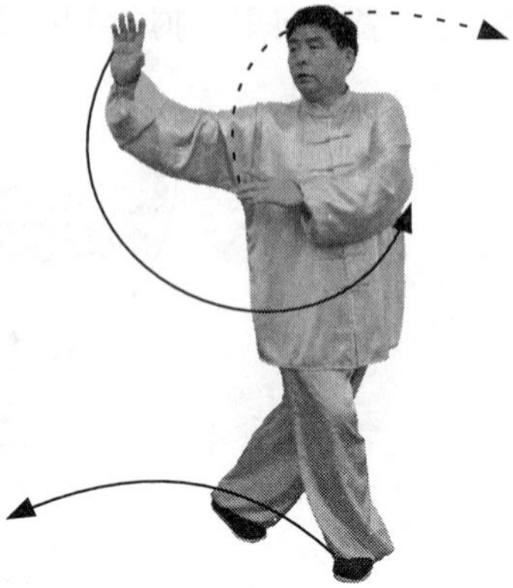

图 3–145

（五）开步旋掌

身体微左转，身体重心移至左腿并屈膝，右脚向右开步；同时，左掌内旋，经胸前向上、向左划弧于身体左前方，稍高于肩，掌心向左，指尖向前，右掌外旋向下、向左、向上划弧于左胸前，掌心向里，拇指侧向上；目视左掌方向。（图 3–146）

图 3–146

【练习要点】

云手时两手高不过额，低与腹平，在体前云转缠绕，与下肢侧行要协调一致。上下虚实变换要以腰部的转动来带动。

【呼吸方法】

转身旋掌、插步旋掌时吸气，开步旋掌时呼气。插步旋掌时吸气，开步旋掌时呼气。

【意念方法】

导引法：转身旋掌、插步旋掌时想象气由两手行至丹田穴，开步旋掌时意想丹田穴内气行至两手。插步旋掌时想象气由两手行至丹田穴，开步旋掌时意想丹田穴内气行至两手。

技击法：设想对方用左拳向我胸部击打，我右手粘抓住其左腕向右后回领其臂，同时，左掌从其左臂下穿过，向上、向右搬其左肘部。

二十、高探马

【动作歌诀】

转身摆掌轻和缓，身手一致力达尖。

提膝击掌松弹发，快似闪电劲如鞭。

【动作方法】

（一）转身摆掌

紧接上动，身体慢慢右转，随之身体重心移向右腿，两臂屈肘经胸前向右划弧平摆，右臂微屈，掌心向上指尖向前，右掌于右腰侧，掌心向下，拇指侧向里；目视左掌方向。（图3–147）

图 3-147

（二）提膝击掌

图 3-148

身体左转，重心移至左腿，右腿屈膝提起，脚尖自然下垂，同时，右掌向左经左臂上方向左立掌推出，掌心向左，指尖向上，左掌向右、向下按掌于右上臂下方，掌心向下，拇指侧向里；目视左掌方向。（图 3-148）

【练习要点】

转身摆掌要以腰带动掌缓慢、均匀摆动，提膝击掌要突然，支撑腿要稳，推掌发力短快、顺畅，力达左掌。

【呼吸方法】

转身摆掌时吸气，提膝击掌时喷气。

【意念方法】

导引法：转身摆掌时想象气由两手、两脚行至丹田穴，提膝击掌时意想丹田穴内气行至两手。

技击法：设想对方由我左侧用右掌向我胸部推击时，我左掌向右拨开对方来掌，并用右掌向对方胸部还击。

二十一、云手

【动作歌诀】

两手交替环形转，势如行云圆连绵。

腰领手转目随视，插步横行轻灵缓。

【动作方法】

（一）落步旋掌

右脚下落，左脚向左跨出半步，成为右弓步，同时，右掌内旋向右、向下划弧于右肩侧旁，掌心向右，指尖斜向上，左掌外旋向右、向上于右胸前，掌心向里，拇指侧向上；目视右掌方向。（图 3–149）

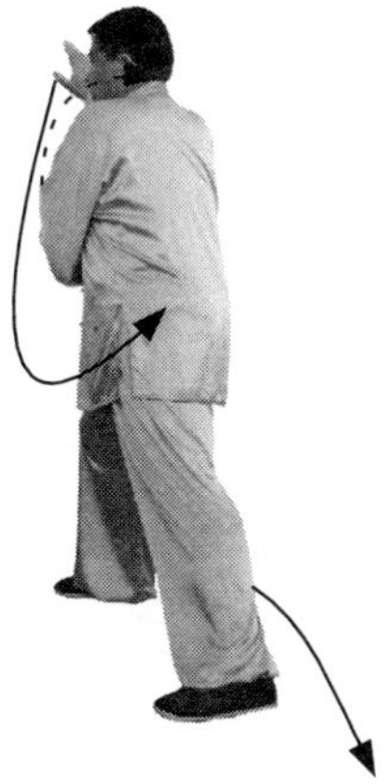

图 3–149

（二）插步旋掌

身体微左转，身体重心移至左腿并屈膝，随之右脚向左后方插步，前脚掌着地，同时，左掌内旋向上、向左划弧于身体左侧，掌心向左，指尖向上，右掌外旋向下、向左上划弧于左胸前，掌心向里，拇指侧向上；目视左掌方向。（图 3–150）

（三）开步旋掌

身体微右转，身体重心移至右腿并屈膝，左脚向左开步。同时，右掌内旋，经胸前向上、向右划弧于身体右前方，稍高于肩，掌心向右，指尖向前，左掌外旋向下、向右、向上划弧于右胸前，掌心向里，拇指侧向上；目视右掌方向。（图 3–151）

图 3–150

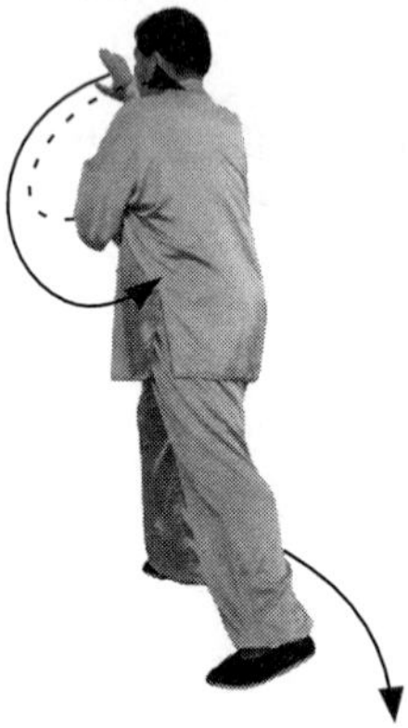

图 3–151

（四）插步旋掌

身体微左转，身体重心移至左腿并屈膝，随之右脚向左后方插步，前脚掌着地，同时，左掌内旋向上、向左划弧于身体左侧，掌心向左，指尖向上，右掌外旋向下、向左上划弧于左胸前，掌心向里，拇指侧向上；目视左掌方向。（图 3–152）

（五）开步旋掌

身体微右转，身体重心移至右腿并屈膝，左脚向左开步；同时，左掌外旋向下、向右、向上划弧与右掌相交叉于右胸前，掌心向右，拇指侧向里；目视前方。（图 3–153）

图 3–152

图 3–153

【练习要点】

云手时两手高不过额，低与腹平，在身前云转缠绕，与下肢侧行要协调一致。上下虚实变换要以腰部的转动来带动。

【呼吸方法】

落步旋掌、插步旋掌时吸气，开步旋掌时呼气。插步旋掌时吸气，开步旋掌时呼气。

【意念方法】

导引法：落步旋掌、插步旋掌时想象气由两手行至丹田穴，开步旋掌时意想丹田穴内气行至两手。插步旋掌时想象气由两手行至丹田穴，开步旋掌时意想丹田穴内气行至两手。

技击法：设想对方用左拳向我胸部击打，我用右掌向外拨开来拳。对方又用右拳向我胸部击打，我用左掌向外拨开来拳。

二十二、高探马

【动作歌诀】

云手过后紧相随，两掌外分裆劲催。
转身擦臂抽左手，左肘屈顶掌右推。

【动作方法】

（一）马步分掌

上体稍左转，同时，两掌向外分撑，两腕高与肩平，掌心均向外，掌指均向上；目视左掌方向。（图 3–154）

图 3–154

（二）转身摆掌

接上动作，上体右后转，随转身右掌外旋向下、向右后上摆掌于右后侧方，腕高与肩平，掌心向上，指尖向右后方，同时，左掌外旋向

下、向右前上方摆掌于身体左前侧，掌心向上，指尖向左前；目视右掌方向。（图 3–155）

图 3–155

（三）虚步横击

图 3–156

上体左后转，重心右移成为左虚步，右掌随转身，内旋从耳旁向前沿左臂上方向右侧方横掌推出后外旋成立掌，腕高与肩平，掌心向右，指尖向上，同时，左掌屈肘于胸前，掌心向上，指尖向右；目视右掌方向。（图 3–156）

【练习要点】

转身分撑掌要协调，两掌同时外分，两臂分成一条直线。转身摆掌，要以腰带掌向右后摆动。转身、左掌回收与右掌横推要一致。推掌劲力顺达，力达右掌。

【呼吸方法】

马步分掌、转身摆掌时吸气，虚步横击时呼气。

【意念方法】

导引法：马步分掌、转身摆掌时想象气由两掌行至丹田穴，虚步横击时意想丹田穴内气行至两掌。

技击法：设想对方用右拳向胸部击打时，我用左掌向右横拍开来拳。随即我用左手抓住对方右腕回领其右臂，并用右掌向对方右颈侧横掌推击。

二十三、连珠炮

【动作歌诀】

连炮单发有神威，撤步刁托腰劲摧。

上步跟脚击双掌，步到掌至方为真。

【动作方法】

（一）撤步刁托

身体重心移至右腿并屈膝，左脚稍向左后撤步，随之重心下降。左掌内旋，两掌同时向下、向左双捋，右掌捋于右肋侧旁，掌心向下，指尖向右，左掌于右腹前，掌心向下，指尖向右；目视右掌方向。（图 3–157）

紧接上动，身体重心移至左腿并屈膝，身体左转，随之右腿屈膝，脚跟提起，脚尖微左碾点地，同时，左手向左划弧经胸前内旋转臂，屈肘屈腕以手背一侧腕关节弧形向上左上掤刁于左耳侧，劲贯手背，五指斜向下，小指、无名指、中指依次内收，右臂屈肘，右手外旋向下、向左、向上划弧托于右肩前方，右掌高与肩平，指尖向右，劲掼指尖；目视右掌方向。(图 3-158)

图 3-157

图 3-158

(二) 跟步前推

上体左转，同时，左手外旋腕稍向外展，右掌随转身向左划平弧，两掌分别于两肩外侧，掌心均向上，指尖均向外；目视前方。(图 3-159)

动作不停，两掌屈肘向里合于两耳前侧两腮旁，虎口相对，掌心均向前；目视前方。

图 3-159

（图 3-160）

紧接上动，左腿屈膝，右腿稍向右动步，随之松腰沉胯敛臀，身体重心下降，同时，两手稍向下合按；目视前方。（图3-161）

紧接上动，右脚向右稍上步，身体右转，左脚蹬地，身体重心移向右腿，左脚稍离地面，以脚跟铲地跟进半步，同时，两手内旋合劲迅速向右前推出，两臂微屈，左手同胸高，掌心向前，指尖向上，右手同肩高，掌心斜向前，指尖向左上方；目视右掌。（图 3-162）

图 3-160

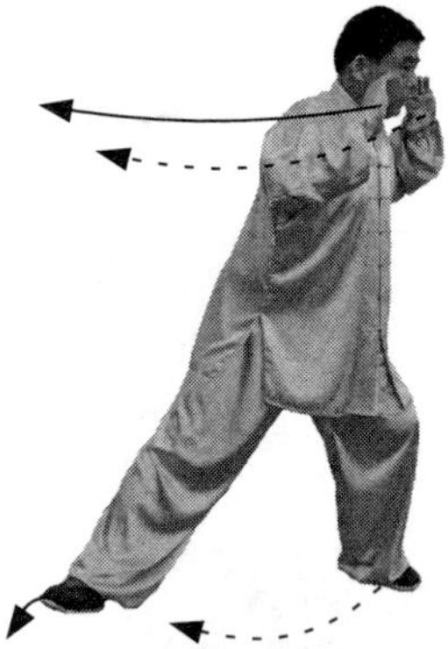

图 3-161

图 3-162

【练习要点】

撤步双捋与收脚刁托上下脚动作要协调一致，撤步双捋时重心下降，收脚刁托时发力短快，力达左掌背及右指尖。在跟步前推的前半动作左腿屈蹲，松腰、沉胯、敛臀与两手合于胸前时，全身要形成一个合劲，将劲蓄足。当全身之劲蓄满后，迅速迈步跟进，并推动两手向前发出，左脚跟擦地跟进与两手前击要协调一致。两手发出要劲力短快，有力，力达两掌。

【呼吸方法】

撤步刁托前半动作撤步双捋时吸气，后半动作刁托时喷气。跟步前推的前半动作合掌时吸气，后半动作跟步推击时喷气。

【意念方法】

导引法：撤步刁托前半动作撤步双捋时想象气由两手行至丹田穴，后半动作刁托时意想丹田穴内气行至两手。跟步前推的前半动作合掌时想象气由两手行至丹田穴，后半动作跟步推击时意想丹田穴内气行至两手。

技击法：设想对方左拳向我胸部击打，我以两手粘住其来拳之腕肘，顺其劲捋之。当对方回抽时，我顺劲用两掌推击其胸、面部。

二十四、连珠炮

【动作歌诀】

连炮单发有神威，撤步刁托腰劲摧。

上步跟脚击双掌，步到掌至方为真。

【动作方法】

（一）撤步刁托

身体重心移至右腿并屈膝，左脚稍向左后撤步，随之重心下降。左掌内旋，两掌同时，向下、向左双捋，右掌捋于右肋侧旁，掌心向下，指尖向右，左掌于右腹前，掌心向下，指尖向右；目视右掌方向。（图 3–163）

紧接上动，身体重心移至左腿并屈膝，身体左转，随之右腿屈膝，脚跟提起，脚尖微左碾点地，同时，左手向左划弧经胸前内旋转臂，屈肘屈腕以手背一侧腕关节弧形向上左上掤刁于左耳侧，劲掼手背，五指斜向下，小指、无名指、中指依次内收，右臂屈肘，右手外旋向下、向左、向上划弧托于右肩前方，右掌高与肩平，指尖向右，劲掼指尖；目视右掌方向。（图 3–164）

图 3–163

图 3–164

（二）跟步前推

上体左转，同时，左手外旋腕稍向外展，右掌随转身向左

划平弧，两掌分别于两肩外侧，掌心均向上，指尖均向外；目视前方。（图 3–165）

上动不停，两掌屈肘向里合于两耳前侧两腮旁，虎口相对，掌心均向前；目视前方。（图 3–166）

图 3–165

图 3–166

紧接上动，左腿屈膝，右腿稍向右动步，随之松腰沉胯敛臀，身体重心下降，同时，两手稍向下合按；目视前方。（图3–167）

紧接上动，右脚向右稍上步，身体右转，左脚蹬地，身体重心移向右腿，左脚稍离地面，以脚跟铲地跟进半步，同时，两手内旋合劲迅速向右前推出，两臂微

图 3–167

屈，左手同胸高，掌心向前，指尖向上，右手同肩高，掌心斜向前，指尖向左上方；目视右掌。（图 3–168）

图 3–168

【练习要点】

撤步双捋与收脚刁托上下脚动作要协调一致，撤步双捋时重心下降，收脚刁托时发力短快，力达左掌背及右指尖。在跟步前推的前半动作左腿屈蹲，松腰、沉胯、敛臀与两手合于胸前时，全身要形成一个合劲，将劲蓄足。当全身之劲蓄满后，迅速迈步跟进，并推动两手向前发出，左脚跟擦地跟进与两手前击要协调一致。两手发出要劲力短快，有力，力达两掌。

【呼吸方法】

撤步刁托前半动作撤步双捋时吸气，后半动作刁托时喷气。跟步前推的前半动作合掌时吸气，后半动作跟步推击时喷气。

【意念方法】

导引法：撤步刁托前半动作撤步双捋时想象气由两手行至丹田穴，后半动作刁托时意想丹田穴内气行至两手。跟步前推的前半动作合掌时想象气由两手行至丹田穴，后半动作跟步推击时意想丹田穴内气行至两手。

技击法：设想对方左拳向我胸部击打，我用左手抓住其腕，向左后回领，右手托住其左肘上托，使其肘受制。当对方回抽左臂时，我用两掌推其左腋下及肋部。

二十五、连珠炮

【动作歌诀】

一炮紧似一炮追，前炮发过后炮催。

连发三炮有刁托，收脚跟步与掌推。

【动作方法】

（一）撤步刁托

身体重心移至右腿并屈膝，左脚稍向左后撤步，随之重心下降。左掌内旋，两掌同时，向下、向左双捋，右掌捋于右肋侧旁，掌心向下，指尖向右，左掌于右腹前，掌心向下，指尖向右；目视右掌方向。（图 3–169）

图 3–169

紧接上动，身体重心移至左腿并屈膝，身体左转，随之右腿屈膝，脚跟提起，脚尖微左碾点地，同时，左手向左划弧经胸前内旋转臂，屈肘屈腕以手背一侧腕关节弧形向上左上掤刁于左耳侧，劲掼手背，五指斜向下，小指、无名指、中指依次内收，右臂屈肘，右手外旋向下、向左、向上划弧托于右肩前方，右掌高与肩平，指尖向右，劲摜指尖；目视右掌方向。（图 3–170）

图 3–170

（二）跟步前推

上体左转，同时，左手外旋腕稍向外展，右掌随转身向左划平弧，两掌分别于两肩外侧，掌心均向上，指尖均向外；目视前方。（图 3–171）

上动不停，两掌屈肘向里合于两耳前侧两腮旁，虎口相对，掌心均向前；目视前方。（图 3–172）

图 3–171

图 3–172

紧接上动，左腿屈膝，右腿稍向右动步，随之松腰沉胯敛臀，身体重心下降，同时，两手稍向下合按；目视前方。（图3–173）

紧接上动，右脚向右稍上步，身体右转，左脚蹬地，身体重心移向右腿，左脚稍离地面，以脚跟铲地跟进半步，同时，两手内旋合劲迅速向右前推出，两臂微屈，左手同胸高，掌心向前，指尖向上，右手同肩高，掌心斜向前，指尖向左上方；目视右掌。（图 3–174）

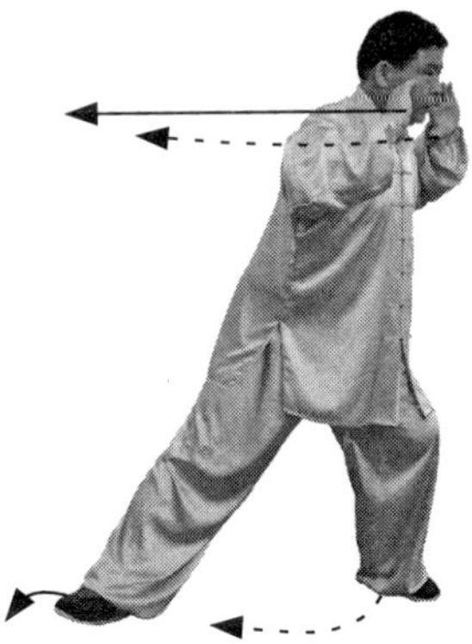

图 3–173

图 3–174

【练习要点】

撤步双捋与收脚刁托上下脚动作要协调一致，撤步双捋时重心下降，收脚刁托时发力短快，力达左掌背及右指尖。在跟步前推的前半动作左腿屈蹲，松腰、沉胯、敛臀与两手合于胸前时，全身要形成一个合劲，将劲蓄足。当全身之劲蓄满后，迅速迈步跟进，并推动两手向前发出，左脚跟擦地跟进与两手前击要协调一致。两手发出要劲力短快，有力，力达两掌。

【呼吸方法】

撤步刁托前半动作撤步双捋时吸气，后半动作刁托时喷气。跟步前推的前半动作合掌时吸气，后半动作跟步推击时喷气。

【意念方法】

导引法：撤步刁托前半动作撤步双捋时想象气由两手行至丹田穴，后半动作刁托时意想丹田穴内气行至两手。跟步前推的前半动作合掌时想象气由两手行至丹田穴，后半动作跟步推击时意想丹田穴内气行至两手。

技击法：设想对方左拳向我胸部击打，我以两手粘住其来拳之腕肘，顺其劲捋之。当对方回抽时，我顺劲用两掌推击其胸、面部。

二十六、倒骑龙

【动作歌诀】

撤步刁托腰劲摧，劲成一体上下随。
马步抖掌松弹快，似如惊鸟展翅飞。

【动作方法】

（一）撤步刁托

身体重心移至右腿并屈膝，左脚稍向左后撤步，随之重心下降。左掌内旋，两掌同时，向下、向左双捋，右掌捋于右肋侧旁，掌心向下，指尖向右，左掌于右腹前，掌心向下，指尖向右；目视右掌方向。（图 3-175）

紧接上动，身体重心移至左腿并屈膝，身体左转，随之右腿屈膝，脚跟提起，脚尖微左碾点地，同时，左手向左划弧经胸前内旋转臂，屈肘屈腕以手背一侧腕关节弧形向上左上掤刁于左耳侧，劲掼手背，五指斜向下，小指、无名指、中指依次内收，右臂屈肘，右手外旋向下、向左、向上划弧托于右肩前方，右掌高与肩平，指尖向右，劲掼指尖；目视右掌方向。（图 3–176）

图 3–175

图 3–176

（二）弓步抖掌

上体稍左转，同时，右掌向下、向左上划弧于腹前，掌心斜向上，指尖斜向左，左掌向上、向右下划弧于左胸前，掌心向下，指尖向右，两掌合抱于胸腹前；目视前方。（图3–177）

右脚右上半步，右腿屈膝半蹲，左腿挺膝蹬直成为

图 3–177

右弓步，上体右转，同时，右掌向右上、左掌向左下，两掌斜向抖劲分开，右掌抖于右侧方，腕高与肩平，掌心向上，指尖向右，左掌抖于左肋旁，掌心向左，拇指侧向下；目视右掌方向。（图 3–178）

图 3–178

【练习要点】

撤步双捋与收脚刁托上下脚动作要协调一致，撤步双捋时重心下降，收脚刁托时发力短快，力达左掌背及右指尖。两掌里收合抱时，将劲蓄足。弓步分掌抖发时要以腰带臂，发劲短快顺畅，力达两掌。

【呼吸方法】

撤步刁托前半动作撤步双捋时吸气，后半动作刁托时喷气。弓步抖掌的前半动作两掌里收合抱时吸气，后半动作弓步分掌抖发时喷气。

【意念方法】

导引法：撤步刁托前半动作撤步双捋时想象气由两掌行至丹田穴，后半动作刁托时意想丹田穴内气行至两手。弓步抖掌的前半动作两掌里收合抱时想象气由两掌行至丹田穴，后半动作弓步分掌抖发时意想丹田穴内气行至两手。

技击法：设想对方用左拳向我胸部击打时，我左手粘抓住其来拳之腕，向左上回领其臂，同时，用右手粘托住其左肘上托。当对方前送破解托肘时，我右手顺其劲向左拨开其左臂，我右脚前上一步于对方左腿外后侧，挂绊住其腿，同时，用右臂向右后抖发靠击对方胸部，使其后倒。

二十七、白蛇吐信

【动作歌诀】

转身拦掌把腰拧，上步拦掌不消停。

跟步穿掌成一体，劲力顺达贯指顶。

【动作方法】

（一）转身拦掌

身体右后转 180°，左腿随转身向右后摆提，右腿支持身体，同时，右掌随转身向右后摆屈肘收抱于右腰侧，掌心向上，指尖向前，左掌随转身向右后拦掌屈按于胸前，高与肩平，掌心向下，拇指侧向里；目视左掌方向。（图 3–179）

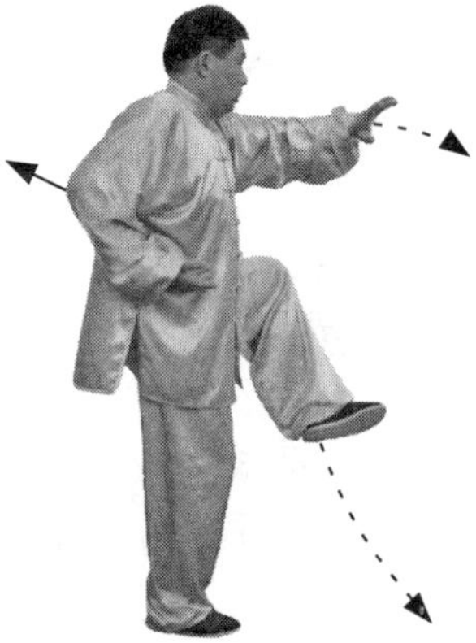

图 3–179

（二）上步拦掌

左脚前下落步，脚跟着地，

成为左虚步，同时，左掌向前拦掌，掌心向下，指尖向前，右掌屈肘稍向后，掌心向上，指尖向前；目视左掌前方。（图3–180）

（三）跟步穿掌

左脚前脚掌下落着地踏实，右脚前跟一步于左脚跟后，同时，右掌外旋经左掌背上方向前穿掌，掌心向上，指尖向前，左掌屈肘按收于右腋下，掌心向下，拇指侧向里；目视右掌方向。（图3–181）

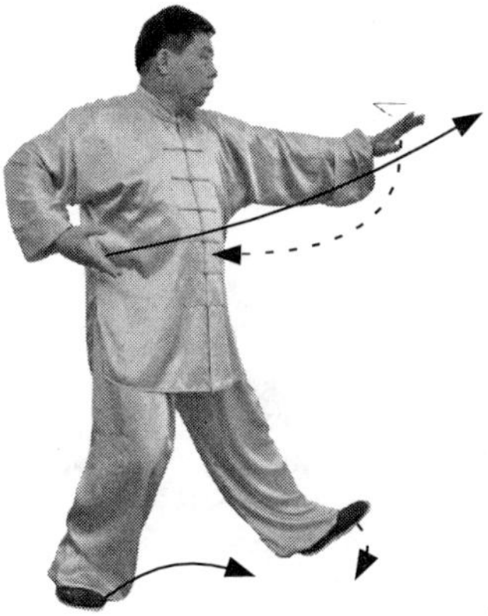

图 3–180

图 3–181

【练习要点】

转身要平稳，上下脚的转摆与转身要协调。上步拦掌与跟步穿掌要一致。穿掌要快速、有力，发力短快、顺畅，力达指尖。

【呼吸方法】

转身拦掌前半动作转身时吸气，后半动作提膝拦掌时呼气。上步拦掌时吸气，跟步穿掌时喷气。

【意念方法】

导引法：转身拦掌前半动作转身时想象五心纳气于丹田穴，后半动作提膝拦掌时意想丹田穴内气行至两手、两脚。上步拦掌时想象气由两手行至丹田穴，跟步穿掌时意想丹田穴内气行至两手。

技击法：设想对方由我身后用右拳向我击来，我急转身用左掌拦开其右拳，并用右掌向前穿击对方喉部。

二十八、白蛇吐信

【动作歌诀】

上步跟脚追向前，拦掌跟步掌前穿。

手脚相随成一体，劲力顺达奔指尖。

【动作方法】

（一）上步拦掌

左脚向前上步，脚跟着地，成为左虚步，同时，左掌向前拦掌，掌心向下，指尖向前，右掌向后屈肘回收，抱于右腰侧，掌心向上，指尖向前；目视左掌前方。（图 3–182）

图 3–182

（二）跟步穿掌

左脚前脚掌下落着地

踏实，右脚前跟一步于左脚跟后，同时，右掌外旋经左掌背上方向前穿掌，掌心向上，指尖向前，左掌屈肘按收于右腋下，掌心向下，拇指侧向里；目视右掌方向。（图 3–183）

图 3–183

【练习要点】

上步拦掌与跟步穿掌要一致。穿掌要快速、有力，发力短快、顺畅，力达指尖。

【呼吸方法】

上步拦掌时吸气，跟步穿掌时喷气。

【意念方法】

导引法：上步拦掌时想象气由两手行至丹田穴，跟步穿掌时意想丹田穴内气行至两手。

技击法：设想对方用右拳向我胸部击打，我用左掌将其来拳按消，并用右掌穿击其心窝处。

二十九、白蛇吐信

【动作歌诀】

白蛇吐信三势连，上步跟脚掌拦穿。
手脚相随成一体，劲力顺达奔指尖。

【动作方法】

（一）上步拦掌

左脚向前上步，脚跟着地，成为左虚步，同时，左掌向前

拦掌，掌心向下，指尖向前，右掌向后屈肘回收，抱于右腰侧，掌心向上，指尖向前；目视左掌前方。（图 3–184）

（二）跟步穿掌

左脚前脚掌下落着地踏实，右脚前跟一步于左脚跟后，同时，右掌外旋经左掌背上方向前穿掌，掌心向上，指尖向前，左掌屈肘按收于右腋下，掌心向下，拇指侧向里；目视右掌方向。（图 3–185）

图 3–184

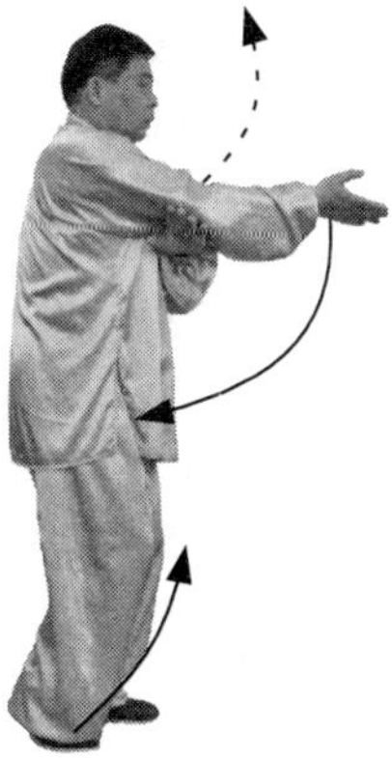

图 3–185

【练习要点】

上步拦掌与跟步穿掌要一致。穿掌要快速、有力，发力短快、顺畅，力达指尖。

【呼吸方法】

上步拦掌时吸气，跟步穿掌时喷气。

【意念方法】

导引法：上步拦掌时想象气由两手行至丹田穴，跟步穿掌时意想丹田穴内气行至两手。

技击法：设想对方用右拳向我胸部击打；我用左掌将其来拳向右下拦开，并用右掌穿击对方面部。

三十、海底翻花

【动作歌诀】

挺身稳立劲外翻，提膝挑架拳外斩。
周身合劲成一体，精气与神不可散。

【动作方法】

身体重心移至左腿，左腿支撑身体，右腿屈膝提起，脚尖自然下垂，同时，右掌成拳，向右下翻拳砸击于右胯旁，拳心向上，拳眼向外，左掌成拳，向左向上翻拳于左侧方，高与耳平，拳心斜向里，拳面斜向上；目视前方。（图 3–186）

图 3–186

【练习要点】

支撑腿要稳，提膝与两拳的外翻要协调一致。发劲时要保持身体平衡。

【呼吸方法】

动作启动时急促吸气，动作停止时喷气。

【意念方法】

导引法：动作启动时急促想象气由两手行至丹田穴，动作止时意想丹田穴内气行至两手。

技击法：设想对方用左脚右拳分别向我腹部、胸部击打，我提右膝封住裆部，用右臂外下砸挡开对方来腿，用左拳向外拨开对方来拳。

三十一、掩手肱拳

【动作歌诀】

震脚合捶劲内含，擦脚上步把拳掩。

翻拳崩打腰催劲，旋臂左引发右拳。

【动作方法】

（一）转身震脚

右脚右下踏震步屈膝半蹲，左脚跟提起，脚尖自然下垂，右拳随转身向右、向下划弧屈收于腹前，拳心向下，拳眼向里，同时，左拳成掌，向左、向下屈肘按附于右拳背上方，掌心向下，拇指侧向里，两臂仍交叉合于腹前；目视前方。（图3–187）

图 3–187

（二）擦脚合臂

身体稍右转，左脚屈膝提起后左脚向左前方铲出，身体再左转，随转体两手在胸前交叉合劲相叠，左臂在里，右臂在外，两掌掌心均斜向外，指尖均斜向上；目视右前方。（图3-188）。

（三）马步崩捶

上体左转，重心稍左移，两脚蹬地发力，同时，右拳以右拳背为力点，向右前上方翻拳崩击，高与鼻尖平，拳面向前，拳心向上，左掌屈臂收屈于左腿间，掌心向下，指尖向前；目视右拳方向。（图 3-189）

图 3-188

图 3-189

（四）马步旋掌

身体右转，重心右移成为马步，同时，右拳屈肘收于右侧，拳心向上，拳面向前，左手向前立掌推出，掌心向前，指

尖向上；目视左掌方向。（图 3-190）

紧接上动，左掌外旋向上、向里划弧置于左肩前，掌心向上，拇指和食指伸直，其余三指弯曲；目视左掌方向。（图 3-191）

图 3-190

图 3-191

（五）弓步发拳

上体左转，重心迅速左移成左弓步，右腿微屈，同时左手快速收于左肋侧，手心轻贴左肋，右拳随转身后拉蓄劲，然后内旋经左臂上向右前方急促打出，拳同肩高，臂微屈，拳心向下；目视右拳。（图 3-192）。

图 3-192

【练习要点】

擦脚上步要平稳，身体要右左迂回，以蓄周身之劲于右拳，翻背崩拳要突然发力，发力短快而富弹抖发力顺畅，力达右拳拳背。旋臂发拳时应将周身的蓄劲通过肩、臂迅速达于拳面，而后迅速制动。表现出脆快的冷弹劲。

【呼吸方法】

转身震脚的前半动作提膝合臂时吸气，后半动作震脚时呼气。擦脚合臂时吸气，弓步崩捶时喷气。马步旋臂时吸气，弓步发拳时喷气。

【意念方法】

导引法：转身震脚的前半动作提膝合臂时想象气由两手行至丹田穴，后半动作震脚时意想丹田穴内气行至两脚。擦脚合臂时想象气由两手、两脚行至丹田穴，弓步崩捶时意想丹田穴内气行至两手、两脚。马步旋臂时想象气由两手行至丹田穴，弓步发拳时意想丹田穴内气行至两手。

技击法：设想对方用右拳向我腹部击打而来，我提右膝护住裆部，并用左掌按开对方之来拳。接着我用右手接抓住对方右腕向右后回领，将对方右臂引直，同时，用左肘下压对方右肘关节，使其关节受制，接着，我腾出右拳用右翻背拳向对方右面侧崩击，使其面部受伤。若对方右拳解脱后再次向我胸部打来，我左臂内旋掩肘，拨压对方的右臂，顺势用右拳冲击对方胸部。

三十二、转身六合

【动作歌诀】

起身右转迅而疾，两拳屈收右脚提。

上下相随要一致，内外结合成一体。

【动作方法】

身体重心移至左腿，左脚里拧旋，身体右转，右腿随转身屈膝上提，同时，右拳向右、向下、向里屈肘于腹前，拳心向下，拳眼向里，左拳向上、向前、向右屈肘于胸前，拳心向下，拳眼向里，两臂合抱于胸腹前；目视前方。（图 3–193）

图 3–193

【练习要点】

转身要平稳，转身、提右膝与两臂的合抱要协调一致。支撑腿要稳，合抱时两臂向里裹合劲，劲成一体。

【呼吸方法】

转动、提膝与合臂动作过程中吸气，动作停止时呼气。

【意念方法】

导引法：转动、提膝与合臂动作过程中想象气由两手、两脚行至丹田穴，动作止时意想丹田穴内气行至两手、两脚。

技击法：设想对方由我右侧用左拳向我右肋部击打，我用右臂挂挡开来拳，并用左臂夹击其颈部。

三十三、左裹鞭炮

【动作歌诀】

转身震脚步调换，擦脚裹拳劲内含。

马步双劈劲一体，两臂下劈兼外翻。

【动作方法】

（一）震脚裹拳

左脚向右拧碾，身体右转 90°，两臂里裹，右拳下落于左臂外侧，两拳交叉于腹前，拳心均向里，拳面均向下；目视前方。（图 3–194）

图 3–194

接上动作，右脚外展向右后落步震脚，左脚稍向上提起，脚尖自然下垂，两臂仍交叉于腹前，右臂在里，左臂在外，拳面均向下，拳心均向里；目视左前方。（图 3–195）

图 3–195

（二）裹拳擦脚

紧接上动，以脚跟内侧贴地向左前方铲出，两臂仍交叉

于腹前，右臂在里，左臂在外，拳面均向下，拳心均向里；目视左前方。（图 3–196）

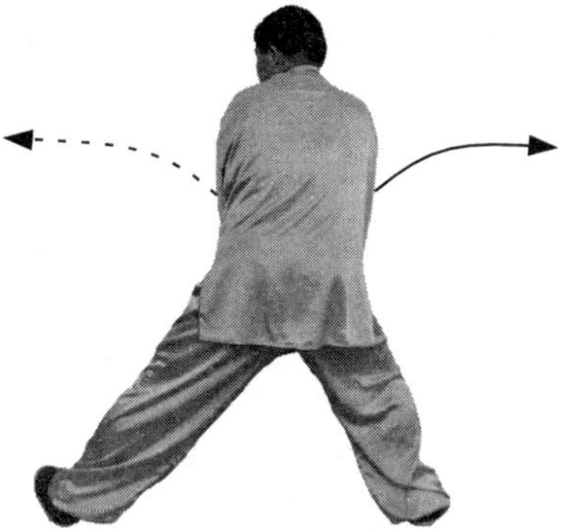

图 3–196

（三）马步双劈

两腿屈膝半蹲，身体重心左移，两拳一起向上，外旋以胸前向左右两侧、向下砸击，置于两肋旁，拳心均向上，拳面均向外；目视前方。（图 3–197）

图 3–197

【练习要点】

落步震脚、擦脚上步要平稳，两拳双劈时，两拳胸前向上时稍慢，向两侧下砸时突然、短促、快速、有力，力达两拳拳背，同时注意要随着身体下蹲松肩沉肘，将劲力顺达于梢节，不可用僵劲和拙力。

【呼吸方法】

震脚裹拳、擦脚裹拳时吸气，马步双劈时喷气。

【意念方法】

导引法：震脚裹拳、擦脚裹拳时想象气由两手、两脚行至丹田穴，马步双劈时意想丹田穴内气行至两手。

技击法：设想对方用腿向我裆部踢击，我叉两臂向下阻挡对方的来腿。然后上左腿于对方右腿后绊住其腿，用左臂向左后击对方胸部使其后倒。

三十四、左裹鞭炮

【动作歌诀】

提脚震踏步调换，擦脚裹拳劲内含。

马步双劈劲一体，两臂下劈兼外翻。

【动作方法】

（一）震脚裹拳

左腿支撑身体，右腿屈膝提起，同时，两臂里裹向下，右臂在里，左臂在外，两拳交叉于腹前，拳心均向里，拳面均向下；目视前方。（图 3–198）

接上动作，右脚外展向右后落步震脚，左脚稍向上提起，脚尖自然下垂，两臂仍交叉于腹前，右臂在里，左臂在外，拳

面均向下，拳心均向里；目视左前方。（图 3–199）

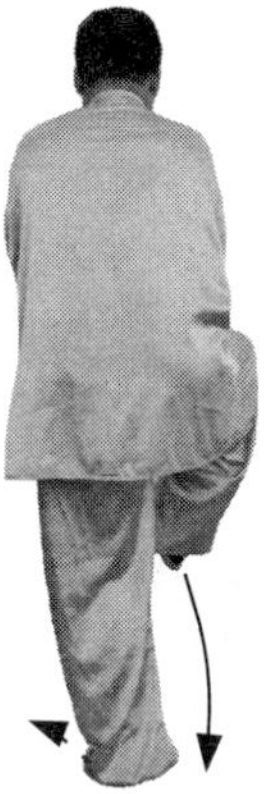

图 3–198

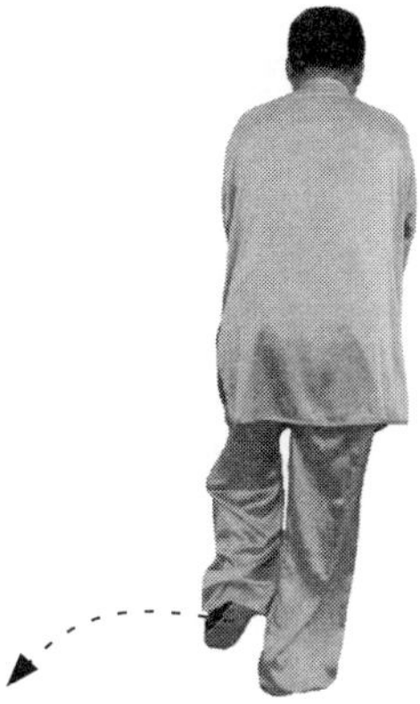

图 3–199

（二）裹拳擦脚

紧接上动，以脚跟内侧贴地向左前方铲出，两臂仍交叉于腹前，右臂在里，左臂在外，拳面均向下，拳心均向里；目视左前方。（图 3–200）

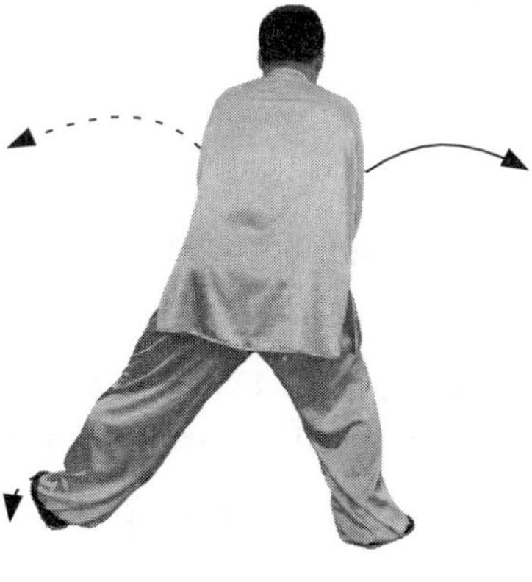

图 3–200

（三）马步双劈

两腿屈膝半蹲，身体重心左移，两拳一起向上，外旋以胸前向左右两侧、向下砸击，置于两肋旁，拳心均向上，拳面均向外；目视前方。（图 3-201）

图 3-201

【练习要点】

落步震脚、擦脚上步要平稳，两拳双劈时，两拳胸前向上时稍慢，向两侧下砸时突然、短促、快速、有力，力达两拳拳背，同时注意要随着身体下蹲松肩沉肘，将劲力顺达于梢节，不可用僵劲和拙力。

【呼吸方法】

震脚裹拳、擦脚裹拳时吸气，马步双劈时喷气。

【意念方法】

导引法：震脚裹拳、擦脚裹拳时想象气由两手、两脚行至丹田穴，马步双劈时意想丹田穴内气行至两手。

技击法：设想成两敌欲从我两侧攻来，我用两拳砸击两敌的头面部。

三十五、右裹鞭炮

【动作歌诀】

转身震脚步调换，擦脚裹拳劲内含。

马步双劈劲一体，两臂下劈兼外翻。

【动作方法】

（一）转身震脚

左脚向右拧碾，身体右后转 180°，两臂里裹下落，右臂在里，左臂在外，两拳交叉于腹前，拳心均向里，拳面均向下；目视前方。（图 3–202）

接上动作，右脚外展向右后落步震脚，左脚稍向上提起，脚尖自然下垂，两臂仍交叉于腹前，右臂在里，左臂在外，拳面均向下，拳心均向里；目视左前方。（图 3–203）

图 3–202

图 3–203

（二）裹拳擦脚

紧接上动，以左脚跟内侧贴地向左前方铲出，两臂仍交叉于腹前，右臂在里，左臂在外，拳面均向下，拳心均向里；目视左前方。（图 3–204）

（三）马步双劈

两腿屈膝半蹲，身体重心左移，两拳一起向上，外旋以胸前向左右两侧、向下砸击，置于两肋旁，拳心均向上，拳面均向外；目视前方。（图 3–205）

图 3–204

图 3–205

【练习要点】

落步震脚、擦脚上步要平稳，两拳双劈时，两拳胸前向上时稍慢，向两侧下砸时突然、短促、快速、有力，力达两拳拳背，同时注意要随着身体下蹲松肩沉肘，将劲力顺达于梢节，不可用僵劲和拙力。

【呼吸方法】

转身震脚、擦脚裹拳时吸气，马步双劈时喷气。

【意念方法】

导引法：转身震脚、擦脚裹拳时想象气由两手、两脚行至丹田穴，马步双劈时意想丹田穴内气行至两手。

技击法：设想对方用腿向我裆部踢击，我叉两臂向下阻挡对方的来腿。然后上左腿于对方右腿后绊住其腿，用左臂向左后击对方胸部使其后倒。

三十六、右裹鞭炮

【动作歌诀】

提脚震踏步调换，擦脚裹拳劲内含。

马步双劈劲一体，两臂下劈兼外翻。

【动作方法】

（一）震脚裹拳

左腿支撑身体，右腿屈膝提起，同时，两臂里裹向下，右臂在里，左臂在外，两拳交叉于腹前，拳心均向里，拳面均向下；目视前方。（图 3–206）

图 3–206

接上动作，右脚外展向右后落步震脚，左脚稍向上提起，脚尖自然下垂，两臂仍交叉于腹前，右臂在里，左臂在外，拳面均向下，拳心均向里；目视左前

方。（图 3–207）

（二）裹拳擦脚

紧接上动，以左脚跟内侧贴地向左前方铲出，两臂仍交叉于腹前，右臂在里，左臂在外，拳面均向下，拳心均向里；目视左前方。（图 3–208）

图 3–207

（三）马步双劈

两腿屈膝半蹲，身体重心左移，两拳一起向上，外旋以胸前向左右两侧、向下砸击，置于两肋旁，拳心均向上，拳面均向外；目视前方。（图 3–209）

图 3–208

图 3–209

【练习要点】

落步震脚、擦脚上步要平稳，两拳双劈时，两拳胸前向上时稍慢，向两侧下砸时突然、短促、快速、有力，力达两拳拳背，同时注意要随着身体下蹲松肩沉肘，将劲力顺达于梢节，不可用僵劲和拙力。

【呼吸方法】

震脚裹拳、擦脚裹拳时吸气，马步双劈时喷气。

【意念方法】

导引法：震脚裹拳、擦脚裹拳时想象气由两手、两脚行至丹田穴，马步双劈时意想丹田穴内气行至两手。

技击法：设想成两敌欲从我两侧攻来，我用两拳砸击两敌的头面部。

三十七、兽头势

【动作歌诀】

撤步穿拳门户封，虚步翻砸劲猛崩。

右左两拳接连打，出拳如电快似风。

【动作方法】

（一）撤步按掌

身体右后转 90°，右脚向右后撤步，左腿屈膝半蹲，右腿蹬直成为左弓步， 同时，左拳外旋，屈肘收抱于左腰间，拳心向上，拳面向前，右拳成掌向前、向左下按掌于胸前，腕高与肩平，掌心斜向下，拇指侧斜向里；目视左掌方向。（图3–210）

图 3–210

（二）弓步翻砸

上体稍右转，同时，左拳外旋经胸前上钻向前过右掌背向下翻砸击于左胸前，拳心向上，拳面向前，右掌向前、向下按掌于右肘内下侧旁，掌心向下，拇指侧向里；目视左拳方向。（图 3–211）

图 3–211

（三）弓步冲拳

上体稍左转，同时，左拳屈肘收抱于左腰侧，拳心向上，拳面向前，右掌成拳向前直臂冲出，拳心向下，拳面向前；目视右拳方向。（图 3–212）

图 3–212

（四）马步侧冲

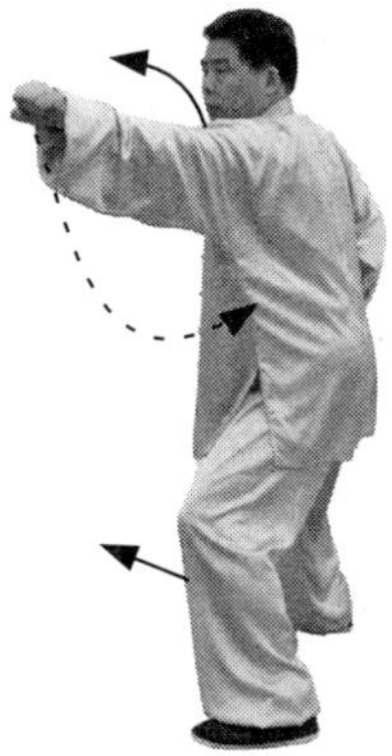

图 3-213

上体右转，同时，右拳外旋屈肘收抱于右腰侧，拳心向上，拳面向前，左拳向左侧直臂冲拳于身体左侧，高与肩平，拳心向下，拳面向左；目视左拳方向。（图 3-213）

【练习要点】

撤步与按掌要协调一致，翻砸拳、冲拳与侧冲拳动作要连贯，砸拳、冲拳与侧冲拳要以腰摧力，发力顺畅，力达拳背或拳面。

【呼吸方法】

撤步按掌时吸气，弓步翻砸、弓步冲拳、马步侧冲时喷气。

注：此呼吸法为一吸三呼（喷）法。

【意念方法】

导引法：撤步按掌时想象气由两手行至丹田穴，弓步翻砸意想丹田穴内气行至左拳背，弓步冲拳时想象丹田穴内气行至右拳拳面，马步侧冲时意想丹田穴内气行至左拳拳面。

技击法：设想对方用左拳向我胸部击打，我用右拳按消其来拳，用左拳翻砸对方头部，接着右拳击打对方胸部，再用左侧冲拳击打对方左部。

三十八、披架子

【动作歌诀】

收脚合臂劲内含，缩身蓄劲发力前。

横臂狂扫斜飞出，劲力顺达意在先。

【动作方法】

（一）提脚合臂

身体重心移至左腿，右腿屈膝提起，同时，左拳成掌向下、向右划弧于腹前，掌心向上，拇指侧向前；右拳成掌向上、向左划弧于胸前，掌心向下，拇指侧向里；目视前方。（图 3–214）

右脚下踏震步，左腿屈膝上提，脚尖自然下垂，左掌仍合抱于胸前；目视左前方。（图 3–215）

图 3–214

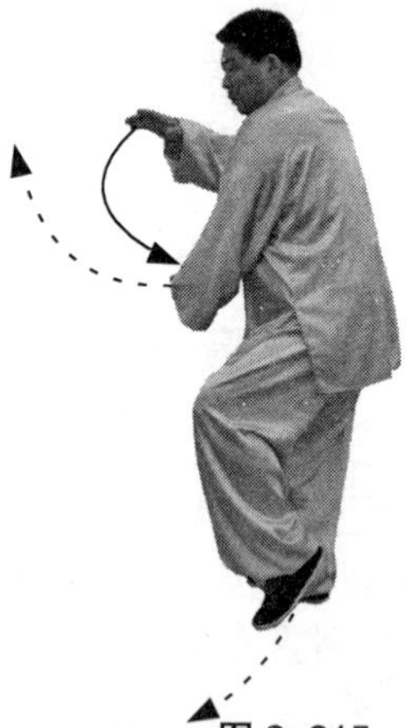

图 3–215

（二）弓步掤臂

身体左转，左脚左上一步屈膝半蹲，右腿蹬直，成为左弓步，同时，左掌向左上划弧掤臂，高与肩平，掌心向里，拇指侧向上，右掌向下、向左按于右胯旁，掌心向下，指尖向前；目视左掌方向。（图 3–216）

图 3–216

【练习要点】

提脚与合臂要协调，震脚要平稳，弓步掤臂要一致，掤臂发力顺畅，力达左臂。

【呼吸方法】

提脚合臂时吸气，弓步掤臂时呼气。

【意念方法】

导引法：提脚合臂时想象气由两手行至丹田穴，弓步掤臂时意想丹田穴内气行至左臂右掌。

技击法：设想对方用右拳由我左侧向我左耳侧打来，我右掌向下按开来拳，并抓住其腕回领，同时，我用左臂挑击对方右腋下。

三十九、翻花舞袖

【动作歌诀】

跳步翻身冲云天，舞袖翻花似彩练。

落地生根稳扎地，栽击下打腹裆前。

【动作方法】

（一）虚步抡臂

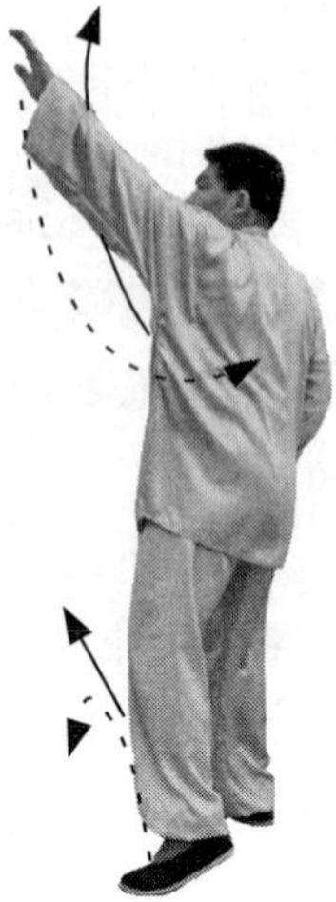

图 3–217

身体右转，重心移至右腿，左脚里收，前脚掌着地，同时，右外旋屈肘收于右腰侧，掌心向上，指尖向前，左掌向下、向右、向上划弧于头右前上方，掌心向前，指尖向上；目视左掌。（图 3–217）

（二）翻身栽掌

左脚上提，右脚蹬地，身体腾空跃起，向左翻身，同时，左掌向左下屈肘收于左腰侧旁，掌心向下，指尖向前，右掌向上左摆举于头右侧上方；目视左前上方。（图 3–218）

图 3–218

动作不停，左右脚依次落地，左脚踏实，左腿屈膝半蹲，右脚脚尖着地，成为右虚步，同时，左掌向下、向右于腹前，掌心向里，掌尖向下，右掌左下落，直臂栽掌于腹前左掌背外侧，掌心向里，指尖向下；目视前下方。（图 3–219）

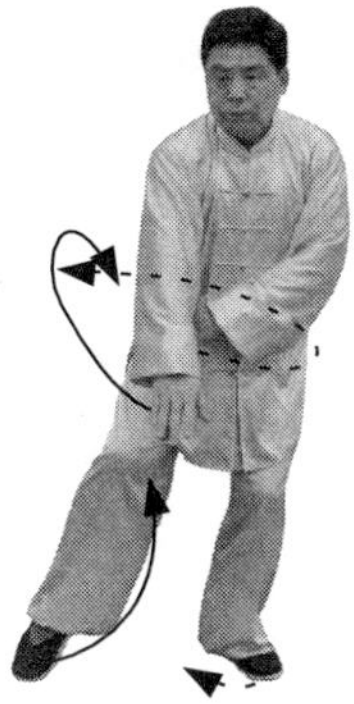

图 3–219

【练习要点】

抡臂、跳跃、翻身要协调一致，以臂上引身体，右脚蹬地起跳，身体腾空要高，翻转身要快，落地要稳，落步与栽掌要协调一致。

【呼吸方法】

虚步抡臂与身体腾空翻身时吸气，落步栽掌时呼气。

【意念方法】

导引法：虚步抡臂与身体腾空翻身时想象气由两手、两脚行至丹田穴，落步栽掌时意想丹田穴内气行至两手、两脚。

技击法：设想对方用左拳由我左侧向我左耳侧击打，我用左臂向上抄拨开来拳，并顺势抓握住其腕向左下回领其臂，我用右臂下压对方左肘关节。

四十、掩手肱拳

【动作歌诀】

震脚合捶劲内含，擦脚上步把拳掩。

翻拳崩打腰催劲，旋臂左引发右拳。

【动作方法】

(一）转身震脚

身体右转，重心移至左腿，左腿支持身体，右腿屈膝提起，右掌成拳随转身向上、向右、向下划弧屈收于腹前，拳心向下，拳眼向里，同时，左臂向上、向右、向下屈肘按附于右拳背上方，掌心向下，拇指侧向里；目视前方。（图 3–220）

右脚下踏震步屈膝半蹲，左脚跟提起，两臂仍交叉合于腹前，右拳在下，左掌在上；目视前方。（图 3–221）

图 3–220

图 3–221

(二）擦脚合臂

身体稍右转，左脚屈膝提起后左脚向左前方铲出，身体再左转，随转身两手胸前交叉合劲相叠，仍右臂在里，左臂在外；目视前方。（图 3–222）。

图 3-222

（三）马步崩捶

上体左转，重心稍左移，两脚蹬地发力，同时，右拳以右拳背为力点，向右前上方翻拳崩击，高与鼻尖平，拳面向前，拳心向上，左掌屈臂收屈于左肋间，掌心向里，指尖向前；目视右拳方向。（图 3-223）

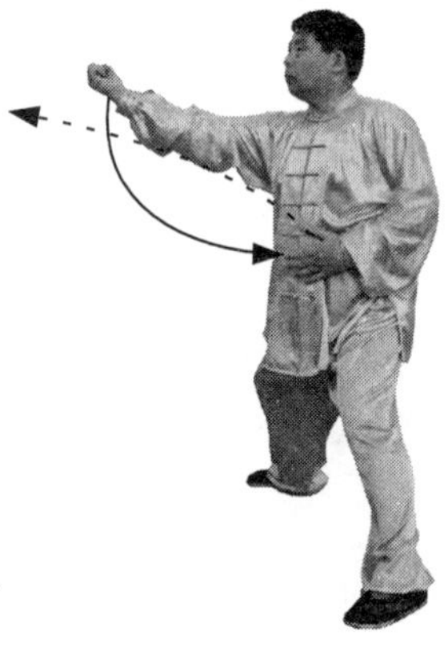

图 3-223

（四）马步旋掌

身体右转，重心右移成为马步，同时，右拳屈肘收于右侧，拳心向上，拳面向前，左手向前立掌推出，掌心向前，指尖向上；目视左掌方向。（图 3–224）

紧接上动，左掌外旋向上、向里划弧置于左肩前，掌心向上，拇指和食指伸直，其余三指弯曲；目视左掌方向。（图 3–225）

图 3–224

图 3–225

（五）弓步发拳

上体左转，重心迅速左移成左弓步，右腿微屈，同时左手快速收于左肋侧，手心轻贴左肋，右拳随转体后拉蓄劲，然后内旋经左臂上向右前方急促打出，拳同肩高，臂微屈，拳心向下；目视右拳。（图 3–226）。

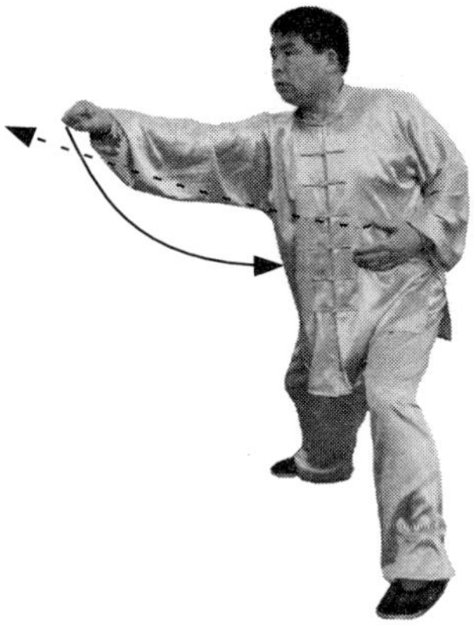

图 3–226

【练习要点】

擦脚上步要平稳，身体要右左迂回，以蓄周身之劲于右拳，翻背崩拳要突然发力，发力短快而富弹抖发力顺畅，力达右拳拳背。旋臂发拳时应将周身的蓄劲通过肩、臂迅速达于拳面，而后迅速制动。表现出脆快的冷弹劲。

【呼吸方法】

转身震脚的前半动作提膝合臂时吸气，后半动作震脚时呼气。擦脚合臂时吸气，弓步崩捶时喷气。马步旋臂时吸气，弓步发拳时喷气。

【意念方法】

导引法：转身震脚的前半动作提膝合臂时想象气由两手行至丹田穴，后半动作震脚时意想丹田穴内气行至两脚。擦脚合臂时想象气由两手、两脚行至丹田穴，弓步崩捶时意想丹田穴内气行至两手、两脚。马步旋臂时想象气由两手行至丹田穴，弓步发拳时意想丹田穴内气行至两手。

技击法：设想对方用右拳向我腹部击打而来，我提右膝护住裆部，并用左掌按开对方之来拳。接着我用右手接抓住对方右腕向右后回领，将对方右臂引直，同时，用左肘下压对方右肘关节，使其关节受制，接着，我腾出右拳用右翻背拳向对方右面侧崩击，使其面部受伤。若对方右拳解脱后再次向我胸部打来，我左臂内旋掩肘，拨压对方的右臂，顺势用右拳冲击对方胸部。

四十一、伏虎

【动作歌诀】

撤步穿拳外拔连，拧腰旋臂劲绵缠。

仆步伏虎上下顾，周身合劲在两拳。

【动作方法】

（一）马步拦掌

上体右转，右拳屈肘收于右腰侧，拳心向上，拳面向前，左掌向前直臂伸出拦掌，掌心向下，指尖向前；目视左掌。（图 3–227）

图 3–227

（二）提膝拦掌

身体稍左转，重心移至左腿，左腿支撑身体，右腿屈膝提起，脚尖自然下垂，同时，左掌屈臂收于腹前，掌心向里，拇指侧向上，右掌向前、稍向左拦掌，掌心向上，指尖向前；目视右掌方向。(图 2–228)

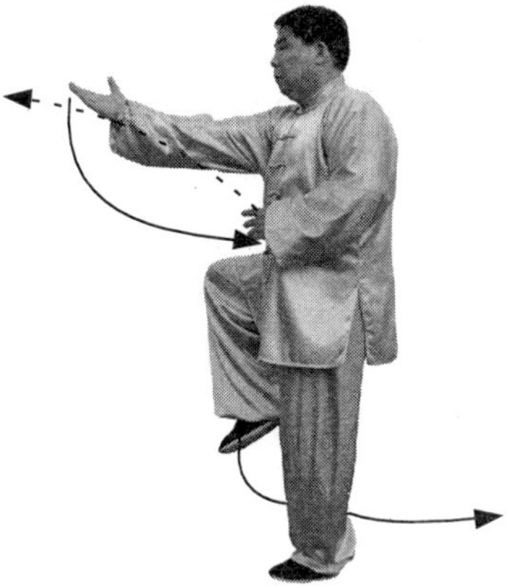

图 3–228

(三) 弓步穿掌

身体右转，右脚向右后撤步，左腿屈膝半蹲，右腿蹬直，成为左弓步，同时，右掌向右平抹，不停向里、向右屈肘收于左胸前，掌心向上，拇指侧向前，左掌稍向右、经右掌上方向前穿掌，掌心向上，指尖向前；目视左掌方向。(图 2–229)

图 3–229

（四）仆步架拳

身体重心右移，右腿全蹲，左腿挺直崩平成为左仆步，同时，上体右转后再向左转，随转身右掌成拳向下、向右上划弧摆拳于头右侧上方，拳心向上，拳面向右后，左拳向下落于左膝内上侧，拳心向上，拳眼向外；目视左拳方向。（图 2–230）

图 3–230

【练习要点】

腰的左右迂回转动与左右拦穿掌及右腿的上提、右后落要协调，两掌的拦穿要柔和、连贯，仆步的形成与架拳要一致。仆步时右腿要全蹲，脚跟不要抬起，左腿要伸直仆平，左脚尖不可翘起，全脚掌着地。架拳时两臂稍屈。

【呼吸方法】

马步拦掌时吸气，提膝拦掌时呼气。弓步穿掌时吸气，仆步架拳时呼气。

【意念方法】

导引法：马步拦掌时想象气由两手行至丹田穴，提膝拦掌时意想丹田穴内气行至两手。弓步穿掌时想象气由两手行至丹田穴，仆步架拳时意想丹田穴内气行至两拳。

技击法：设想对方由我面前右拳向我胸部击打，我用左拳拦开其来拳。接着对方又用左拳向我胸部击打。我用右拳向左拦开对方来拳，并用左掌穿击对方喉部。也可设想对方由我右后侧用左拳向我头部击打，我下蹲身闪过对方来拳，并用右臂向对方裆下伸过，向上抄对方裆部，向左下扛摔对方。

第三段

四十二、抹眉肱

【动作歌诀】

拦掌提膝掌前穿，跃步推掌奔向前。

空中转身补一掌，拧腰合劲掌中贯。

【动作方法】

（一）弓步拦掌

身体重心左移，左腿屈膝半蹲，右腿蹬直成为左弓步，同时，左拳屈肘收抱于左腰侧，拳心向上，拳面向前，右掌向前、稍向左拦掌，腕高与肩平，掌心向上，指尖向前；目视右掌方向。（图 3–231）

图 3–231

（二）提膝推掌

身体右转，重心后移，右腿支撑身体，左腿屈膝提起，脚尖自然下垂，同时，右屈肘收抱于右腰侧，掌心向上，拇指侧向外，左拳成掌经右掌上方向前直臂立掌推出，掌心向前，指尖向上；目视左掌方向。（图 3–232）

图 3-232

（三）跃步推掌

左脚向前上大跃一步，右脚蹬地，使身体向前跃出，左脚下落，随前跃步，左掌向前推出，掌心向前，指尖向上；目视左掌前方。（图 3-233）

图 3-233

（四）跳步前推

紧接上动，右脚经过左腿向前跃跳步，左脚蹬地，使身体向前跃起，右脚下落，同时，身体在空中左转，左掌成拳屈肘收抱于左腿侧，拳心向上，拳面向前，右掌向前直臂立掌推出，掌心向前，指尖向上；目视右掌方向。（图 3–234）

图 3–234

【练习要点】

左右前上跳跃步要连贯，跳跃时跨步要高、要大，前跃步的同时推掌，推掌与跳跃步子要协调一致，推掌有力，发力顺畅，力达手掌。

【呼吸方法】

弓步拦掌时吸气，提膝推掌时呼气。跃步推掌跳跃时提气，落脚时呼气。跳步前推跳跃时提气，落脚时呼气。

【意念方法】

导引法：弓步拦掌时想象气由两手、两脚行至丹田穴，提膝推掌时意想丹田穴内气行至两手、两脚。跃步推掌跳跃时想象丹田穴内气行至膻中穴，落脚时意想内气由膻中穴行至左掌。跳步前推跳跃时想象丹田穴内气行至膻中穴，落脚时意想内气由膻中穴行至右掌。

技击法：设想对方用左拳向我胸部击打，我用右掌向左拦开对方来拳，并用左掌推击对方胸部。若对方后逃，我左脚前跃一步，用左掌追击对方胸部。若对方继续后逃，我再前跳右脚，用右掌追击对方胸部。

四十三、右黄龙三搅水

【动作歌诀】

就势横摆于胸前，势如划桨左右连。
步随身转手随动，上下一体轻灵缓。

【动作方法】

（一）撤步转身

身体左后转身 180°，右腿屈膝半蹲，左腿蹬直成为右弓步，同时，右掌随转身向前、向左、向后划平弧摆掌于胸前，掌心向前，指尖向上；目视右掌方向。（图 3–235）

图 3–235

（二）跟步里摆

左脚向左后摆步，身体向左后转 180°，右脚向左后跟上一步于左脚内侧，前脚掌着地，同时，左拳成掌叉于左腰侧，掌心向下，虎口向里，右掌外旋，随转身向左后划平弧摆掌于右胸前，掌心向上，指尖向前；目视右掌方向。（图 3–236）

（三）撤步转身

右脚向右后撤步，左脚里扣，身体右转，右掌里旋，掌心向下，掌尖向前；目视右掌。（图 3–237）

图 3–236

图 3–237

（四）跟步外摆

右脚右后摆步，左脚里收跟步于右脚内侧，前脚掌着地，身体右后转 180°，随转身右掌向右后划平弧摆掌于右胸前，

掌心向下，指尖向前；目视右掌方向。（图 3–238）

（五）撤步转身

左脚向左后撤步，右脚里扣，身体左转，同时，右掌外旋，掌心向上，指尖向前；目视右掌方向。（图 3–239）

图 3–238

图 3–239

（六）跟步里摆

左脚左后摆，右脚向左后上一步于左脚内侧，前脚掌着地，同时，身体向左后转 180°，随转身右掌向左后划平弧摆掌于右胸前，掌心向上，指尖向前；目视右掌方向。（图 3–240）

图 3–240

（七）撤步转身

右脚向右后撤步，左脚里扣，身体右转，右掌里旋，掌心向下，指尖向前；目视右掌。（图 3–241）

图 3–241

（八）跟步外摆

右脚右后摆步，左脚里收于跟步于右脚内侧，前脚掌着

地，身体右后转 180°，随转身右掌向右后划平弧摆掌于右胸前，掌心向下，指尖向前；目视右掌方向。（图 3–242）

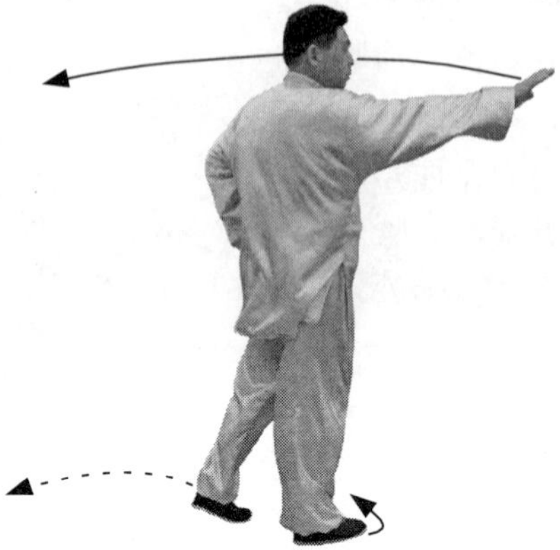

图 3–242

（九）撤步转身

左脚向左后撤步，右脚里扣，身体左转，同时，右掌外旋，掌心向上，指尖向前；目视右掌方向。（图 3–243）

图 3–243

（十）弓步穿掌

图 3–244

上体稍左转，左掌向前经右掌上方前穿掌，掌心斜向上，指尖向前，右掌稍向左下于左上臂内前下侧，掌心向下，指尖向前；目视左掌方向。（图 3–244）

【练习要点】

撤步、跟步，转身与摆掌要协调一致，动作连贯，速度均匀，摆臂划平弧，左后摆掌时要掌外旋，右后摆掌时掌内旋。

【呼吸方法】

撤步转身、跟步里摆时吸气，撤步转身、跟步外摆时呼气。撤步转身、跟步里摆时吸气，撤步转身、跟步外摆时呼气。撤步转身时吸气，弓步穿掌时呼气。

【意念方法】

导引法：撤步转身、跟步里摆时想象气由右手行至丹田穴，撤步转身、跟步外摆时意想丹田穴内气行至右手。撤步转身、跟步里摆时想象气由右手行至丹田穴，撤步转身、跟步外摆时意想丹田穴内气行至右手。撤步转身时想象气由右手行至丹田穴，弓步穿掌时意想丹田穴内气行至两手。

技击法：设想对方用左拳向我胸部击打，我用右掌向左拨开其来拳，并向右横向扫击对方颈部。

四十四、左黄龙三搅水

【动作歌诀】

跃步转身势转换，手臂横摆于胸前。

步随身转手随动，势如划桨左右连。

【动作方法】

（一）转身提膝

身体右转，重心移至左腿，左腿支撑身体，右腿屈膝提起，脚尖自然下垂，左掌稍向右下，掌心向上，指尖向左后，右掌稍向右上屈于左上臂内侧，掌心向下，指尖向左；目视右前方。（图 3–245）

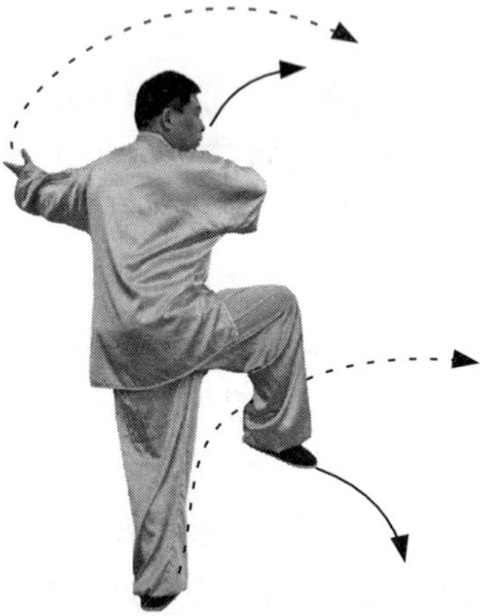

图 3–245

（二）跃步转身

右脚向前上跃步，左脚蹬地向前过右腿，前上跳起，身体腾空，在空中身体右后转身 180°，随转身，两掌向前上、向右下抡摆划弧，左掌于身体左侧，掌高与头平，掌心向下，指尖向左，右掌于左上臂内侧，掌心向下，拇指侧向里；目视右侧方。（图 3–246）

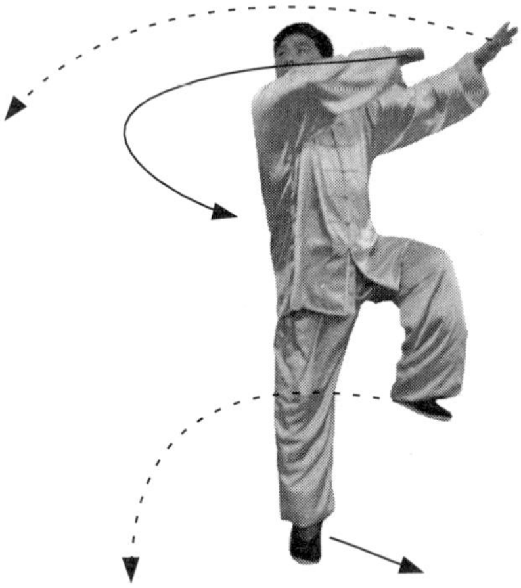

图 3–246

（三）虚步双劈

身体继续右后转 180°，左脚向前过右腿向右落脚，右脚向后下落脚，右腿屈膝半蹲，成为左虚步，同时，两掌随转身向前、向右下劈按于胸前，左掌在前，掌心向下，指尖向前，右掌在后于左上臂内侧，掌心向下，指尖向前；目视前

方。（图 3–247）

图 3–247

（四）跟步里摆

右脚向右后摆，左脚里收跟步，前脚掌着地，同时，身体向右后转 180°左右，随转身右掌叉于右腰侧，掌心向下，虎口向里，左掌外旋向前、向右后划平弧摆于左胸前，掌心向上，指尖向前；目视左掌方向。（图 3–248）

图 3–248

（五）撤步转身

左脚向左后撤步，身体左转，左掌内旋向前、向左划弧

于左胸前，掌心向下，指尖向前；目视左掌方。（图 3–249）

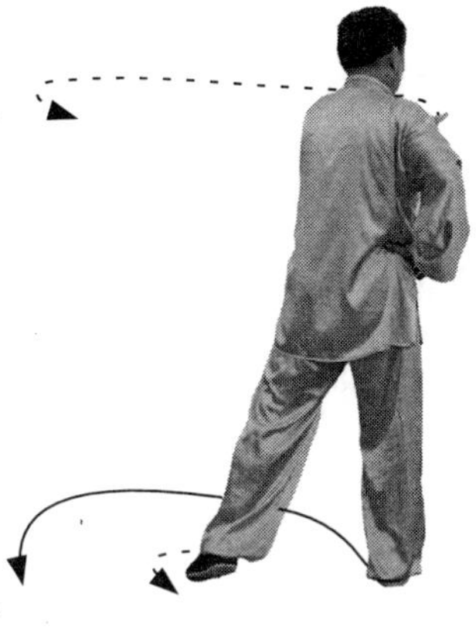

图 3–249

（六）跟步外摆

左脚左后摆，右脚向左过左腿向左后弧形上步，同时，身体左后转，随转身左掌向左、向后划平弧于左胸前，掌心向下，指尖向前；目视左掌方向。（图 3–250）

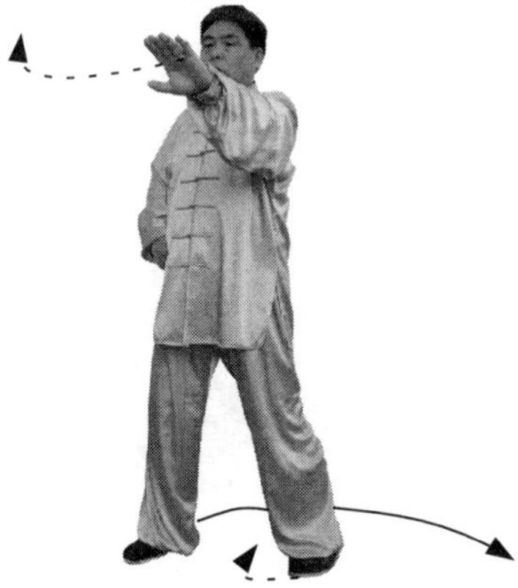

图 3–250

（七）撤步转身

图 3–251

右腿向后过左腿向左绕撤一步，左脚里扣，身体右后转，左掌外旋，向前、向右于左胸前，掌心向上，指尖向前；目视左掌方向。（图 3–251）

（八）跟步里摆

右脚向右后摆，左脚里收跟步于右脚内侧，前脚掌着地，同时，身体向右后转180°左右，左掌随转身向前、向右后划平弧于左胸前，掌心向上，指尖向前；目视左掌方向。（图3–252）

图 3–252

（九）撤步转身

左脚向左后撤步，身体左转，左掌内旋向前、向左划弧于左胸前，掌心向下，指尖向前；目视左掌方向。（图 3–253）

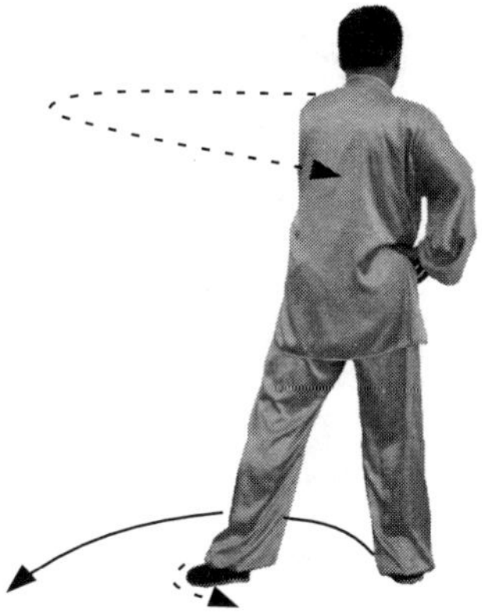

图 3–253

（十）跟步外摆

左脚左后摆，右脚向左过左腿向左后弧形上步，同时，身体左后转，随转身左掌向左、向后划平弧于左胸前，掌心向下，指尖向前；目视左掌方向。（图 3–254）

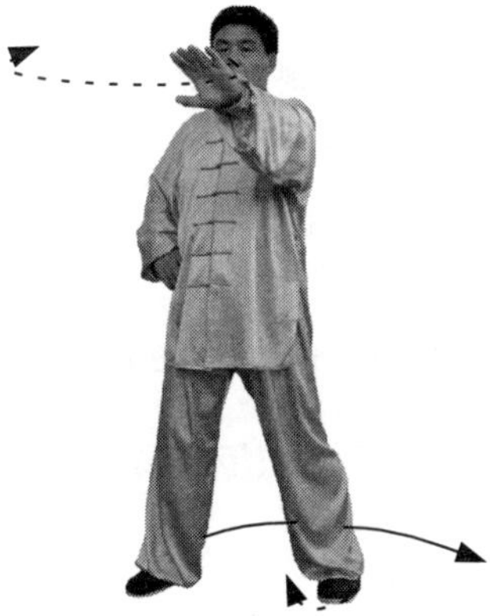

图 3–254

（十一）撤步转身

右腿向后过左腿向左绕撤一步，左脚里扣，身体右后

转，左掌外旋，向前、向右于左胸前，掌心向上，指尖向前；目视左掌方向。（图 3–255）

图 3–255

（十二）跟步里摆

右脚向右后摆，左脚里收跟步于右脚内侧，前脚掌着地，同时，身体向右后转 180°左右，左掌随转体向前、向右后划平弧于左胸前，掌心向上，指尖向前；目视左掌方向。（图3–256）

图 3–256

（十三）撤步转身

左脚向左后撤步，身体左转，左掌内旋向前、向左划弧于左胸前，掌心向下，指尖向前；

目视左掌方向。（图 3–257）

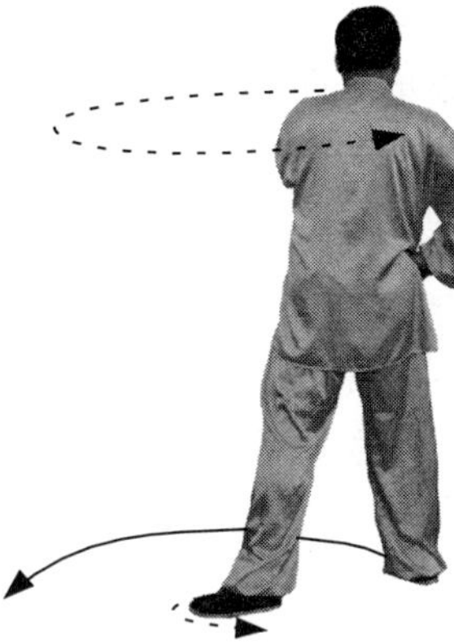

图 3–257

（十四）跟步外摆

左脚左后摆，右脚向左过左腿向左后弧形上步，同时，身体左后转，随转身左掌向左、向后划平弧于左胸前，掌心向下，指尖向前；目视左掌方向。（图 3–258）

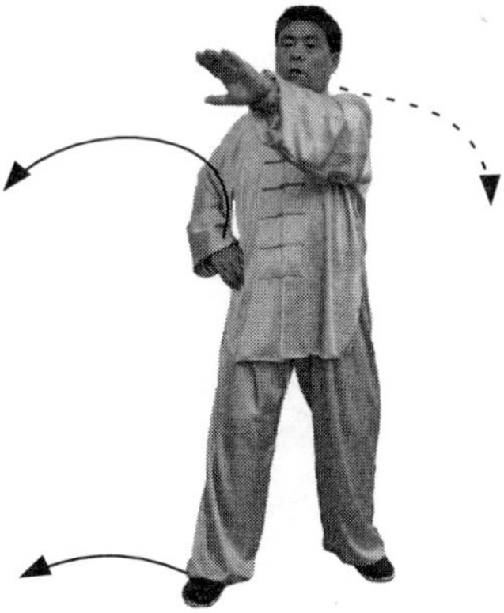

图 3–258

【练习要点】

转身提膝要稳，跃步腾跳要高，空中转身与摆臂要协调，落步与双臂掌要一致。跟步里摆掌与撤步转身跟步外摆和撤步转身跟步里摆动作要连贯，上下肢动作要协调一致。摆掌速度均匀，摆臂划平弧，里摆掌时要掌外旋，外摆掌时掌内旋。

【呼吸方法】

转身提膝、跃步转身时提气，虚步双劈时呼气。跟步里摆时吸气，撤步转身、跟步外摆时呼气。撤步转身、跟步里摆时吸气，撤步转身、跟步外摆时呼气。撤步转身、跟步里摆时吸气，撤步转身、跟步外摆时呼气。

【意念方法】

导引法：转身提膝、跃步转身时想象丹田穴内气行至膻中穴，虚步双劈时意想内气由膻中穴行至两手。跟步里摆时想象气由左手行至丹田穴，撤步转身、跟步外摆时意想丹田穴内气行至左手。撤步转身、跟步里摆时想象气由左手行至丹田穴，撤步转身、跟步外摆时意想丹田穴内气行至左手。撤步转身、跟步里摆时想象气由左手行至丹田穴，撤步转身、跟步外摆时意想丹田穴内气行至左手。

技击法：设想对方用右拳向我面部击打，我右手粘其右腕、左手托其右肘，身体右后转，用左肩扛于对方右上臂，向前下搬拉对方右臂摔击对方。若对方解脱，用左拳向我胸部击打，我用左掌向右拨开对方来拳，接着用左掌向左横击对方左颈侧。

四十五、左蹬一跟

【动作歌诀】

步手开合要自然，双拳翻转左脚悬。

提膝蹬足身稳立，手足齐放似榴弹。

【动作方法】

（一）开步分掌

右脚向右开半步，同时，两手向上、向外、向下分，高与肩平，掌心均向下，指尖均向外，目视前方。（图 3–259）

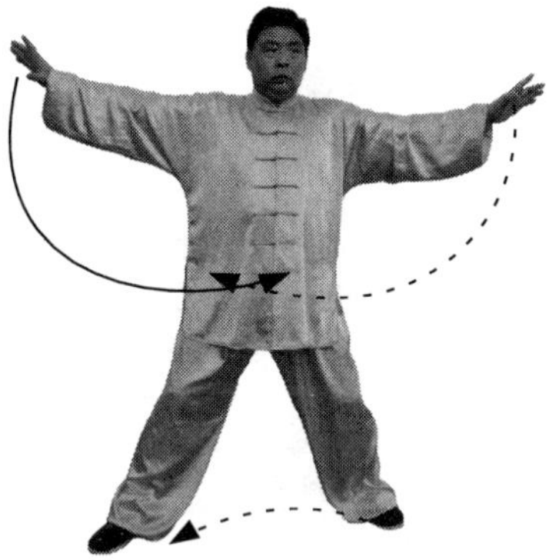

图 3–259

（二）收脚合臂

身体重心移至右腿，屈膝半蹲，左脚里收于右脚内侧，脚尖点地，同时，两掌成拳外旋向下，向里合臂交叉于腹前，左拳在里，右拳在外，拳心均向里，拳眼均向上；目视前方。

（图 3–260）

（三）分手侧踹

接上动作，身体重心移至右腿，左腿由屈到伸，脚尖内扣以脚掌外侧为力点，向左上踹出，脚与腰平，同时两臂分别向左右上方展臂撩拳，拳与肩平，两拳拳心均向下，拳面均向外；目视左前方。（图 3–261）

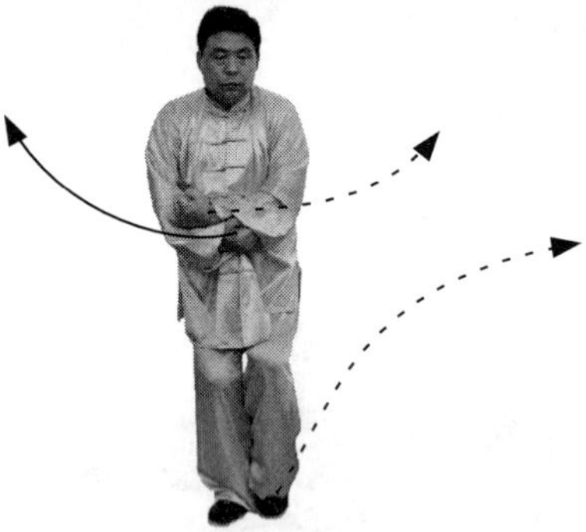

图 3–260

图 3–261

【练习要点】

开步分掌、收脚合臂要协调。左脚侧踹与两臂分展要协调一致，要快速发力，左脚踹出后，借反弹力，左腿微屈。

【呼吸方法】

开步分掌、收脚合臂时吸气，分手侧踹时喷气。

【意念方法】

导引法：开步分掌、收脚合臂时想象气由两手、两脚行至丹田穴，分手侧踹时意想丹田穴内气行至两手、两脚。

技击法：设想对方用右拳向我面部击打，我用左臂向外挑架开对方来拳，并用左脚踹击对方右肋部。

四十六、右蹬一跟

【动作歌诀】

身法松圆正无偏，双拳翻转右脚悬。

提膝蹬足身稳立，手足齐放似榴弹。

【动作方法】

（一）转身分掌

左脚下落，身体左后转，同时，随转身左拳直臂向左后摆于身体左侧，拳心向下，拳面向左，右拳直臂向前左摆于身体右侧，拳心向下，拳面向右；目视右前方。（图 3–262）

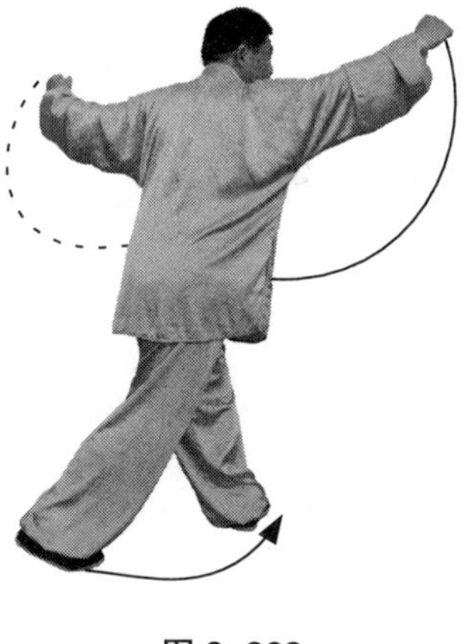

图 3–262

（二）跟脚合臂

身体重心移至左腿，左腿屈膝半蹲，右脚里收于左脚内侧，前脚掌着地，同时，两掌成拳外旋向下、向里合臂交叉于腹前，左拳在里，右拳在外，拳心均向里，拳眼均向上；目视右前方。（图 3–263）

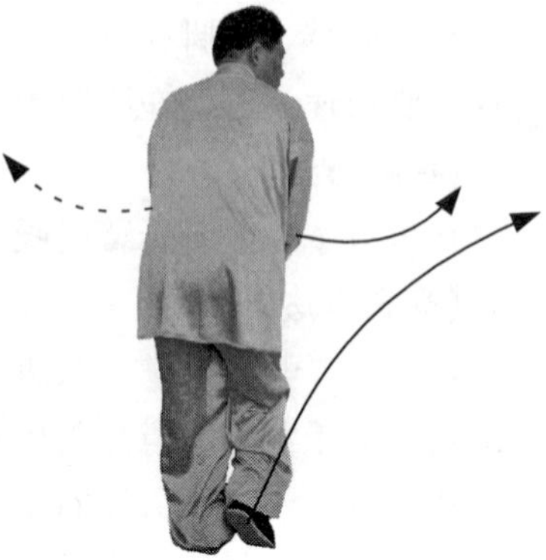

图 3–263

（三）分手侧踹

接上动作，身体重心移至左腿，右腿由屈到伸，脚尖内扣以脚掌外侧为力点，向右上踹出，脚与腰平，同时两臂分别向左右上方展臂撩拳，拳与肩平，两拳拳心均向下，拳面均向外；目视右前方。（图 3–264）

图 3–264

【练习要点】

转身分掌、跟脚合臂要协调。右脚侧踹与两臂分展要协调一致，要快速发力，右脚踹出后，借反弹力，右腿微屈。

【呼吸方法】

转身分掌、跟脚合臂时吸气，分手侧踹时喷气。

【意念方法】

导引法：转身分掌、跟脚合臂时想象气由两手、两脚行至丹田穴，分手侧踹时意想丹田穴内气行至两手、两脚。

技击法：设想对方左拳向我面部击打，我用右臂拨开对方来拳，同时用右腿踹击对方左肋部。

四十七、海底翻花

【动作歌诀】

屈腿稳立劲外翻，提膝挑架拳外斩。

周身合劲成一体，精气与神不可散。

【动作方法】

上体右转，右腿屈膝里收，脚尖自然下垂，同时，右拳向右下翻拳砸于右胯旁，拳心向上，拳面向前，左拳向下、向前、向左上翻拳挑于左耳侧旁，拳心向里，拳面向上；目视前方。（图 3–265）

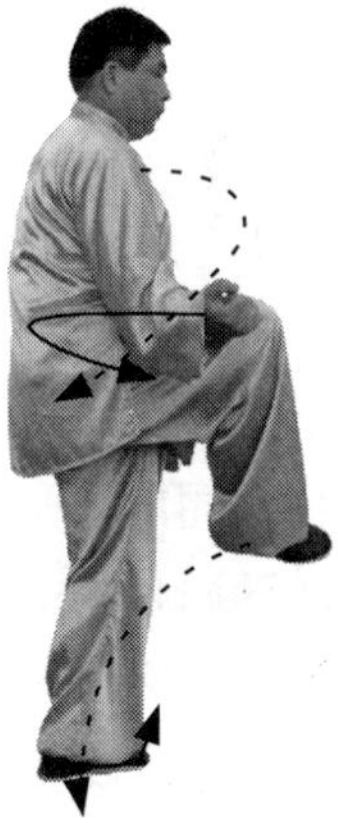

图 3–265

【练习要点】

转身、右腿屈收，与两拳外翻要协调一致。站立要稳。

两拳外翻发力顺达，力达两拳。

【呼吸方法】

动作启动时急促吸气，动作止时喷气。

【意念方法】

导引法：动作启动时急促想象气由两手、两足行至丹田穴，动作止时意想丹田穴内气行至两拳、两脚。

技击法：设想对方用左脚右拳向我下中两盘踢、击而来，我屈右腿封住裆部，并用右拳砸开对方踢来之左腿，用左臂挑拨开其来右拳。

四十八、掩手肱拳

【动作歌诀】

震脚合捶劲内含，擦脚上步把拳掩。
翻拳崩打腰催劲，旋臂左引发右拳。

【动作方法】

（一）转身震脚

身体右转，右脚右下踏震步屈膝半蹲，左脚跟提起，脚尖自然下垂，右拳随转身向右、向下划弧屈收于腹前，拳心向下，拳眼向里，同时，左拳成掌，向左、向下屈肘按附于右拳背上方，掌心向下，拇指侧向里，两臂仍交叉合于腹前；目视前方。(图 3–266)

图 3–266

（二）擦脚合臂

身体稍右转，左脚屈膝提起后左脚向左前方铲出，身体再左转，随转身两手在胸前交叉合劲相叠，左臂在里，右臂在外，两掌掌心均斜向外，指尖均斜向上；目视右前方。（图3–267）

图 3–267

（三）马步崩捶

上体左转，重心稍左移，两脚蹬地发力，同时，右拳以右拳背为力点，向右前上方翻拳崩击，高与鼻尖平，拳面向前，拳心向上，左掌屈臂收屈于左腿间，掌心向下，指尖向前；目视右拳方向。（图 3–268）

图 3–268

（四）马步旋臂

身体右转，重心右移成为马步，同时，右拳屈肘收于右侧，拳心向上，拳面向前，左手向前立掌推出，掌心向前，指尖向上；目视左掌方向。（图 3–269）

紧接上动，左掌外旋向上、向里划弧置于左肩前，掌心向上，拇指和食指伸直，其余三指弯曲；目视左掌方向。（图 3–270）

图 3–269

图 3–270

（五）弓步发拳

上体左转，重心迅速左移成左弓步，右腿微屈，同时左手快速收于左肋侧，手心轻贴左肋，右拳随转身后拉蓄劲，然后内旋经左臂上向右前方急促打出，拳同肩高，臂微屈，拳心向下；目视右拳。（图 3–271）

图 3–271

【练习要点】

擦脚上步要平稳，身体要右左迂回，以蓄周身之劲于右拳，翻背崩拳要突然发力，发力短快而富弹抖发力顺畅，力达右拳拳背。旋臂发拳时应将周身的蓄劲通过肩、臂迅速达于拳面，而后迅速制动。表现出脆快的冷弹劲。

【呼吸方法】

转身震脚的前半动作提膝合臂时吸气，后半动作震脚时呼气。擦脚合臂时吸气，弓步崩捶时喷气。马步旋臂时吸气，弓步发拳时喷气。

【意念方法】

导引法：转身震脚的前半动作提膝合臂时想象气由两手行至丹田穴，后半动作震脚时意想丹田穴内气行至两脚。擦脚合臂时想象气由两手、两脚行至丹田穴，弓步崩捶时意想丹田穴内气行至两手、两脚。马步旋臂时想象气由两手行至丹田穴，弓步发拳时意想丹田穴内气行至两手。

技击法：设想对方用右拳向我腹部击打而来，我提右膝护住裆部，并用左掌按开对方之来拳。接着我用右手接抓住对方右腕向右后回领，将对方右臂引直，同时，用左肘下压对方右肘关节，使其关节受制，接着，我腾出右拳用右翻背拳向对方右面侧崩击，使其面部受伤。若对方右拳解脱后再次向我胸部打来，我左臂内旋掩肘，拨压对方的右臂，顺势用右拳冲击对方胸部。

四十九、扫蹚腿

【动作歌诀】

架砸顶肘把劲掼，俯身仆腿贴地旋。

势如铁帚扫落叶，前后扫蹚势法连。

【动作方法】

（一）马步架拳

上体右转，同时，右拳向上、向右下划弧翻拳砸于右胯侧旁，拳心向上，拳面向右，左拳向左、向上划弧于左耳侧旁，拳眼向里，拳面斜向上；目视右拳方向。（图 3–272）

图 3–272

（二）震脚架砸

身体重心移至左腿，右腿屈膝上提，同时，右拳随之稍向上举于右肩侧旁，拳高与肩平，拳

心向里，拳面向上；目视右拳方向。（图 3–273）

紧接上动，右脚向下踏震地成为马步，同时，下踏右脚的同时，右拳以拳背为力点，向下砸于右胯侧旁，拳心向上，拳面斜向右；目视右拳方向。（图 3–274）

图 3–273

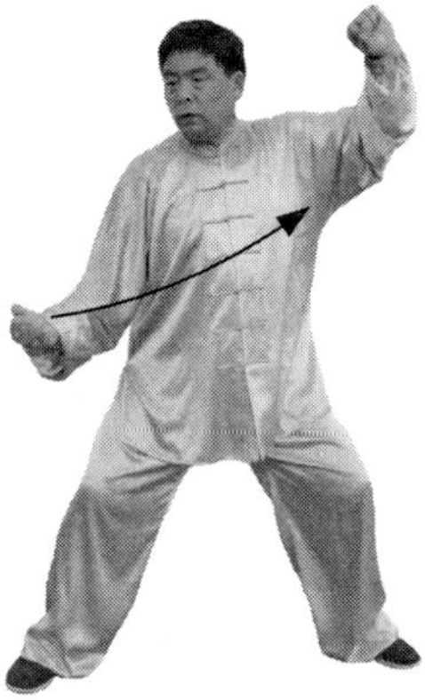

图 3–274

（三）马步顶肘

上体左转，转身的同时，右臂屈肘向左摆于胸前，肘尖向右；目视右前方。（图 3–275）

紧接上动，身体稍向右转，随转身右肘向右顶击，高与肩平，肘尖向右；目视右肘尖方向。（图 3–276）

图 3–275

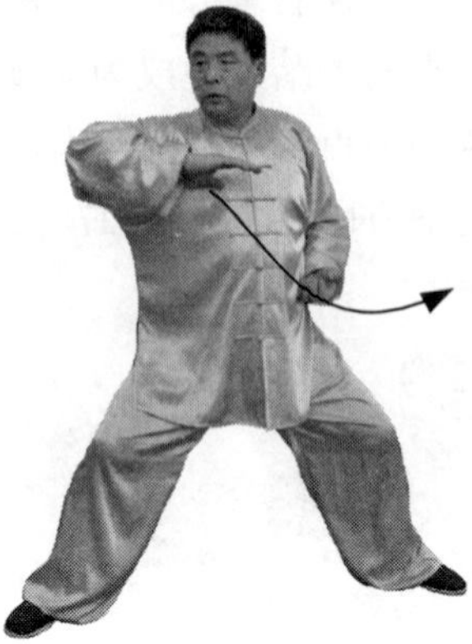

图 3-276

(四) 俯身前扫

上体左转，并向左前下俯，随之左拳成掌，两掌向左后摆掌，掌心均向下，指尖稍向左后；目视右前下方。（图3-277）

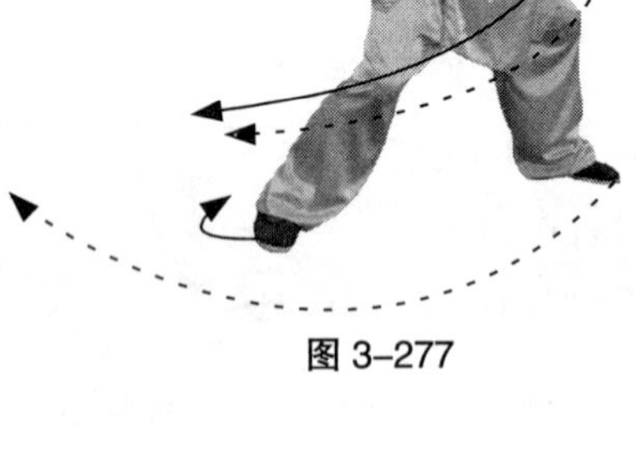

图 3-277

上动不停，右腿全蹲，左腿铺平，以右脚前掌为轴，身体向右后转 180°，身体带动左腿向前右扫转 180°；目视前下方。(图 3–278)

上动不停，身体继续向右后旋转 120°，身体带动左腿向前右扫转 120°，身体重心移于左腿，左腿屈膝全蹲，右腿铺平，两掌按于裆前，掌心均着地；目视前下方。(图 3–279)

图 3–278

图 3–279

（五）俯身后扫

以左脚前掌为轴，身体向右后转 240°，身体带动右腿向后右扫转 240°，成为右仆步，两手按于裆前，掌心均向下；目视前下方。（图 3–280）

图 3–280

【练习要点】

提膝举拳与震脚砸拳要协调一致，转身顶肘要有力，力达右肘尖。扫腿时头部上顶，眼睛随转身平视前方，上体正直。在扫转过程中，始终保持右仆步姿势，保持身体重心平衡，铺出的所扫之腿的膝不可弯曲。

【呼吸方法】

马步架拳时吸气，震脚砸拳时喷气。马步顶肘的前半动作转身屈肘时吸气，后半动作顶肘时喷气。俯身前扫时吸气，前扫腿时呼气。俯身后扫换腿时吸气，后扫腿时呼气。

【意念方法】

导引法：马步架拳时想象气由两拳、两脚行至丹田穴，震脚砸拳时意想丹田穴内气行至两拳、两脚。马步顶肘的前半动作转身屈肘时想象气由两手行至丹田穴，后半动作顶肘时意想丹田穴内气行至右肘肘尖。俯身前扫时想象气由两脚行至丹田穴，前扫腿时意想丹田穴内气行至两腿。俯身后扫换腿时急促想象气由两脚行至丹田穴，后扫腿时意想丹田穴内气行至两腿。

技击法：设想对方用左拳向我右肋部击打，我用右拳向下砸开对方来拳，并用右肘顶击对方胸部。接着再用前后扫腿连续扫击对方之下盘，将其扫倒。

五十、掩手肱拳

【动作歌诀】

震脚旋臂劲内含，左引右击见肱拳。

前发后塌劲要松，发劲全在腰胯间。

【动作方法】

（一）震脚旋掌

身体起立，重心移至左腿支撑身体，右腿屈膝提起，脚尖自然下垂，同时，右掌成拳屈肘收于腹前，拳心向下，拳眼向里，左掌屈肘收按于右拳背上方，掌心向下，拇指侧向里；目视左掌方向。（图 3–281）

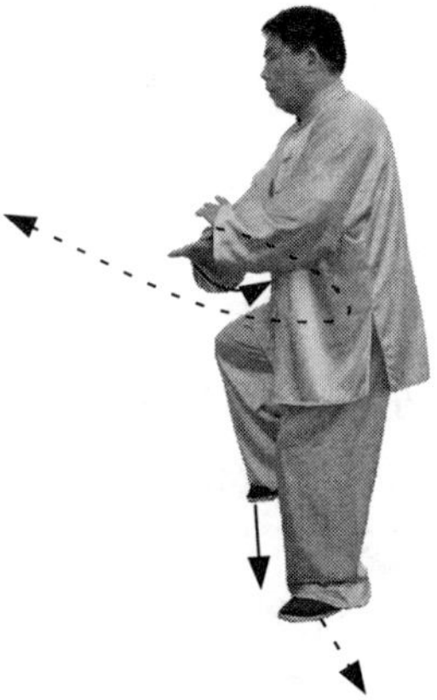

图 3–281

右脚下落震脚踏实，左脚以脚跟内侧贴地向左前方铲出，身体重心左移成马步，身体微右转，左掌外旋向前伸，掌心向

上，掌指向前，拇指和食指伸直，其余三指弯曲；右拳屈肘上提于胸前，拳心向里，拳面向上；目视前方。（图 3–282）

图 3–282

（二）弓步发拳

身体微右转后再急促左转，随之重心迅速左移成左弓步，右腿微屈。同时左拳快速收于左肋侧，拳心向上，拳面向前，右拳随转身后拉蓄劲，然后内旋经左臂上向右前方急促打出，拳同肩高，臂微屈，拳心向下；目视右拳。（图 3–283）

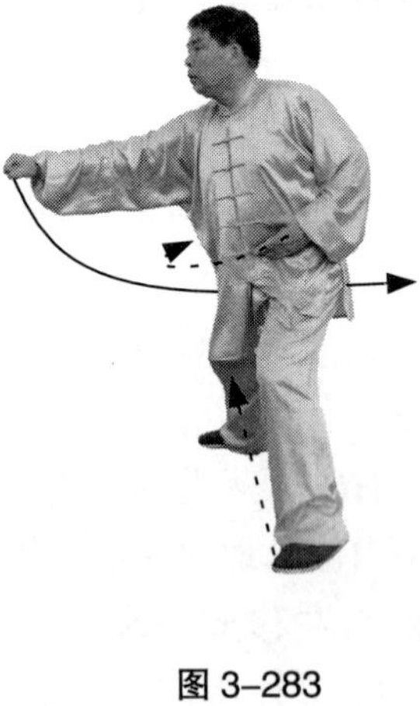

图 3–283

【练习要点】

右拳发出和左手回收要协调一致。另外在力达右拳面后，要迅速制动，表现出脆快的冷弹劲。

【呼吸方法】

震脚旋掌时吸气，弓步发拳时喷气。

【意念方法】

导引法：震脚旋掌时想象气由“五心”纳入丹田穴，弓步发拳时意想丹田穴内气注入右拳。

技击法：设想对方左拳向我胸部击打，我用左手接抓住其来拳拳腕回领，同时用右拳还击对方胸部，使对方胸部受伤。

五十一、左冲

【动作歌诀】

提膝摆拳划立圆，震脚换步劲内含。

上步催劲拳急打，双拳齐出快似电。

【动作方法】

（一）提膝摆拳

身体右转，重心移至右腿，右腿支撑身体，左腿屈膝提起，脚尖自然下垂，同时，拳成掌随转身向右后摆，右掌摆于右肋外后侧旁，掌心向下，指尖向右后方，左掌屈肘于右上臂内侧旁，掌心向下，指尖向右后；目视左前方。（图 3–284）

图 3–284

（二）换步双冲

左脚下踏震地，右脚稍提起，脚尖自然下垂，身体左转180°，同时，两掌随转身向前、向左后摆，左掌屈收于左肋旁，掌心向里，拇指侧向上，右掌摆于小腹前，掌心向左，指尖向下；目视右侧方。（图 3–285）

上动不停，右脚前上一步带动左脚前滑半步，右腿屈膝半蹲，左腿挺膝蹬直成为左弓步，同时，两拳向前直臂向前双冲，拳高与肩平，右拳在前，拳眼向上，拳面向前，左拳于右前臂内侧，拳眼向上，拳面向前；目视两拳前方。（图 3–286）

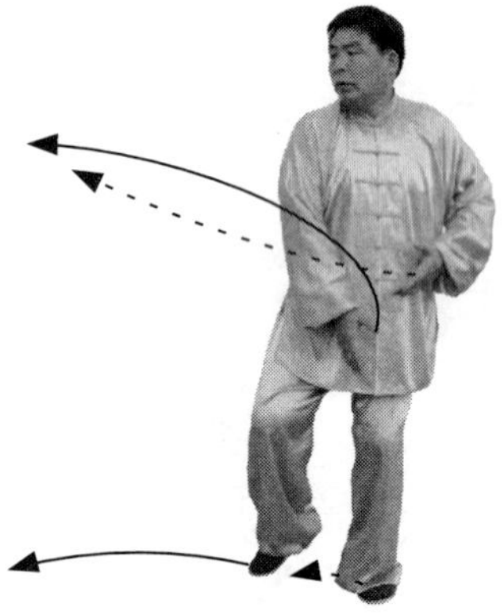

图 3–285

图 3–286

【练习要点】

提膝站立要稳，震脚换步不可起伏太大，上步前滑，弓步形成与双拳前冲要协调一致，冲拳快速、有力，劲力顺畅，力过两拳拳面。

【呼吸方法】

提膝摆拳与换步冲拳的前半动作换步时吸气，换步冲拳的后半动作冲拳时喷气。

【意念方法】

导引法：提膝摆拳与换步冲拳的前半动作换步时想象气由两手行至丹田穴，换步冲拳的后半动作冲拳时意想丹田穴内气行至两拳。

技击法：设想对方用拳向我胸部击打，我用两臂挂开对方来拳，并前上右步于对方左腿外后侧挂住其左腿，用两拳向对方胸部击打。

五十二、右冲

【动作歌诀】

提膝摆拳划立圆，震脚换步劲内含。

上步催劲拳急打，双拳齐出快似电。

【动作方法】

（一）提膝摆拳

身体左转，重心移至左腿，左腿支撑身体，右腿屈膝提起，脚尖自然下垂，同时，两拳随转身向下、向左上划弧摆拳，高与肩平，左拳摆于左肩侧旁，拳眼向上，拳面向左，右拳于左上臂内前侧，拳眼向上，拳面向左；目视右前方。（图3–287）

图 3–287

（二）换步双冲

右脚下踏震地，左脚就势稍提起，脚尖自然下垂，身体右转 90°，同时，两拳随转身向上、向右下划弧摆拳于右肋侧旁，右拳拳心向上，拳面向前，左拳拳眼向里，拳面向右；目视左前方。（图 3-288）

上动不停，左脚向左上一步，屈膝半蹲，右腿挺膝蹬直成为左弓步，身体左转 90°，同时，两拳随转身向前直臂冲出，高与肩平，左拳在前，拳面向前，拳眼向上，右拳在后于左前臂内侧旁，拳面向前，拳眼向上；目视两拳前方。（图3-289）

图 3-288

图 3-289

【练习要点】

提膝站立要稳，震脚换步不可起伏太大，上步与转身要一致，弓步形成与双拳前冲要协调一致，冲拳快速、有力，劲力顺畅，力过两拳拳面。

【呼吸方法】

提膝摆拳与换步冲拳的前半动作换步时吸气，换步冲拳的后半动作冲拳时喷气。

【意念方法】

导引法：提膝摆拳与换步冲拳的前半动作换步时想象气由两手行至丹田穴，换步冲拳的后半动作冲拳时意想丹田穴内气行至两拳。

技击法：设想对方用拳向我面部击打，我用两臂挑拨开对方来拳，并前上左步于对方右腿外后侧挂住其右腿，用两拳向对方胸部击打。

五十三、倒插

【动作歌诀】

虚步插掌于裆前，足手与鼻照三尖。

似如金针插海底，又像插杠把门闩。

【动作方法】

身体稍右转，重心移至左腿，左腿屈膝半蹲，右脚向前上一步，脚尖点地成为右虚步，同时，右拳成掌内旋向前下直臂插掌于裆前，拇指侧向下，指尖斜向前，左掌屈肘按附于右上臂内前下侧，掌心向下，拇指侧向里；目视右掌方向。(图3–290)

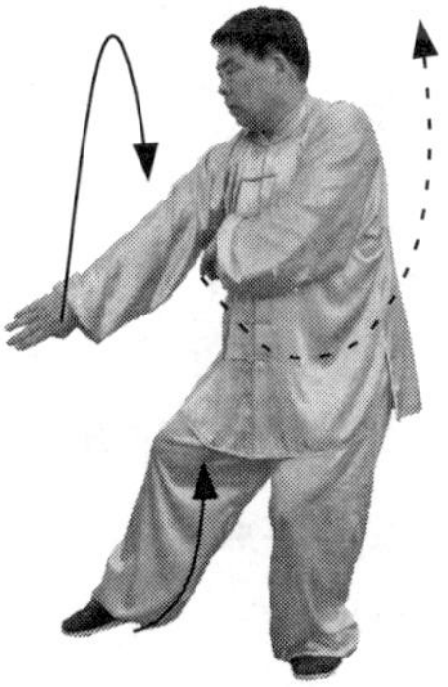

图 3–290

【练习要点】

要点步子虚实要分明，虚步形成与右掌前下插掌要协调一致。定势时要做到足尖、手尖、鼻尖“三尖相照”。

【呼吸方法】

动作启动时急促吸气，动作止时呼气。

【意念方法】

导引法：动作启动时急促想象气由两手行至丹田穴，动作止时意想丹田穴内气行至右掌指尖。

技击法：设想对方用左脚向我裆部踢击，我用右臂向外挂开对方来腿。

五十四、海底翻花

【动作歌诀】

挺身稳立劲外翻，提膝挑架拳外斩。

周身合劲成一体，精气与神不可散。

【动作方法】

上体稍右转，身体重心后移，左腿支撑身体，右腿屈膝提起，脚尖自然下垂，同时，右拳向右下翻拳砸于右胯旁，拳心向上，拳面向前，左拳向下、向左上翻拳挑于左耳侧旁，拳心向里，拳面向上；目视前方。（图 3–291）

图 3–291

【练习要点】

转身、右腿屈收，与两拳外翻要协调一致。站立要稳。两拳外翻发力顺达，力达两拳。

【呼吸方法】

动作启动时急促吸气，动作止时喷气。

【意念方法】

导引法：动作启动时急促想象气由两手、两足行至丹田穴，动作止时意想丹田穴内气行至两拳、两脚。

技击法：设想对方用左脚右拳向我下中两盘踢、击而来，我屈右腿封住裆部，并用右拳砸开对方踢来之左腿，用左臂挑拨开其来右拳。

五十五、掩手肱拳

【动作歌诀】

震脚合捶劲内含，擦脚上步把拳掩。

翻拳崩打腰催劲，旋臂左引发右拳。

【动作方法】

（一）震脚擦步

身体右转，右脚右下踏震步屈膝半蹲，左脚跟提起，脚尖自然下垂，右拳随转身向右、向下划弧屈收于腹前，拳心向下，拳眼向里，同时，左拳成掌，向左、向下屈肘按附于右拳背上方，掌心向下，拇指侧向里，两臂仍交叉合于腹前；目视前方。(图 3–292)

图 3–292

身体稍右转，左脚屈膝提起

后左脚向左前方铲出，身体再左转，随转体两手在胸前交叉合劲相叠，左臂在里，右臂在外，两掌掌心均斜向外，指尖均斜向上；目视右前方。（图3-293）

图 3-293

（二）马步崩捶

上体左转，重心稍左移，两脚蹬地发力，同时，右拳以右拳背为力点，向右前上方翻拳崩击，高与鼻尖平，拳面向前，拳心向上，左掌屈臂收屈于左腿间，掌心向下，指尖向前；目视右拳方向。（图 3-294）

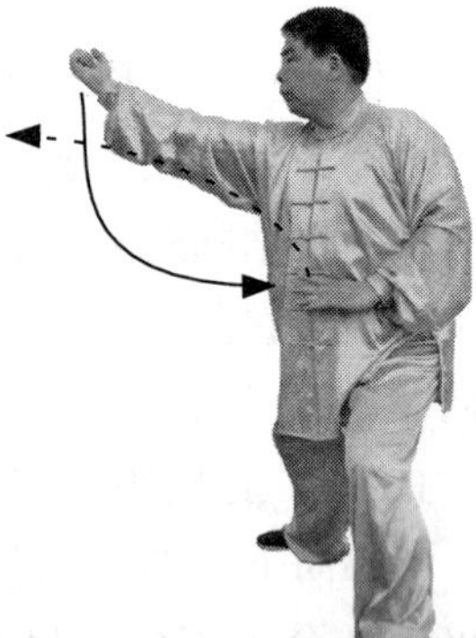

图 3-294

（三）马步旋掌

身体右转，重心右移成为马步，同时，右拳屈肘收于右侧，

拳心向上，拳面向前，左手向前立掌推出，掌心向前，指尖向上；目视左掌方向。（图 3–295）

紧接上动，左掌外旋向上、向里划弧置于左肩前，掌心向上，拇指和食指伸直，其余三指弯曲；目视左掌方向。（图 3–296）

图 3–295

图 3–296

（四）弓步发拳

上体左转，重心迅速左移成左弓步，右腿微屈，同时左手快速收于左肋侧，手心轻贴左肋，右拳随转身后拉蓄劲，然后内旋经左臂上向右前方急促打出，拳同肩高，臂微屈，拳心向下；目视右拳。（图 3–297）

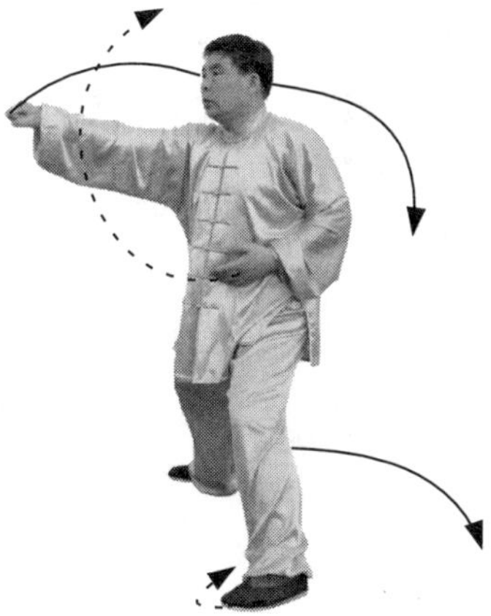

图 3–297

【练习要点】

擦脚上步要平稳，身体要右左迂回，以蓄周身之劲于右拳，翻背崩拳要突然发力，发力短快而富弹抖发力顺畅，力达右拳拳背。旋臂发拳时应将周身的蓄劲通过肩、臂迅速达于拳面，而后迅速制动。表现出脆快的冷弹劲。

【呼吸方法】

震脚启动时急促吸气，震脚时呼气。擦脚时吸气，弓步崩捶时喷气。马步旋臂时吸气，弓步发拳时喷气。

【意念方法】

导引法：震脚启动时急促想象气由两手行至丹田穴，震脚时意想丹田穴内气行至两脚。擦脚时想象气由两手、两脚行至丹田穴，弓步崩捶时意想丹田穴内气行至两手、两脚。马步旋臂时想象气由两手行至丹田穴，弓步发拳时意想丹田穴内气行至两手。

技击法：设想对方用右拳向我腹部击打而来，我提右膝护住裆部，并用左掌按开对方之来拳。接着我用右手接抓住对方右腕向右后回领，将对方右臂引直，同时，用左肘下压对方右肘关节，使其关节受制，接着，我腾出右拳用右翻背拳向对方右面侧崩击，使其面部受伤。若对方右拳解脱后再次向我胸部打来，我左臂内旋掩肘，拨压对方的右臂，顺势用右拳冲击对方胸部。

第四段

五十六、夺二肱

【动作歌诀】

虚步架拳势待发，震脚翻拳向下砸。

屈肘引拳侧身撩，拧腰催劲把拳发。

【动作方法】

（一）马步架拳

身体右后转，身体重心移至左腿，左脚里扣，左腿屈膝半蹲，右腿随转身向右后划弧上步，右脚脚尖点地，成为右虚步，同时，左拳向左上架于头左侧旁，拳面斜向上，拳心斜向右，右拳随转身向右下屈于右大腿上方，拳心向上，拳面斜向右；目视右前方。（图 3–298）

图 3–298

（二）震脚架砸

接上动作，左腿支撑身体，右脚向上提起，脚心向下，脚尖向右，同时，右拳上举与肩平，拳心向上，拳面向右；目视右拳方向。（图 3–299）

接上动作，右脚向下踏脚震步仍成右虚步，同时，右拳以拳背为力点随震脚下砸于右大腿上方，拳心向上，拳面斜向右；目视右前方。（图 3–300）

图 3–299

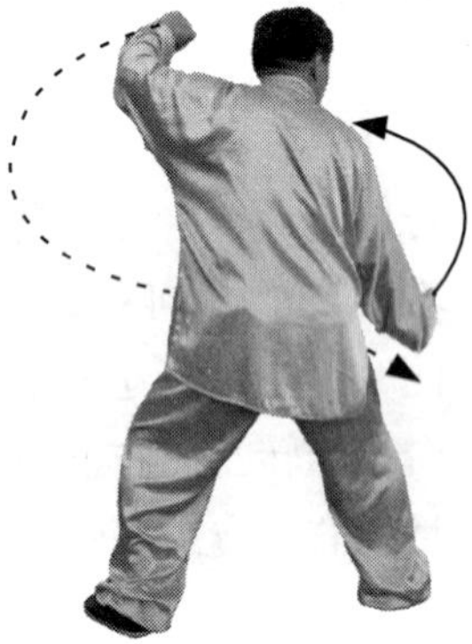

图 3–300

（三）马步撩拳

身体重心右移，同时，左拳向左、向下、经腹前向右上划弧于右胸前，拳心向里，拳面斜向上，右拳向上、向左于经胸前左臂上方，拳心向里，拳面斜向上；目视右侧方。（图3–301）

右脚带动左脚向右侧滑上一步，两腿屈膝半蹲，成为马步，同时，左拳屈肘收抱于左腰侧，拳心向上，拳面向前，右拳向下、向右侧弹摆冲出，拳心向下，拳面向右；目视右拳方向。（图 3-302）

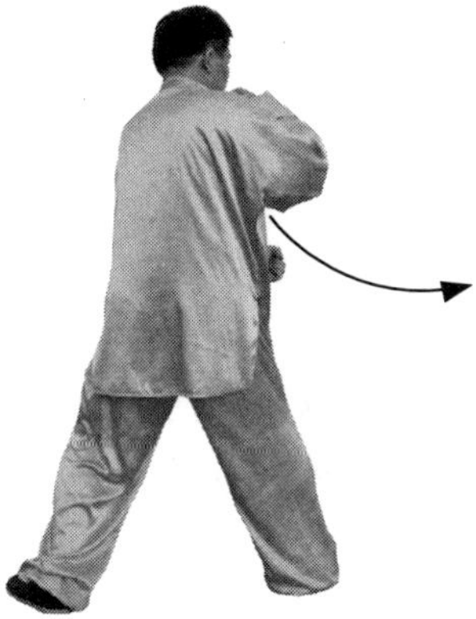

图 3-301

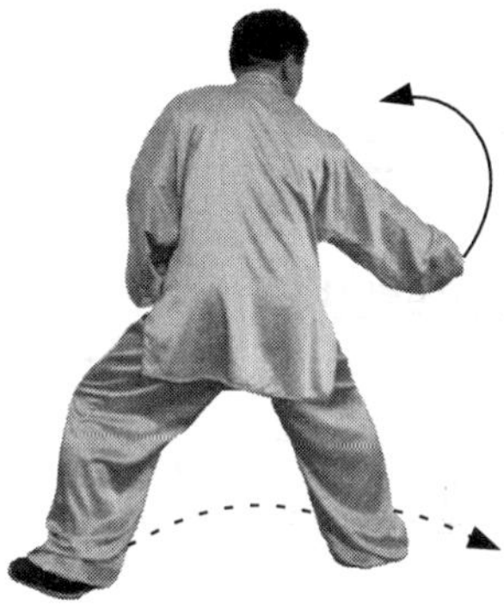

图 3-302

【练习要点】

动作要连贯。提膝站立要稳，震脚、砸拳与滑进步、侧弹冲拳要协调一致，侧弹冲拳要快速、短促有力，劲力顺达，力达拳面。

【呼吸方法】

马步架拳和震脚砸拳的前半动作提膝举拳时吸气，后半动作砸拳时喷气。马步撩拳的前半动作挽拳时吸气，后半动作撩拳时喷气。

【意念方法】

导引法：马步架拳和震脚砸拳的前半动作提膝举拳时想象气由两手行至丹田穴，后半动作砸拳时意想丹田穴内气行至右拳背。马步撩拳的前半动作挽拳时想象气由两手行至丹田穴，后半动作撩拳时意想丹田穴内气注入右拳拳背。

技击法：设想对方右弓步左冲拳向我腹部击打，我用右脚踩击其右脚面，并用右拳向下砸开其拳。当对方撤右脚时，我侧滑上步于对方左腿外后方绊住其腿，并用右侧拳击打对方左肋部。

五十七、夺二肱

【动作歌诀】

上步屈肘劲蓄含，拧腰催劲一瞬间。

屈肘引拳侧身撩，劲催肘发肘带拳。

【动作方法】

（一）上步屈肘

身体右转，左脚从右脚前向右前迈上一步，两腿屈膝半蹲成为盖步，同时，右拳外旋屈肘收抱于右胸前，拳心向里，拳面向上；目视右前方。（图 3–303）

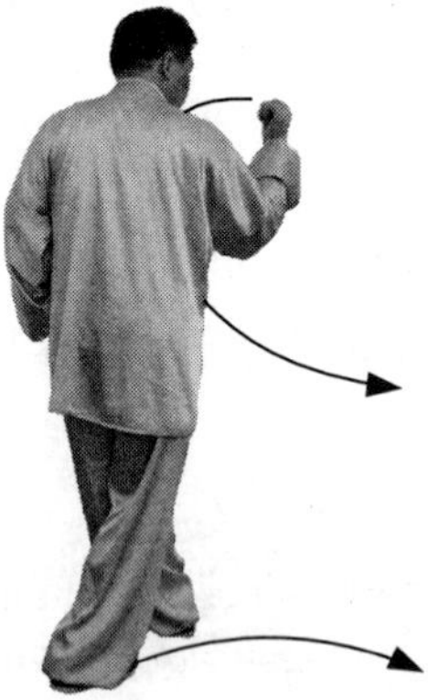

图 3–303

（二）马步撩拳

右脚向右侧上一步，两腿屈膝半蹲，成为马步，同时，左拳屈肘收抱于左腰侧，拳心向上，拳面向前，右拳向下、向右侧弹摆冲出，拳心向下，拳面向右；目视右拳方向。（图 3-304）

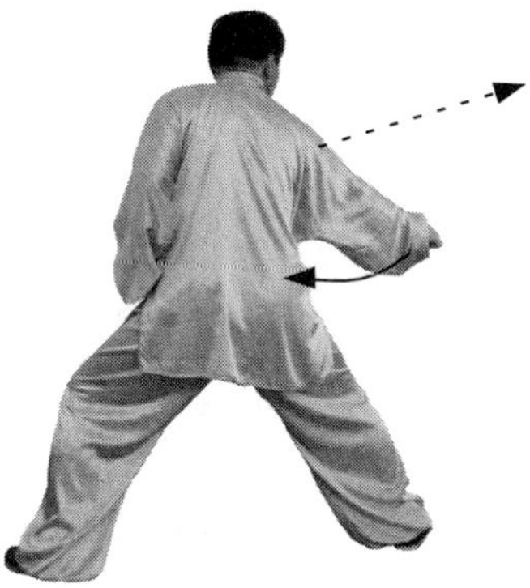

图 3-304

【练习要点】

左脚盖上步与挽右拳要一致，上右脚成马步与侧弹冲右拳要协调。侧弹冲拳要快速、短促有力，劲力顺达，力达拳面。

【呼吸方法】

盖上步挽拳时吸气，上步侧弹拳时喷气。

【意念方法】

导引法：盖上步挽拳时想象气由两手行至丹田穴，上步侧弹拳时意想丹田穴内气行至右拳拳背。

技击法：设想对方用左拳向我胸部击打，我左脚向右前盖上一步，并用左手向下按消其来拳。接着我右脚右上一步于对方左腿外后侧挂绊住其腿，并用右弹拳撩击对方肋部。

五十八、连环炮

【动作歌诀】

弓步冲拳打顺肩，马步侧冲拳连环。

发拳均需腰催劲，劲力顺畅达拳面。

【动作方法】

（一） 弓步冲拳

上体右转，左腿挺膝蹬成为弓步，同时右拳外旋，屈肘收抱于右腰侧，拳心向上，拳面向前，左拳里旋向前冲拳，高与肩平，拳眼向上，拳面向前；目视左拳。（图 3-305）

图 3-305

（二）马步侧冲

身体左转，两腿屈膝半蹲成为马步，同时，左拳外旋，屈

肘收抱于左腰侧，拳心向上，拳面向前，右拳向右侧冲出，高与肩平，拳眼向上，拳面向右；目视右拳方向。（图 3–306）

图 3–306

【练习要点】

右转身、冲左拳与左转身、侧冲右拳要协调一致，冲拳要快速、有力，劲力顺畅，力达拳面。

【呼吸方法】

弓步冲拳时吸气，马步侧冲拳时喷气。

【意念方法】

导引法：弓步冲拳时想象丹田穴内气注入左拳拳面，马步侧冲拳时意想丹田穴内气注入右拳拳面。

技击法：设想我用左拳击打对方胸部，再用右拳击打对方左肋部。

五十九、玉女穿梭

【动作歌诀】

虚步收拳劲蓄含，纵身前跃似跳涧。
空中急忙把拳使，凌空一拳如闪电。

【动作方法】

（一）虚步收拳

身体重心左移，右腿稍向里收半步，成为右虚步，同时，右拳外旋屈肘收抱于腹前，拳心向上，拳眼向前；目视右侧方。（图 3–307）

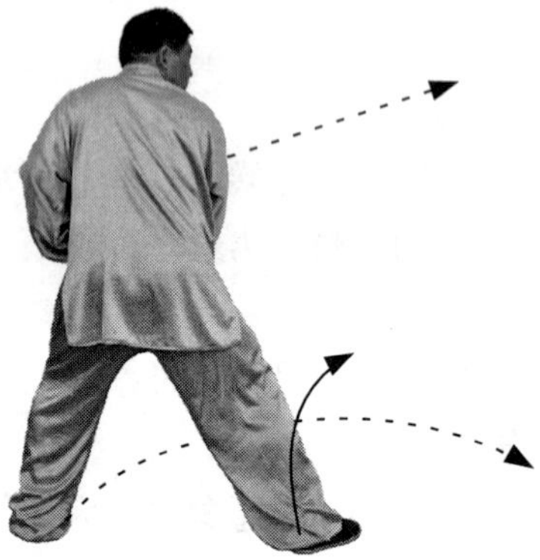

图 3–307

（二）跃步冲拳

身体右后转，左脚过右脚向前上跃跳一大步，右脚蹬地，身体腾空，右腿屈膝提起，身体在空中时随转体左拳里旋向前

冲出，拳眼向上，拳面向前；目视左拳方向。（图 3–308）

图 3–308

【练习要点】

收脚收拳时要将劲蓄足，前跃步、右脚蹬地、身体腾空、右后转身与冲左拳动作要连贯，协调一致，要一气呵成。前跃跳步要大，身体腾空要高，空中冲拳要有力，劲力顺达，力达左拳拳面。

【呼吸方法】

虚步收拳时提气，跃步冲拳时喷气。

【意念方法】

导引法：虚步收拳时想象丹田穴内气提至膻中穴，跃步冲拳时意想内气由膻中穴注入左拳拳面。

技击法：设想对方欲向后逃脱，我追上用左拳击其胸部。

六十、回头当门炮

【动作歌诀】

转身落步后摆拳，蓄劲待发劲内含。
紧上一步双拳出，猛是火炮出膛弹。

【动作方法】

（一）转身摆拳

上动不停，身体在空中继续向右后转，随转身右脚过左腿后向右后摆，左、右两脚依次落地，重心右移成为左虚步，同时，两拳随转身向右后摆，右拳摆于右腰侧，拳心向上，拳眼向外，左拳摆于右肋前，拳心向上，拳眼向前；目视左侧方。(图 3-309)

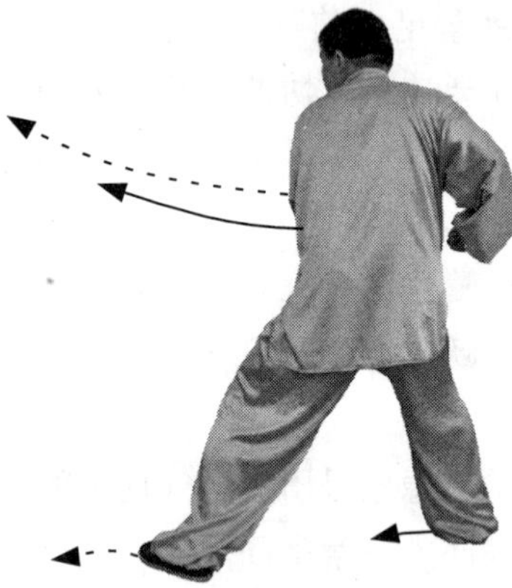

图 3-309

（二）弓步双冲

接上动作，身体左转，左脚带动右脚向前滑步，成为左弓步，同时，两拳向前冲拳，高与肩平，左拳在前，拳眼向上，拳面向前，右拳在后于左腕旁，拳眼向上，拳面向前；目视两拳方向。（图 3-310）

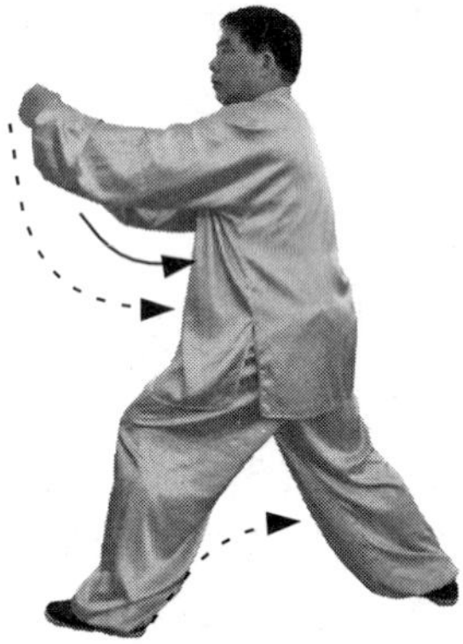

图 3-310

【练习要点】

落步转身摆拳与前滑步双冲拳动作要连贯，协调一致。双冲拳要快速，有力，发力顺畅，力达两拳拳面。

【呼吸方法】

转身摆拳时吸气，弓步双冲时喷气。

【意念方法】

导引法：转身摆拳时想象气由两手行至丹田穴，弓步双冲时意想丹田穴内气行至两拳。

技击法：设想对方右弓步右冲拳向我胸部击打，我用两臂向前挂挑开对方来拳，并进步，左脚上于对方右脚外后侧别挂住对方右腿，用两拳向对方胸部击打。

六十一、玉女穿梭

【动作歌诀】

提膝收拳劲蓄含，纵身前跃似跳涧。
空中急忙把拳使，凌空一拳如闪电。

【动作方法】

（一）提膝收拳

身体重心向后移至右腿，右腿支撑身体，左腿屈膝上提，脚尖自然下垂，同时，两拳屈肘收抱于两腰侧，拳心均向上，拳面均向前；目视前方。（图 3–311）

左脚前下落，脚跟着地，成为左虚步，重心稍向前移，准备向前跃身；目视前方。（图 3–312）

图 3–311

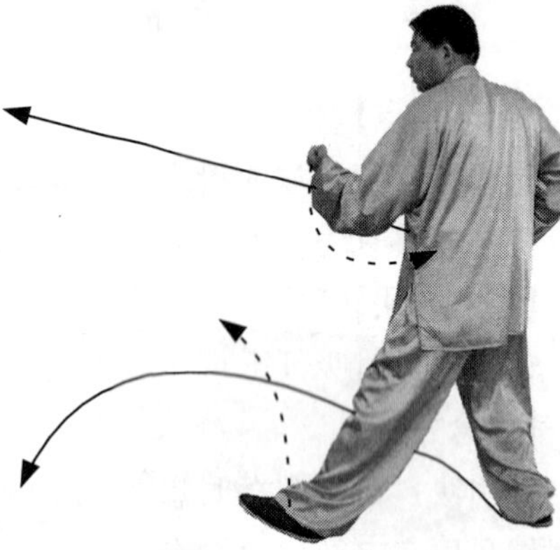

图 3–312

（二）跃步冲拳

身体左后转，右脚过左脚向前上跃跳一大步，左脚蹬地，身体腾空，左腿屈膝提起，身体在空中时随转体右拳里旋向前冲出，拳眼向上，拳面向前；目视右拳方向。（图 3–313）

图 3–313

【练习要点】

提膝站立要稳，落脚收拳时要将劲蓄足，前跃步、左脚蹬地、身体腾空、左后转身与冲右拳动作要连贯，协调一致，要一气呵成。前跃跳步要大，身体腾空要高，空中冲拳要有力，劲力顺达，力达右拳拳面。

【呼吸方法】

提膝收拳时提气，跃步冲拳时喷气。

【意念方法】

导引法：提膝收拳时想象丹田穴内气提至膻中穴，跃步冲拳时意想内气由膻中穴注入右拳拳面。

技击法：设想对方欲向后逃脱，我追上用右拳击其胸部。

六十二、回头当门炮

【动作歌诀】

转身落步后摆拳，蓄劲待发劲内含。

紧上一步双拳出，猛是火炮出膛弹。

【动作方法】

（一）转身摆拳

上动不停，身体在空中继续向左后转，随转身左脚过右腿后向左后摆，右、左两脚依次落地，重心左移成为右虚步，同时，两拳随转身向左后摆，左拳摆于左腰侧，拳心向上，拳眼向外，右拳摆于左肋前，拳心向上，拳眼向前；目视右侧方。（图 3–314）

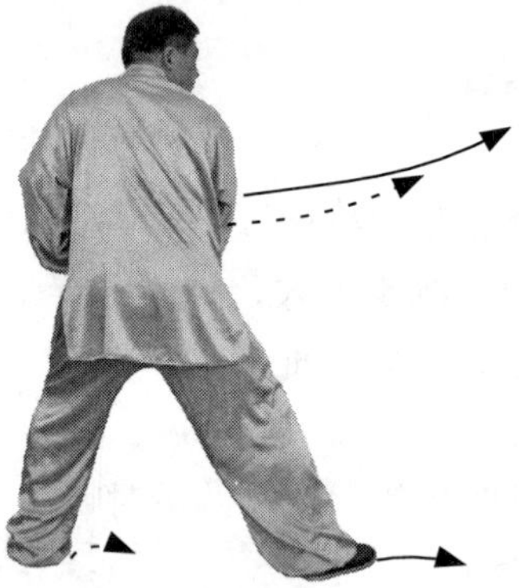

图 3–314

（二）弓步双冲

接上动作，身体左转，左脚带动右脚向前滑步，成为左弓步，同时，两拳向前冲拳，高与肩平，左拳在前，拳眼向上，拳面向前，右拳在后于左腕旁，拳眼向上，拳面向前；目视两拳方向。（图 3–315）

图 3–315

【练习要点】

落步转身摆拳与前滑步双冲拳动作要连贯，协调一致。双冲拳要快速，有力，发力顺畅，力达两拳拳面。

【呼吸方法】

转身摆拳时吸气，弓步双冲时喷气。

【意念方法】

导引法：转身摆拳时想象气由两手行至丹田穴，弓步双冲时意想丹田穴内气行至两拳。

技击法：设想对方左弓步左冲拳向我胸部击打，我用两臂向前挂挑开对方来拳，并进步，右脚上于对方左脚外后侧别挂住对方左腿，用两拳向对方胸部击打。

六十三、撇身捶

【动作歌诀】

转身合拳于胸前，蓄劲待发劲内含。

弓步左掤捶撇出，拧腰发劲两臂展。

【动作方法】

（一）弓步合肘

身体稍左转，同时，右拳成掌向上、向左下划弧屈臂抱于胸前，掌心向下，拇指侧向里，左拳向左、向下、向右划弧屈臂抱于腹前，掌心向上，指尖向右，两掌掌心上下相对；目视左前方。（图 3–316）

图 3–316

（二）弓步分掌

身体左转，重心左移，左腿屈膝半蹲成为左弓步，同时，两掌向左上右下斜分，左掌分于左肩侧旁，腕高与肩平，掌心斜向上，拇指斜向前，右掌分于右胯旁，掌心向下，指尖向前；目视左掌方向。（图 3–317）

图 3–317

【练习要点】

上体不可前俯后仰，胸部必须宽松舒展，两臂要保持弧形。身体转动时要以腰为轴。弓步与分手的速度要协调一致。

【呼吸方法】

弓步合肘时吸气，弓步分掌时喷气。

【意念方法】

导引法：弓步合肘时想象气由两手行至丹田穴，弓步分掌时意想丹田穴内气行至两手。

技击法：设想对方右拳向我左胸部击打，我右手粘其腕，左手粘其肘，顺其来拳之劲向左下回领对方来拳之臂。当对方有前倾感时，必定回抽右臂，我借其抽臂之劲，左腿于对方右腿外后侧别挂住其腿，我左臂从对方右腋下穿过，用左臂挑靠对方右腋及胸部，使对方向后摔出。

六十四、拗拦肘

【动作歌诀】

弓步插掌贵神速，转身屈收蓄劲足。

上步转身横拐肘，拧腰急发劲短促。

【动作方法】

（一）弓步插掌

上体左转，同时，左掌里旋屈肘收于腹前，掌心向里，拇指侧向上，右掌向前直臂插出，高与肩平，掌心向下，指尖向前；目视右掌方向。（图 3–318）

图 3–318

（二）上步拐肘

身体右转，重心稍右移，成为马步，同时，右掌屈臂屈肘回收于右腿侧，拳心向上，拳面向左，左掌屈臂附于右拳面侧旁，掌心向右，拇指侧向里；目视左侧方。（图 3–319）

紧接上动，左脚尖外展，身体左后转 180°，右脚前上一步屈膝半蹲成为右弓步，同时，随转身右臂屈肘向左划平弧横向拐击，左掌于胸前握住右腕；目视右肘方向。（图 3–320）

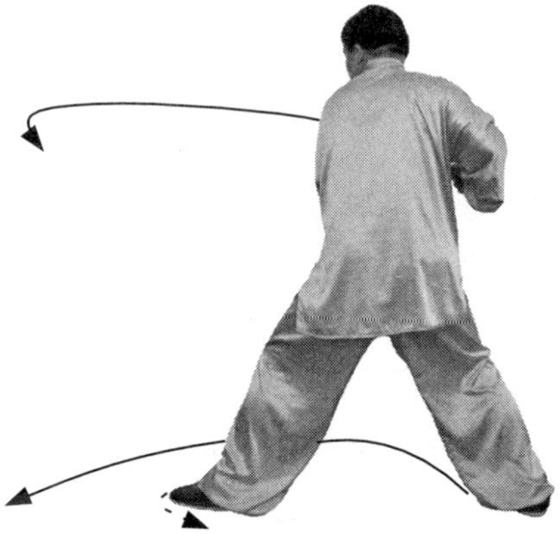

图 3–319

图 3–320

【练习要点】

转身与插掌要协调一致，插掌快速、有力，力达右掌指尖。上步、转身要协调。弓步形成与拐肘要一致。拐肘横向用力，发力顺畅，力达右肘肘尖。

【呼吸方法】

弓步插掌动作启动时急速吸气，插掌至时喷气。上步拐肘前半动作马步屈臂回收时吸气，后半动作拐肘时喷气。

【意念方法】

导引法：弓步插掌动作启动时急速想象气由两手行至丹田穴，插掌至时意想丹田穴内气行至右掌指尖。上步拐肘前半动作马步屈臂回收时想象气由两手行至丹田穴，后半动作拐肘时意想丹田穴内气行至右肘肘尖。

技击法：设想我用右掌向对方面部插击，对方向右闪躲开我右掌，接着我前上右脚一步，并用右肘拐击对方左耳侧部。

六十五、顺拦肘

【动作歌诀】

回身收肘劲内含，蓄式待发意不断。

进身弓步猛顶肘，腰劲催肘力达尖。

【动作方法】

（一）回身收肘

身体左转，重心左移成左横弓步，同时，右肘向左屈摆于胸前，左掌附于右拳面旁，指尖向上，掌心向右；目视右前方。（图 3–321）

图 3–321

(二) 弓步顶肘

身体右转，重心右移，右脚带动左脚右侧滑步，成为弓步，同时，右肘向右侧顶击，左掌仍附于右拳面旁，指尖向上，掌心向右；目视右肘肘尖。（图 3–322）

图 3–322

【练习要点】

回身收肘要一致，转身、滑步、顶肘要协调，弓步形成与顶肘要同时完成。顶肘发力顺畅，力达右肘肘尖。

【呼吸方法】

回身收肘时吸气，弓步顶肘时喷气。

【意念方法】

导引法：回身收肘时想象气由两手行至丹田穴，弓步顶肘时意想丹田穴内气行至右肘肘尖。

技击法：我滑步接近对方，用右肘顶击对方左肋部。

六十六、穿心肘

【动作歌诀】

回身收臂劲内含，蓄式待发意相连。

进身弓步猛顶肘，腰劲催肘力达尖。

【动作方法】

（一）回身收臂

身体左转，重心左移成左横弓步，同时，右肘向左上屈摆于胸前，左掌掌心向里，指尖斜向左上，左掌附于右前臂外前侧，指尖斜向上，掌心向右；目视右前方。（图 3–323）

图 3–323

（二）弓步顶肘

身体右转，重心右移，右脚带动左脚右侧滑步，成为弓

步，同时，右肘向右侧顶击，左掌附于胸前，掌心向下，指尖向右；目视右肘肘尖。（图 3–324）

图 3–324

【练习要点】

回身收臂要一致，转身、滑步、顶肘要协调，弓步形成与顶肘要同时完成。顶肘发力顺畅，力达右肘肘尖。

【呼吸方法】

回身收臂时吸气，弓步顶肘时喷气。

【意念方法】

导引法：回身收臂时想象气由两掌行至丹田穴，弓步顶肘时意想丹田穴内气行至右肘肘尖。

技击法：设想我滑进步接近对方，用右肘顶击对方心窝处。

六十七、窝底炮

【动作歌诀】

回身合臂劲内含，蓄势待发意在先。

进身弓步猛撅肘，腰劲催肘力达尖。

【动作方法】

（一）回身合臂

身体左转，重心左移成左横弓步，同时，右掌向下、向左划弧于腹前，掌心斜向上，指尖斜向下，左上屈摆与右臂合抱于胸前，左掌掌心向下，指尖斜向右；目视右前方。(图3–325)

图 3–325

（二）马步撅肘

身体右转，重心右移，右脚带动左脚右侧滑步，成为马步，同时，右肘向右上侧顶撅，左掌屈于左肋前，掌心向下，指尖向右；目视右肘肘尖。（图 3-326）

图 3-326

【练习要点】

回身合臂要一致，转身、滑步、撅肘要协调，马步形成与撅肘要同时完成。撅肘发力顺畅，力达右肘肘尖。

【呼吸方法】

回身合臂时吸气，马步撅肘时喷气。

【意念方法】

导引法：回身合臂时想象气由两手行至丹田穴，马步撅肘时意想丹田穴内气行至右肘肘尖。

技击法：我滑步至对方左腿后侧挂别住其腿，并用右肘向右上顶撅对方颌部。

六十八、井栏直入

【动作歌诀】

弓步摆掌向外翻，上步虚灵点脚尖。

震脚沉胯提右肘，劲成一体胯旁按。

【动作方法】

（一）回身合臂

身体左转，重心左移成左横弓步，同时，右掌成拳向下、向左划弧于腹前，拳心斜向上，拳眼斜向前，左上屈摆与右臂合抱于胸前，左掌掌心向下，指尖斜向右；目视右前方。（图3–327）

图 3–327

（二）马步撇捶

身体右转，重心右移，右脚带动左脚右侧滑步，成为马步，同时，右拳向右上撇出，腕高与肩平，拳心向上，拳面向右，左掌屈于左肋前，掌心向下，指尖向右；目视右拳方向。（图 3–328）

图 3–328

（三）弓步摆掌

右脚稍向右上步，重心稍向右移成为右弓步，同时，右拳成掌向里、向上、向右划弧摆掌，腕高与肩平，掌心向上，指尖向右，左掌稍向下收于左腰侧，掌心向下，拇指侧向里；目视右掌方向。（图 3–329）

图 3–329

（四）按掌顶肘

右脚外展，左脚经右脚前上一步，脚尖着地，身体右转，同时，左拳成掌向前屈肘于胸前，掌心向下，拇指侧在里，右掌稍向下于左肘下方，掌心向上，指尖向左；目视左肘方向。（图 3–330）

紧接上动，左脚跟向下踏震，成为右横弓步，同时，左掌向左后下按掌于左胯旁，掌心向下，拇指侧在里，右肘向右上顶拉，肘尖向右上；目视左掌方向。（图 3–331）

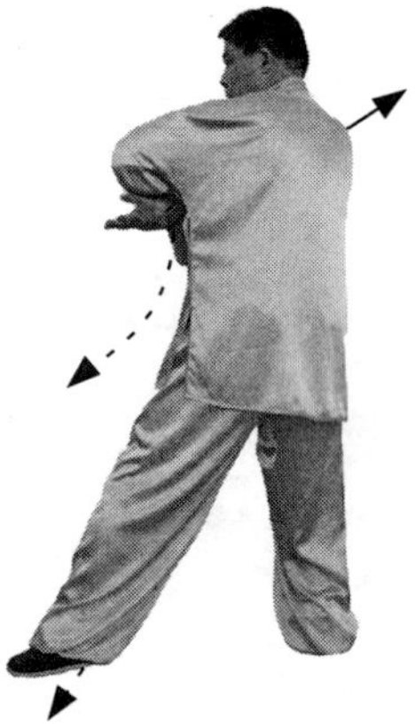

图 3–330

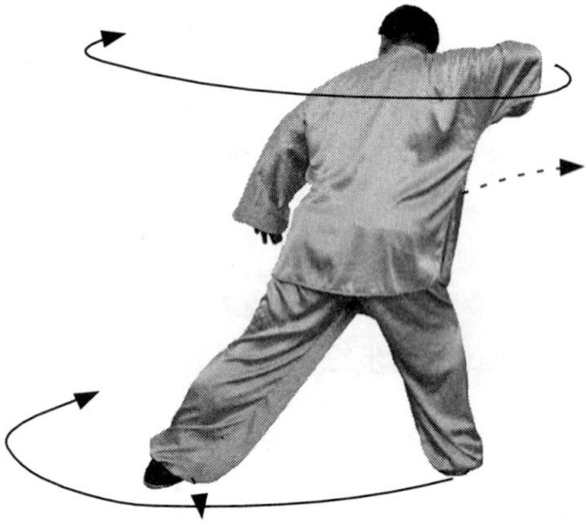

图 3–331

【练习要点】

回身合臂、马步撇捶与弓步形成和摆掌要协调一致，上步屈肘抱掌与震脚顶肘动作要连贯，上步、转身、抱掌要协调，脚跟下震、左掌按于胯旁与右上顶拉肘要一致，发力要短快，力道要整，力撑八面。

【呼吸方法】

回身合臂时吸气，马步撇捶时喷气。弓步摆掌、按掌顶肘的前半动作虚步抱掌时吸气，按掌顶肘的后半动作震脚顶肘时喷气。

【意念方法】

导引法：回身合臂时想象气由两手行至丹田穴，马步撇捶时意想丹田穴内气行至右拳拳背。弓步摆掌、按掌顶肘的前半动作虚步抱掌时想象气由两手、两脚行至丹田穴，按掌顶肘的后半动作震脚顶肘时意想丹田穴内气行至左掌右肘及两脚。

技击法：设想对方左弓步，用左拳向我右肋部击打，我左手粘其来拳之腕，右手粘住对方左肘，顺其来拳之劲向左下捋其臂。当对方有前倾感，向后回抽左臂以调整重心，我借其回抽之劲，用右撇捶击打对方面部。对方上成右弓步，又用右拳向我胸部击打，我用右手粘住其来拳之腕，我左脚前上一步于对方右脚外后侧别绊住其腿，同时左臂于对方右臂之上下压其右肘关节。上动不停，我右手向右上拉对方右臂，我并用左手后拍对方腹裆部。

六十九、风扫梅花

【动作歌诀】

转身后扫似旋风，臂随身旋劲力横。
虚步绕臂右左划，转身平稳步要灵。

【动作方法】

（一）转身后扫

身体重心移至左腿，身体右后转 180°，随转身右脚向右后扫转，前脚掌着地成为右虚步，同时，右掌直臂随之向右后平弧横摆于身体右侧，掌指尖高与头平，掌心向右，指尖斜向上，左掌直臂随之向前、向右平弧横摆于身体左侧，指尖高与肩平，掌心向左，指尖斜向上；目视前方。（图 3-332）

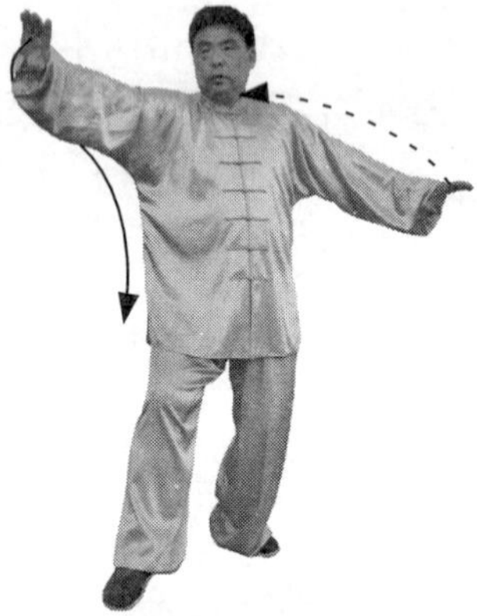

图 3-332

（二）虚步绕臂

上动不停，右掌向后、向下划弧于右胯外后侧，掌心向下，指尖向后，左掌向上、向右下划弧于面前，掌心向下，拇指侧向里；目视前方。（图 3-333）

图 3-333

【练习要点】

右后转身要平稳，转身、扫腿与两臂转摆要协调一致。虚步绕臂步子虚实要分明，虚步要站稳，右掌前绕与左掌绕按要一致。

【呼吸方法】

转身后扫时吸气，虚步绕臂时呼气。

【意念方法】

导引法：转身后扫时想象气由两手、两脚行至丹田穴，虚步绕臂时意想丹田穴内气行至两手、两脚。

技击法：设想对方由我身后向我进攻而来，我速右后转身用右腿后扫对方腿部，用右臂横扫对方上体部。若对方躲开，由我正面用左掌向我胸部推击时，我左手粘其左腕向下按，同时用右手向前上托击对方左肘，使其肘部受伤。

七十、金刚捣碓

【动作歌诀】

捣碓招法变无穷，掤采挤按藏势中。
擦脚上步浑一体，震脚聚气称英雄。

【动作方法】

（一）虚步撩掌

上动不停，右掌向前、向上撩掌于右腹前，掌心向上，指尖向前，左掌向下按于胸前，掌心向下，拇指侧向里；目视前方。(图 3–334)

图 3–334

（二）上举下沉

左掌外旋下落与脐平，掌心向下，拇指侧向里，右掌向上、

向里屈臂上举于面左前方，掌心向后，指尖向上；目视前方。(图 3–335)

上动不停，左掌外旋，稍下落与脐平，掌心向下，指尖向右，右掌握拳，向下沉落于左掌下旁，拳心向上，拳面向前；目视前方。(图 3–336)

图 3–335

图 3–336

(三) 举拳提膝

左腿支撑身体，右腿屈膝上提，脚尖微翘起，同时右拳屈臂上举至与鼻同高，拳心向内，拳面向上，左掌落至腹前，掌心向下，指尖向右；目视右拳前方。(图 3–337)

图 3–337

（四）震脚砸拳

接上动作，右脚向下在左脚内侧踏地震脚，两脚相距约20 厘米，同时，左掌外旋，掌心向上，右拳下落，以右拳背砸击左掌心；目视前下方。（图 3–338）

图 3–338

【练习要点】

右虚步上撩时步要虚实分明，震脚砸拳时的右拳砸击与右脚下踏震地动作，均要协调一致。同时，两手的内旋、外旋，要有内含的缠丝劲。右脚踏震时，要屈膝松胯，全脚掌着地。震脚砸拳时，上体要保持正直，不可前俯后仰或左右歪斜。

【呼吸方法】

虚步撩掌与上举下沉的前半动作虚步上举时吸气，上举下沉的后半动作虚步沉拳时呼气。举拳提膝时吸气，震脚砸拳时喷气。

【意念方法】

导引法：虚步撩掌与上举下沉的前半动作虚步上举时意想气由两手行至丹田穴，上举下沉的后半动作虚步沉拳时想象丹田穴内气行至两手。举拳提膝时想象内气由两手沿两臂外侧行至百会穴，震脚砸拳时想象内气由百会穴沉入丹田穴。

技击法：设想对方用右拳向我腹部击打，我左手按开对方来拳，并用右掌向前拍击对方腹部，接着顺势用掌向上托击其颌部。对方又用左拳向我腹部击打，我右拳下沉砸开其击来之左手。接着再用右拳向前上托击对方颌部，同时用右膝撞其裆，然后再用右脚下踩其左脚面，左掌下按其头部，用右拳砸击其后颈部。

七十一、收势

【动作歌诀】

手掌托拳随身转，两手成掌外分展。
向里经胸徐徐落，并步还原身自然。

【动作方法】

（一）转身托拳

接上动作，左掌托右拳于腹前不变，上体稍向后、向右转身；目视右前方。（图 3–339）

上动不停，左掌托右拳于腹前不变，上体稍向前、向左转身；目视左前方。（图 3–340）

图 3–339

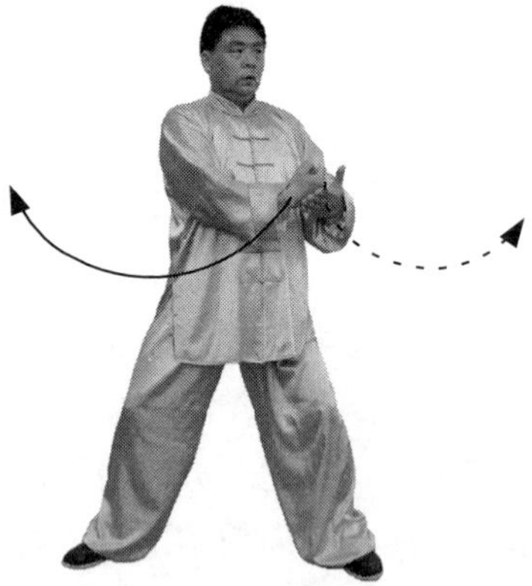

图 3–340

（二）开步分掌

接上动作，上体右转，两腿微屈膝下蹲，右拳成掌，两掌外旋向外、向上分举于两腰侧旁，掌心均向前，指尖均向外；目视右方。（图 3–341）

图 3–341

（三）胸前按掌

上动不停，两掌由两腰侧旁继续向上、向里、向前平举下按高与胸平，掌心均向前，指尖均向上；目视前方。（图3–342）

上动不停，两掌由胸前继续下按高与肋平掌心均向前，指尖均向上；目视前方。（图 3–343）

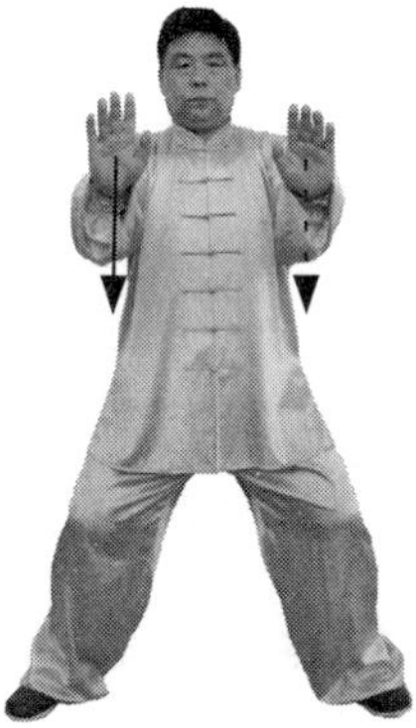

图 3–342

图 3–343

（四）开步直立

两腿慢慢挺膝直起，成为开立步，同时，两手慢慢下按自然向下垂落于身体两侧，掌心均向里，指尖均向下；目视前方。（图 3–344）

图 3–344

（五）并步还原

接上动作，左脚向右脚并拢直立；目视前方。（图 3–345）

图 3–345

【练习要点】

动作要沉稳、缓慢，精神收敛，劲力要贯彻始终，不可松懈，身体要自然。

【呼吸方法】

转身托拳右转时吸气，左转时呼气。开步分掌时吸气，胸前按掌时呼气。开步直立时吸气，并步还原时呼气。

【意念方法】

导引法：转身托拳右转时想象气由两手、两足、百会穴（五心）纳入丹田穴，左转时意想气在丹田穴里旋转滚动不断充盈。开步分掌时意想气由两手行至丹田穴，胸前按掌时意想丹田穴内气行至两手。并步还原收脚并步时意想气由五心纳入丹田穴，并步还原时意守丹田穴想象丹田穴内气充盈。

技击法：设想对方右拳向我腹部击打，我以右手接握住对方拳头，并用左掌外缘切住对方右腕外侧，向右折其腕。对方若解脱同时用手向我腹部击打，我用两手向下、向外分开其两手的进攻。

第四章　各式动作用法拆解

第一节　动作实战用法

武术套路是由多个动作组合构成的，由一个动作过渡到另一个动作的过程有它各自的轨迹。动作轨迹是无数个点组成的，每个点就是一个招式，这种在正常轨迹点上的招式称之为“正招”；在正招的基础上稍作变化的招式称之为“变招”。这就是说武术的每个动作都有无数个招式，而武术的每个招式都有它极强的技击效用。

陈式太极拳与其他武术一样，仍不失其武之魂——实战技击方法，它的每个招式也均有极强的实战技击作用。在运用陈式太极拳新架二路的动作进行攻防时，由于对方与自己所处的方位、角度、距离及所出的招式、发出的劲力的大小、方向不同，就应使用不同的招法，灵活运用。由于篇幅所限，无法一一诠释（以后另行专著加以详解），现仅择取具有代表性的典型动作的实战用法图解如下。

一、起势之“两掌上提”“屈膝下按”的实战用法

对方由我面前开步站立，并用双拳向我胸部击打；我稍后吞胸，闪开对方来拳。（图 4–1）

紧接上动，我两臂向上掤架开对方来拳。（图 4–2）

接上动作，对方回抽两拳成两掌向我腹部插击；我两手就势向下按开对方之两来掌。（图 4–3）

紧接上动，我两手顺势接抓对方两掌，我身体向右转的同时，两手握其掌向前右、向上、向里旋拧对方两臂，使其受制，而不能动弹。（图 4–4）

图 4–1

图 4–2

图 4–3

图 4–4

对方两臂被控，反力回挣；我借对方回挣之劲，顺劲向左前推送对方，将对方推出。（图 4–5）

图 4–5

要点：吞身躲拳要及时，两臂上掤防对方两拳要粘住其两腕，向上掤架防开其来拳。下按对方两掌要及时，抓其两掌要快速、牢固，转身与旋按对方两掌要协调一致，按旋对方两掌要有边拧边回领之劲，将对方两臂引直旋拧，旋拧有力，边达两手。推送对方要借其回挣之力，推送与转身要协调一致，推送对方有力，力达两掌。

二、金刚捣碓之“转身绕捋”“转身双掤”的实战用法

对方右脚前上一步，成为右弓步，同时，用右拳向我胸部击打，我后吞胸躲开对方来拳。（图 4–6）

图 4–6

接上动作，身体右转，同时，用右手粘住对方来拳之腕，用左手粘住对方右肘，顺其来拳之劲向右后捋领对方右臂。（图 4–7）

上动不停，我两手粘住对方右臂腕肘继续向右捋领对方右臂，捋领的同时，右手外旋拧其右腕，左手下按其右肘，使其肘受制。（图 4–8）

图 4–7

图 4–8

对方回挣右臂，我借对方回挣右臂之劲，并用右掌推按对方右臂，用左掌推击对方右面部，将对方推出向后而倒。（图4–9）

图 4–9

要点：吞胸身拳要及时，两手粘接对方腕、肘要牢固，捋领对方两臂要借其来拳之劲，顺劲捋领，捋领时要边捋边领边拧腕边压肘，压肘要反其关节，下压有力，力达左掌。推击对方要借对方右臂回挣之劲，顺劲推击，推击有力，力达两手。

三、金刚捣碓之“转身右捋”的实战用法

对方右脚前上一步成为右弓步，同时，用右拳向我胸部击打，我右转身闪躲开对方来拳。（图 4–10）

图 4–10

接上动作，我右手粘住对方右腕，左手粘住对方右肘，顺其来拳之劲向右捋对方右臂，在右捋其右臂的同时，左掌前推对方右肘关节，使其肘关节受制。（图 4–11）

上动不停，我两手粘住对方右臂之腕肘继续向右后领捋，右手边领边向上提其右腕，左手边捋边向下压按其右肘，使其向前倒地。（图 4–12）

图 4–11

图 4–12

要点：右转偏身躲拳要及时，两手粘其腕、肘要牢固，捋领对方右臂要借对方来拳之劲，顺劲捋领，捋领同时要边捋、边领、边提腕、边压肘，压按肘要有力，力达左掌。

四、金刚捣碓之“擦脚平推”的实战用法（一）

对方右脚前上一步成为右弓步，同时，用右拳向我胸部击打，我成左虚步，同时右后转身躲过对方来拳。（图 4–13）

接上动作，我右腿支撑身体，左腿屈膝上提，同时，用右手粘住对方右臂之腕，用左掌粘住对方右肘关节，顺其来拳向右后回领对方之右臂。（图 4–14）

图 4–13

图 4–14

上动不停，我两手继续向右后回领对方右臂，同时，用左脚向左后趟挂对方右腿，使对方向前倒地。（图 4–15）

要点：右转偏身闪躲对方来拳要及时，右手粘其右腕与左手粘其右肘要牢固，捋领对方右臂要借其来拳之劲，顺劲捋领，捋领其右臂的同时用左臂后挂其右腿，捋臂与挂腿要一致，挂腿要快速、有力，力达左腿后跟部。

图 4–15

五、金刚捣碓之“擦脚平推”的实战用法（二）

对方左脚前上一步成为左弓步，同时，用左拳向我胸部击打，我吞胸左偏身躲开来拳。（图 4–16）

图 4–16

接上动作，我重心移至右腿，左腿屈膝提起，同时，用右手粘住对方左腕，左手托住对方左肘，顺其来拳之劲，向右后回领对方来拳。（图 4–17）

上动不停，我左脚上至对方左腿外后侧，向左后挂对方左腿，同时，右手抓其左腕向外旋拧对方左腕臂，左手向前下推按对方左肘关节。（图 4–18）

要点：吞身闪躲对方来拳要及时，右手粘对方来拳之腕与左手粘其来拳之肘要牢固，上步挂腿与回领左臂及拧其左腕、推其左肘要协调一致，拧腕推肘有力，挂腿要快速。

图 4–17

图 4–18

六、金刚捣碓之“弓步捋挒”的实战用法

对方右脚前上一步成为弓步，同时，用右拳向我胸部击打，我左闪身，躲开对方来拳，前上左脚至对方右腿外后侧，绊住其腿，同时，用右手接抓住对方右拳腕，顺其来拳之劲向右后回领其右臂，左臂从对方右臂下前伸出，向上担对方右肘关节。（图 4–19）

图 4–19

对方有前倾感，回抽右臂以调整身体重心；我借对方回抽右臂之劲，用左臂向左上挒挑靠击对方右腋下肋部，右手松握其右腕，将其挒出。（图 4–20）

图 4–20

要点： 闪身躲拳要及时，上步要快速，绊腿要牢固，接抓腕回领对方右臂要借对方来拳之力，边领边用左臂上扭其肘，扭肘要反其关节。左臂挪击对方右腋下要快速、有力，发力要整，要顺，力达左前臂。

七、金刚捣碓之“虚步撩掌”的实战用法

对方右脚前上一步成为右弓步，同时，用右拳向我左肋部击打，我左弓步，同时用左手向下按消其来拳。（图 4–21）

图 4–21

紧接上动，我左腿支撑身体，用右脚向前下踩击对方右小腿部，同时用右掌向前上撩击对方颌部。（图 4–22）

图 4–22

要点： 左掌横掌下按，按消对方右来拳要及时，支撑腿要稳，踩其小腿与撩击

其颌部要一致，踩其小腿要横脚向前下踩击，踩其小腿与撩击其颌要快速、准确、猛狠，劲力顺达，力达右脚、右掌。

八、金刚捣碓之“举拳提膝”的实战用法（一）

对方右脚前上一步，成为右弓步，同时，用右拳向我胸部击打，我右脚后撤步成为左虚步，同时，向后偏闪开对方来拳。（图4-23）

图 4-23

接上动作，我重心前移，左腿半蹲成左弓步，同时，用左臂向前上掤架开对方来拳。（图4-24）

图 4-24

上动不停，我左腿撑身体，左臂继续向上掤架对方右拳臂，同时，用右膝向对方腹部撞击，并用右掌向前上撩击对方胸部。（图 4–25）

要点：后闪身要及时，后闪不可幅度过大，以对方右拳不及身为准。掤架对方右拳臂横臂掤架，向上用力。支撑腿要稳，右膝撞击对方腹部及右掌撩击对方胸部要快速、有力，力达右膝及右掌。

图 4–25

九、金刚捣碓之“举拳提膝”的实战用法（二）

对方右脚前上一步，成为右弓步，同时，用右拳向我面部击打，我左脚前上一步成为左虚步，同时，用左臂向前上掤架开对方来拳。（图 4–26）

图 4–26

紧接上动，我身体重心前移成左弓步，上体左后转，同时，左臂掤架粘住对方来拳，顺其来拳之劲向左后回领对方右臂，并用右掌向前上撩击对方腹部。（图 4–27）

上动不停，我左腿支撑身体，左手反手抓握住对方腕部向左下领按，同时，右掌成拳向前上攒打对方颌部，并用右膝撞击对方右肋部。（图 4–28）

要点：左臂上架对方右来拳要及时，横臂向前上掤架。右掌撩击对方腹部要快速、准确、有力。支撑腿要稳，右拳向前上攒打对方颌部与右膝撞击对方腹部要同时，击颌与撞腹要快速、准确、有力，力达右拳拳面及右膝膝顶。

图 4–27

图 4–28

十、金刚捣碓之“震脚砸拳”的实战用法（一）

对方左脚前上一步，成为左弓步，同时，用左拳向我面部击打，我右脚后撤步成为左虚步，同时向后闪开对方来拳。(图4–29)

紧接上动，我用左臂向前上挪架对方来拳。（图 4–30）

图 4–29

图 4–30

紧接上动，我左手反手抓握对方左腕向外旋拧并向左后领拉对方左臂，同时，身体左转，右腿提起，左脚支撑身体，并上举右拳。（图 4–31）

上动不停，我右脚向下落步，同时，左手上提对方左腕，并用右拳下砸对方左前臂，使其腕伤。（图 4–32）

要点：后闪身躲对方左来拳要及时，左臂要横臂向前上挑架对方左来拳，挑架防拳向上用力，反手抓握对方左腕要牢固，要边抓、边握、边拧、边领。支撑腿要稳，右拳下砸对方左前臂与提其腕要协调一致，砸其臂有力，力达右拳拳臂。

图 4–31

图 4–32

十一、金刚捣碓之“震脚砸拳”的实战用法（二）

对方右脚前上一步，成为右弓步，同时，用右拳向我胸部击打，我左脚在前成为左虚步，同时，吞胸闪开对方来拳。(图 4–33)

紧接上动，我左臂屈臂向前上横臂掤架开对方右来拳。(图 4–34)

图 4–33

图 4–34

上动不停，我左手顺势反手抓握住对方左拳腕外旋拧并左后领拉对方右臂，同时，我身体左转，右腿屈膝提起，左腿支撑身体，右拳上举。（图 4–35）

紧接上动，我右脚向下落成马步，同时用右拳拳背砸击对方左面侧部。（图 4–36）

要点： 后吞身躲拳要及时，吞身幅度不可过大，以对方来拳不及身为度。左臂横架对方来拳与反手抓握及拧领其臂要一气呵成，连绵不断劲。砸击面部要反拳砸击，砸击要快速、准确、有力，力达右拳拳背。

图 4–35

图 4–36

十二、懒扎衣之“左转绕臂”的实战用法（一）

我侧身面对对方站立，对方右脚前上一步，成为右弓步，同时，用右手抓握我左上臂。（图 4–37）

紧接上动，我右手盖于对方右手背上，将对方右手按固于我左上臂上，同时我左臂屈肘向上、向右下裹压对方右腕关节，使其腕受制。（图 4–38）

图 4–37

图 4–38

要点： 右手按对方右手于我左上臂上要牢固，左臂屈肘向里裹压对方右腕要反其关节，要做到左上臂向下顶，左肘里下压，以加大对对方右腕关节的反屈度。压肘要有力，力达左臂。

十三、懒扎衣之“左转绕臂”的实战用法（二）

对方左脚前上一步，成为左弓步，同时，用左拳向我面部击打，我右脚后撤一步，成为开立步，同时，用右臂外拨开对方来拳。（图 4–39）

图 4–39

紧接上动，我左手从对方左臂下前伸，屈肘向上搬住对方左肘，向里搬拉对方左肘，同时右手抓握对方左腕前推，使其腕肘受制。（图 4–40）

图 4–40

要点： 拨挡对方来拳要及时，左手屈臂搬接对方左肘要牢固，搬肘要反其关节，搬拉与右手推腕要协调一致，同时相对用力，搬肘、推腕有力，力达两手。

十四、懒扎衣之“右转绕臂”的实战用法（一）

对方右脚前上一步，成为右弓步，同时，用右拳向我面部击打，我开步站立，偏头躲过对方来拳。（图 4–41）。

紧接上动，用左掌向右下横拍对方右拳，使其拳偏开进攻方向。（图 4–42）

图 4–41

图 4–42

对方见右拳攻击失效，速用左拳又向我面部击打，我速用右臂向右上挑拨对方来拳之腕，防开其来拳。（图 4–43）

紧接上动，我右手反手抓握住对方左拳，反拧压其拳，同时，左手从对方左臂下搬住对方肘关节里拉，使其腕肘受制，而不能动弹。（图 4–44）

图 4–43

图 4–44

要点：偏头躲闪要及时，左掌拍按其来拳要快速，向右下横向用力，以横破直。右臂挑拨对方来拳要及时，反手抓握对方左拳要快、要牢固，边抓、边拧、边下搬，拧搬其拳与左手搬其肘关节要一致，同时用力，搬肘要反其关节，搬拉有力，力达两手。

十五、懒扎衣之“右转绕臂”的实战用法（二）

对方左脚前上一步成为左弓步，同时，用左拳向我面部击打，我开步站立，同时，用右臂向前上挑架开对方来拳。（图4–45）

对方见左拳攻击失效，速又用右拳向我面部击打，我速又用左臂向左上挑架开对方来拳。（图 4–46）

图 4–45

图 4–46

紧接上动，我左手反手抓住对方右腕向外提扭前推对方右腕，同时，用右手托住对方右肘向上托其肘，使其肘腕受制，而不能动弹。(图 4–47)

图 4–47

要点：右、左手挑架对方左、右来拳要及时；左手反扭其腕要有前送之力，迫使其右臂屈肘，反扭其腕与右手托其肘关节要一致，同时相对用力，形成力偶，加大扭搓力度。

十六、懒扎衣之“马步立掌”的实战用法（一）

对方左脚前上一步，成为左弓步，同时，用左拳向我胸部击打，我左脚在前，同时用左臂挑架开对方来拳。（图 4–48）

图 4–48

紧接上动，我左手反手抓握住对方左腕外旋拧并向左后引拉其左臂，同时，身体左转，右腿屈膝提起，左腿支撑身体，右手托住对方左肘，使其不能变化。（图 4–49）

上动不停，我右脚前上一步于对方左腿外后侧别挂住其腿，同时，右臂从对方左臂下伸于对方胸前，用右臂挑靠对方左腋下肋胸部。（图 4–50）

要点：左臂挑架对方左拳要及时，旋拧其腕与托其肘要一致，上步要快速，绊腿要牢固，右臂挑靠对方肋、胸要有力，发力顺畅，力达右臂。

图 4–49

图 4–50

十七、懒扎衣之“马步立掌”的实战用法（二）

对方右脚前上一步，成为右弓步，同时，用右拳向我胸部击打，我左弓步，吞身躲过其拳。（图 4–51）

我重心前移，左腿支撑身体，右腿屈膝提起，左手粘住对方右腕内侧，左手搬托住对方右肘关节。（图 4–52）

图 4–51

图 4–52

接上动作，我右脚前下落于对方右腿外后侧，别绊住其腿，同时，左手反握住对方右腕反旋拧，右手向前上推其肘关节，使其肘受制。（图 4–53）

图 4–53

上动不停，我用左手向左回领对方右臂，同时，用右臂向右前推靠对方胸部，使对方后倒。（图 4–54）

图 4–54

要点：后吞身躲拳要及时，粘腕搬肘要牢固，上步要快速，别绊腿要牢固，旋拧腕臂与托肘要一致，推靠胸部要有力，力达右臂。

十八、懒扎衣之“马步立掌”的实战用法（三）

对方左脚前上一步，成为左弓步，同时，用左拳向我胸部击打，我左脚左前偏身上步，躲开对方来拳。（图 4–55）

接上动作，我重心前移左腿支撑身体，右腿屈膝提起，同时，用左手粘抓对方左腕边向外旋拧，边向左后回领，用右手向左下按对方右肘关节。（图 4–56）

图 4–55

图 4–56

接上动作，我右脚前下落步于对方左腿外后侧别绊住对方左腿，同时，我右臂从对方左臂下伸过上挑，并向右后靠击对方胸部，使其后倒。（图4–57）

图 4–57

要点：偏身躲防对方来拳要及时，抓握其来拳之腕要牢固，握腕时要边旋拧边回领，右手左下按对方左肘要反其关节，下按有力。上步要快，别绊腿要牢固，右臂挑其臂与靠击其胸要一气呵成，挑靠有力，力达右臂。

十九、懒扎衣之“马步立掌”的实战用法（四）

对方右脚前上一步，成为右弓步，同时，用右拳向我胸部击打，我向右前偏身躲过其来拳。（图 4–58）

图 4–58

我用左手向上挑对方右腕防开对方来拳，同时，用右掌推击对方胸部。（图 4–59）

紧接上动，我左手抓握住对方右腕向外旋拧边向左后回领其臂，同时，用右手向对方颌部推击。（图 4–60）

要点：偏身躲拳要及时，左手抓握对方右腕要牢，边旋拧、边回领，右掌推击对方颌部要快速、准确、有力，力达右掌。

图 4–59

图 4–60

二十、六封四闭之“转身旋腕”的实战用法

对方左脚前上一步，成为左弓步，同时，用左拳向我胸部击打，我右脚右前偏身上步，躲开对方来拳。（图 4–61）

接上动作，我左手就势接抓住对方左腕向左后回领对方左臂，同时，用右手固住对方左肘关节。（图 4–62）

图 4–61

图 4–62

上动不停，我左手向下反折对方左腕，同时，用右掌向下按击对方左肘关节，使对方腕、肘关节受制。（图 4–63）

要点：偏身防拳要及时，左手接抓对方左腕要牢固，要顺其来拳之劲向左后引领其左臂，折曲对方左腕与按击对方左肘要同时，折腕、压肘要反其关节，折、压有力，力达两手。

图 4–63

二十一、六封四闭之“掤刁上托”的实战用法(一)

对方左脚前上一步，成为左弓步，同时，用左拳向我胸部击打，我右脚右前偏身上步，躲开对方来拳。（图 4–64）

图 4–64

接上动作，我左手顺势接抓住对方左拳，同时，右手粘托

住对方左肘关节。（图 4–65）

上动不停，我上体稍左转，同时，我左手抓其左拳向左后引领并下搬，右手向上托对方肘关节，使其肘臂受制。（图 4–66）

要点：偏身躲闪来拳要及时，接抓其来拳要牢固，右手托其左肘要反其关节。右掌上托其肘与左手引领下搬动作要协调一致。

图 4–65

图 4–66

二十二、六封四闭之“掤刁上托”的实战用法（二）

对方右脚前上一步，成为右弓步，同时，用右拳向我胸部击打，我右脚右前偏身上步，躲过对方来拳。（图 4–67）

紧接上动，我用左手反手粘住对方右腕，向上挑架开对方来拳。（图 4–68）

图 4–67

图 4–68

上动不停，我上体左转，同时，左手趁势抓住对方右腕，向左后回领并下搬，右手托住对方右肘关节上托其肘，使其右肘受制。（图 4–69）

要点：偏身躲拳要及时，接抓其腕要牢固，左手抓住对方右腕要边领边搬，右手托肘要反其关节，向上用力，搬腕与托肘要一致，同时发力，力达两手。

图 4–69

二十三、六封四闭之“虚步双按”的实战用法（一）

对方右脚前上一步，成为右弓步，同时，用两拳向我胸部击打，我速用右前偏身上步，同时，用两手臂从对方两腕内侧向外上掤封挂开对方两来拳。（图 4–70）

图 4–70

当对方感觉两拳攻击失效，向后回抽两拳时，我借对方回抽两拳之劲，顺其劲左脚跟进半步，成为虚步，同时用两掌向右下按击对方腹部，将其按出。（图4-71）

图 4-71

要点：两臂向外掤封挂开对方两来拳要及时，外挂时要有向外的掤撑之劲，还要有后引之劲，向外掤撑的幅度不可太大，使对方两拳离开我胸即可。跟步与两掌按击对方腹部要协调一致，按击对方腹部要借对方回收拳之劲，按击其腹部要有向下之劲，还要有向右的劲，按击要有力，力达两手。

二十四、六封四闭之“虚步双按”的实战用法（二）

对方左脚前上一步，成为左弓步，同时，用左拳向我胸部击打，我右前偏身上步躲开对方来拳，并用左手粘住对方左腕，用右手粘住对方左肘。（图 4-72）

图 4-72

紧接上动，我左手松开对方左腕，右手托住对方左肘。(图 4–73)

上动不停，我左脚跟进半步，成为虚步，同时，用两掌向右下推按对方腹部，将其推出。（图4–74）

要点：偏身上步要快，躲拳要及时，两手粘其腕肘要牢固，右手托肘向左上用力，跟步与双按推掌要协调一致。按掌要借对方回抽左臂之劲。两手按推对方腹部要有力，力达两手。

图 4–73

图 4–74

二十五、六封四闭之“虚步双按”的实战用法（三）

对方右脚前上一步，成为右弓步，同时，用右拳向我左耳部掼击，我右脚右前上步，成为马步，同时，用两手向左上捧封住对方之来拳。（图 4–75）。

图 4–75

当对方见右掼拳攻击失效向后回抽右拳时，我借其回抽右臂之劲，顺其劲，左脚跟进半步成为虚步，同时用两掌向右下推按对方腹部。（图 4–76）

图 4–76

要点：捧封对方右掼拳要及时，捧封时左手要封住其腕，右手要封住其上臂，以预防其臂变化。跟步与推按要协调一致，推按对方腹部要快速、有力，力达两掌。

二十六、单鞭之“转身推收”的实战用法

对方左脚前上一步，成为左弓步，同时，用左拳向我胸部击打，我右脚在前，吞胸躲过对方来拳。（图 4–77）

紧接上动，我右掌向下按开对方左拳。（图 4–78）

图 4–77

图 4–78

对方见左拳攻击失效，速用右拳向我腹部击打，我速用左掌向下按开对方来拳。（图 4–79）

上动不停，我左手顺势抓握住对方右腕向左后回领其右臂，同时，用右掌击对方喉部。（图 4–80）

要点：吞胸防拳要及时，右、左两掌下按要横掌向下用力，左手抓其腕要牢固，左手回领其右臂与右掌推击对方喉部要协调一致。推击其喉部要快速、准确、有力，力达右掌外缘。

图 4–79

图 4–80

二十七、单鞭之“转身提勾”的实战用法（一）

对方右脚前上一步，成为右弓步，同时，用左拳向我腹部击打，我右脚在前成为右虚步，同时用左掌向下、向外扒开对方来拳。（图 4–81）

紧接上动，我左手顺势抓握住对方左腕向左后回领对方左臂，同时，我用右勾顶击对方喉部。（图 4–82）

要点：左掌下按外扒对方来拳要及时，向下、向左用力。下扒的同时，左手顺势抓握对方左腕，顺其来拳之劲向左后回领。领臂与右勾顶击对方喉部要协调一致，顶击对方喉部要快速、准确、有力，力达右勾勾顶。

图 4–81

图 4–82

二十八、单鞭之“转身提勾”的实战用法（二）

对方左脚前上一步，成为左弓步，同时，用左拳向我腹部击打，我右虚步站立，同时用右手向下按开对方来拳。（图4-83）

对方见左拳攻击失效，速用右拳向我腹部击打，我用左手接抓住对方右腕，顺其劲向左后回领其臂。（图 4-84）

图 4-83

图 4-84

上动不停，我右脚稍向前于对方左腿外后侧，别绊住其左腿，同时，我用右勾从对方颈右侧伸过向右下勾搂对方右颈部，使其向左倒。(图 4–85)

图 4–85

要点： 左掌下按对方左来拳要横掌下按，按掌要及时，右手接抓对方右腕要牢固，并边抓边向左后回领其臂，将其臂引直。上步别绊腿要牢固，右勾勾搂对方颈部要快速、准确、有力，力达右勾。

二十九、单鞭之“马步立掌”的实战用法（一）

对方右脚前上一步，成为右弓步，同时，用右拳向我胸部击打，我左脚左前偏身上成虚步，躲开对方来拳。（图 4–86）

图 4–86

紧接上动，我用右臂挑架开对方右来拳。（图 4–87）

接上动作，我右手顺势抓握住对方右腕，向右后回领其臂，同时，左脚前上半步于对方右腿外后侧，别绊住对方右腿，左臂从对方右臂上方向对方胸前伸过。（图 4–88）

图 4–87

图 4–88

上动不停，我左臂向左后靠击对方胸部，使其向后倒。

（图 4–89）

要点：左前上步要快，偏身躲拳要及时，右臂向右上挑架来拳之臂要横臂上挑，在挑架的同时用手抓握对方右腕向右后回领其臂。上步别腿要快，别绊腿要牢，左横靠击对方胸部向左后下方用力，发力顺畅，力达左臂。

图 4–89

三十、单鞭之“马步立掌”的实战用法（二）

对方左脚前上一步，成为左弓步，同时，用左拳向我胸部击打，我左脚向前偏身上成虚步，偏身躲开对方来拳。（图 4–90）

图 4–90

接上动作，我用右手向右上挑架开对方来拳。（图 4–91）

图 4–91

紧接上动，我再用左手固住对方左上臂，预防其屈臂变化。（图 4–92）

图 4–92

上动不停，我重心前移，右手成勾右侧平举，同时，用左掌向对方颈部推击。（图 4-93）

要点：上步要快速，偏身躲拳要及时，右臂挑架对方左臂要横臂上挑，左掌推击对方颈部要快速、准确、有力，力达左掌外缘。

图 4-93

三十一、搬拦捶之“双摆合捶”的实战用法

对方右脚前上一步，成为右弓步，同时，用右拳向我腹部击打，我左脚在前，成为左虚步，后吞腹躲开对方来拳。（图 4-94）

图 4-94

接上动作，我身体右转，同时，用左

臂向前挑开对方来拳。（图 4–95）

紧接上动，我左脚左进半步，别绊住对方右腿，同时，身体左转，两拳臂随转身向左后摆击对方胸、腹部，使其后倒。（图 4–96）

要点：吞腹躲拳要及时，左臂前挑对方右臂要快速，向前横向用力，以横破直。上步快速，别绊腿要牢固，两拳臂摆击对方胸腹要快速、有力，力达两臂。

图 4–95

图 4–96

三十二、搬拦捶之“转身横击”的实战用法（一）

对方左脚前上一步，成为左弓步，同时，左拳向我胸部击打，我左脚向左前偏身上步，躲开对方来拳。（图 4–97）

接上动作，我用右手向外拨对方左腕，同时，左臂向前挑对方左臂，防开对方左来拳。（图 4–98）

图 4–97

图 4–98

紧接上动，我身体左转，同时，两拳臂随转身向左后横击对方左肋部，使对方侧倒。（图 4–99）

要点： 偏身上步要快速，偏身躲拳要及时，右手、左臂拨、挑对方左臂要快速，横向用力，以横破直。转身与两拳臂横击要协调一致，横击快速、有力，力达两臂。

图 4–99

三十三、搬拦捶之“转身横击”的实战用法（二）

对方左脚前上一步，成为左弓步，同时用左冲拳向我胸部击打，我向右前偏身上步，躲开对方来拳。（图 4–100）

图 4–100

我右腿支撑身体，左腿屈膝提起，同时，用两臂向前挑开对方左拳。（图 4–101）

图 4–101

紧接上动，我左脚下震落步，右脚右侧上步，上体右转，同时，用两拳臂横击对方左肋部。（图 4–102）

图 4–102

要点：上步要快速，偏身躲拳与两臂前挑防对方来拳要及时。震脚上步要快速，转身与两臂横击对方左肋部要一致，横击要有力，力达两臂。

三十四、护心捶之“转身栽拳”的实战用法

对方左脚前上一步，成为左弓步，同时，用左拳向我胸部击打，我向右前偏身上步，躲开对方来拳。（图 4–103）

接上动作，我用左臂向上挑架开对方来拳。（图 4–104）

图 4–103

图 4–104

上动不停，我左手顺势抓握住对方左腕反拧并向左后引领，同时用右臂向下砸击对方肩关节，使其肩臂受制。（图4-105）

图 4-105

要点：上步要快速，偏身躲拳要及时，挑架臂与抓握领臂要一气呵成，领臂时要向外旋拧，边拧边领边用右臂下砸对方左肩关节，砸击有力，力达右臂。

三十五、护心捶之“跳步格肘”的实战用法

对方右脚前上一步，成为右弓步，同时，右拳向我左肋部击打，我马步站立，同时，用左臂向外挂开对方来拳。（图4-106）

图 4-106

对方见右拳攻击失效，速用左拳向我胸部击打。（图 4-107）

我身体左转，左臂左后摆，同时，用右臂向左横格对方左来拳。（图 4-108）

要点：左臂外挂防拳要及时；右臂向左横格肘与转腰要协调一致，横格肘要快速、有力，力达右前臂。

图 4-107

图 4-108

三十六、护心捶之“马步拦拳”的实战用法

对方左脚前上一步，成为左弓步，同时，用左拳向我胸部击打，我马步站立，同时，用右肘向左格开对方来拳。（图4–109）

接上动作，我右臂向下压对方左腕，同时，用左拳向前上击打对方颌部。（图 4–110）

图 4–109

图 4–110

要点：右格肘要横向用力，格肘防拳要及时，右臂顺势向下压对方左腕，下压时要粘住其腕，不让其走脱，左拳击打对方颌部要快速、准确、有力，力达左拳拳面。

三十七、护心捶之“马步合肘”的实战用法（一）

对方左脚前上一步，成为左弓步，同时，用右拳向我左肋部击打，我马步站立，同时，用左臂向外挂开对方右来拳。（图 4–111）

紧接上动，我左手顺势接抓住对方右腕，向左后回领对方右臂，同时，用右前臂向前推靠合击对方胸部。（图 4–112）

要点：左挂臂要及时，挂臂时要粘住对方右臂，边外挂边后引其臂。右前臂向前推靠击对方胸部要快速、有力，力达右前臂。

图 4–111

图 4–112

三十八、护心捶之“马步合肘”的实战用法（二）

对方右脚前上一步，成为右弓步，同时，用右拳向我胸部击打，我马步站立，吞胸躲过其来拳。（图 4–113）

接上动作，我上体右转，同时，用左肘向右横格开对方右来拳。（图 4–114）

图 4–113

图 4–114

紧接上动，我上体左转，同时，用右前臂向前推靠对方胸部。（图 4–115）

要点：吞身防拳要及时，左肘横格对方右来拳要快速，右前臂推靠对方胸部要快速、准确、有力，力达右前臂。

图 4–115

三十九、拗步斜行之“虚步插掌”的实战用法(一)

对方右脚前上一步，成为右弓步，同时，用右拳向我胸部击打，我马步站立，后吞胸躲开对方来拳。(图 4–116)

接上动作，我用左手向外搂开对方右来拳。(图 4–117)

接上动作，我右脚前上一步，成为右虚步，同时，用右掌向前插击对方喉部。(图 4–118)

图 4–116

图 4–117

图 4–118

要点：吞胸躲拳要及时，左手搂防对方右拳要快速，上步与插喉要协调一致，插击对方喉部要快速、准确、有力，力达右掌掌指。

四十、拗步斜行之“虚步插掌”的实战用法（二）

对方左脚前上一步，成为左弓步，同时，用左拳向我胸部击打，我左脚左前偏身上步，躲开对方来拳。（图 4–119）

接上动作，我用左手向外搂开对方左来拳。（图 4–120）

图 4–119

图 4–120

紧接上动，我右脚前上一步，成为右虚步，同时，用右掌向前插击对方左颈大动脉处。（图 4–121）

要点：上步要快速，偏身躲拳要及时，左手搂防对方左拳要及时，右掌插击对方颈部大动脉处要快速、准确、有力，力达右掌指指尖。

图 4–121

四十一、拗步斜行之“收脚分掌”的实战用法(一)

对方右脚前上一步，成为右弓步，同时，用左拳向我胸部击打，我右前偏身上成右虚步，同时偏身躲开对方来拳。(图4–122)

图 4–122

接上动作，我右臂向下、向外搂挂开对方左来拳。（图4–123）

对方见左拳攻击失效，速用右拳向我胸部击打，我用左手搂开对方来拳，并用右掌插击对方面部。（图 4–124）

要点：偏身躲拳要及时，右臂搂挂对方左来拳要快速，向右下搂挂。左手搂防对方右拳要及时，右插掌击对方面部要快速、准确、有力，力达指尖。

图 4–123

图 4–124

四十二、拗步斜行之“收脚分掌”的实战用法(二)

对方左脚前上一步，成为左弓步，同时，用左拳向我胸部击打，我右脚右前偏身上成右虚步，偏身躲开对方来拳。（图4–125）

接上动作，我右臂向右下挂开对方左来拳。（图 4–126）

图 4–125

图 4–126

对方见左拳被我防开，速用右拳向我面部击打。（图 4–127）

紧接上动，我用左臂向左上架挡开对方来拳。（图 4–128）

要点：上步要快，偏身躲拳要及时，右手搂开对方左臂要快速，左臂向左上架挡要及时，横臂上架，幅度不可过大和过小，以对方拳不及我身为准。

图 4–127

图 4–128

四十三、拗步斜行之“擦脚绕臂”的实战用法(一)

对方右脚前上一步，成为右弓步，同时，用右拳向我胸部击打，我右脚右前偏身上一步成为右虚步，同时，偏身躲开对方来拳。（图 4–129）

接上动作，我用右手粘住对方右腕，向右下按其来拳之腕。（图 4–130）

图 4–129

图 4–130

上动不停，我右手顺势抓握住对方右腕外拧并向左后回领其右臂，同时，重心前移至右腿，左腿提起，左臂屈肘从对方右臂外侧向上于对方右臂上方。（图 4–131）

上动不停，我左脚前上一步于对方右腿外后侧，同时，右手握其腕边拧、边领、边上提，左肘向下压击对方右肘关节。（图 4–132）

要点：上步要快速，偏身躲拳要及时，右手接抓对方右来拳腕要牢固，抓住腕后要拧、领、提于一劲之中，上步要快，压肘要反其关节，下压有力，力达左肘肘尖。

图 4–131

图 4–132

四十四、拗步斜行之“擦脚绕臂”的实战用法(二)

对方右脚前上一步，成为右弓步，同时，用左拳向我胸部击打，我左脚左前偏身上步，躲开对方来拳。（图 4–133）

接上动作，我右手抓住对方左腕里旋拧并向右后回领其臂，同时屈左肘，用肘下压对方左肘关节。（图 4–134）

图 4–133

图 4–134

要点：上步快速，偏身躲拳要及时，右手抓握对方左腕要牢固，里旋拧的同时向右后回领，拧领与左肘下压对方肘关节要一致，下压肘要反其关节，下压肘要有力，力达肘尖。

四十五、拗步斜行之"擦脚绕臂"的实战用法(三)

对方左脚前上一步，成为左弓步，同时，用左掌向我胸部推击，我右脚向右前偏身上成右虚步，躲开对方来掌。（图 4-135）

接上动作，我右手顺势抓握住对方右腕，向里旋拧并向右后回领其臂，同时，右脚支撑身体，左脚上提，准备前迈。（图 4-136）

图 4-135

图 4-136

上动不停，我左脚前上一步于对方右腿外后侧，同时，右手握住对方右腕上提，同时，我用左肘下压对方右肘关节。(图 4–137)

要点： 上步要快，偏身躲掌要及时，接抓腕要牢，要边拧、边领其臂，上步快速，右手上提其腕与左肘下压其肘要协调一致，下压肘要反其关节，下压有力，力达左肘肘尖。

图 4–137

四十六、拗步斜行之“马步展臂”的实战用法(一)

图 4–138

对方前上左脚一步，成为左弓步，同时，用左拳向我胸部击打，我左脚在前，同时，用左臂向外挂开对方来拳。(图4–138)

紧接上动，我左手顺势，抓住对方左腕向左后回领其臂，并用右

肘下压对方肩关节。（图 4-139）

上动不停，我左手握其臂向左领，同时，右臂从对方左肩上向对方胸前伸出，并向右后靠击对方胸部。（图 4-140）

要点：左臂外挂对方左臂要及时，左手抓握对方左腕要牢，向左后回领与右肘压肩要一致，压肩反其关节，右臂靠击对方胸部要快速、有力，力达右臂。

图 4-139

图 4-140

四十七、拗步斜行之“马步展臂”的实战用法(二)

对方前上左脚一步，成为左弓步，同时，用左拳向我左肋部击打，我左脚前上一大步于对方左脚外后侧，同时，用左掌向我搂开对方来拳。（图 4–141）

图 4–141

图 4–142

接上动作，我左手顺势抓握住对方左腕向左后回领其臂，上体左转，同时，用右肘下压对方左肩关节。（图 4–142）

上动不停，我左手领其左臂，向前推，同时，上体右转，右臂从对方左肩上向对方胸前伸过，并

向右后靠击对方胸部，使对方后倒。（图 4-143）

图 4-143

要点： 上步要快，左掌搂对方来拳要及时，抓其腕要牢固，抓腕回领对方左臂与右肘压其左肩要一致，肘压肩要反其关节，右臂靠击对方胸部，要横向用力，靠击要快速、有力，力达右臂。

四十八、拗步斜行之“马步展臂”的实战用法（三）

对方左脚前上一步，成为左弓步，同时，用左拳向我胸部击打，我左虚步，同时，用右手反手挑开对方来拳。（图 4-144）

图 4-144

紧接上动，我左脚前上步于对方左腿外后侧绊住其腿，同时，右手反握其腕旋拧并向前推送，左手从其肘下伸过向上搬住其肘向左上提拉，使对方左臂肘被反扭不能动弹。（图 4–145）

上动不停，左手继续上提对方左肘，我上体左转，并用右肘下压对方左肩关节。（图 4–146）

图 4–145

图 4–146

接上动作，我右手从对方左肩上伸过于对方胸前，用右臂向右后靠击对方胸部，同时左手向左前推送对方左臂，使对方后倒。（图 4–147）

图 4–147

要点：挑防对方左拳要及时，上步要快速，绊腿要牢固，拧送其腕与搬提其肘要一致，反向用力，形成力偶，提肘有力。右臂靠击其胸与左手推送左臂要同时，靠击对方胸部要快速、有力，力达右臂。

四十九、拗步斜行之“马步展臂”的实战用法（四）

对方右脚前上一步，成为右弓步，同时，用右拳向我胸部击打，我左脚在前成为左虚步，同时，吞胸躲开对方来拳。（图 4–148）

图 4–148

接上动作，我用左臂向上横臂架开对方来拳。（图 4–149）

上动不停，我左手反手抓握住对方右腕向外旋拧，同时，我右臂从对方右肘下伸过向上挎对方右肘关节。.（图 4–150）

图 4–149

图 4–150

上动不停，我身体右转，随转身右臂挎住对方右肘向右后旋打对方右肋部，同时左手向前推送其腕，使其前摔。（图

4–151）

要点：吞身躲拳要及时，左臂横挑来拳要快速，右臂挎其肘要反其关节，挎肘与转身旋打其右肋要一气呵成，挎肘与旋打有力，力达右臂。

图 4–151

五十、拗步斜行之“马步展臂”的实战用法（五）

对方右脚前上一步，成为右弓步，同时，用右拳向我面部击打，我左脚在前成为左弓步，同时，向右偏头躲过对方右拳的击打。(图 4–152)

图 4–152

接上动作，我用左手反手接抓住对方右

腕，向右后回领其臂。(图 4–153)

图 4–153

上动不停，我上体左转，速用右臂固住对方右上臂，使其不能变化。(图 4–154)

紧接上动，我上体右转，左手握其腕向前推送，同时，我右臂从对方右肩上伸过，用右臂向右后横击对方右颈侧。（图 4–155)

要点：偏头躲闪来拳要及时，左手接抓对方右腕要牢固，要借其劲向左后回领其臂，要边领边向外旋，右臂横击对方右颈侧要快速、准确、有力，力达右臂。

图 4–154

图 4–155

五十一、煞腰压肘拳之“上步架拳”的实战用法（一）

对方左脚前上一步，成为左弓步，同时，用左拳向我腹部击打，我右虚步站立，同时，吞腹躲开对方来拳。（图 4–156）

接上动作，我上体左转，同时，用右臂向左挑格开对方来拳。（图 4–157）

图 4–156

图 4–157

接上动作，我左臂向上挑架开对方左拳，同时，腾出右手，右手握拳稍下摆。（图 4–158）

上动不停，我右脚右上一步于对方左腿外后侧，别绊住对方左腿，同时，我用右臂向右后下靠压对方胸部，使对方后倒。（图 4–159）

要点：吞腹躲拳要及时，右臂左挑格对方左臂要快速，上步要快，别绊腿要牢，右臂靠压对方胸部要有力，力达右臂。

图 4–158

图 4–159

五十二、煞腰压肘拳之“上步架拳”的实战用法（二）

对方右脚前上一步，成为右弓步，同时，用右拳向我腹部

击打，我右虚步站立，吞腹躲开对方来拳。（图 4-160）

接上动作，我身体左转，同时，用右臂向右上挑开对方来拳。（图 4-161）

图 4-160

图 4-161

接上动作，我用左臂挑架住对方右臂，腾出右手。（图4-162）

图 4-162

上动不停，身体右转，用右臂向右后靠击对方右肋部。（图 4–163）

要点：吞腹躲拳要及时，右臂挑拨对方右臂要快速，左臂挑架向上用力，要粘住对方之臂，防止走脱，右臂向右后靠击其右肋要快速、有力，力达右臂。

图 4–163

五十三、煞腰压肘拳之“上步架拳”的实战用法（三）

对方右脚前上一步，成为右弓步，同时，用右拳向我腹部击打，我开步站立，吞腹躲开对方来拳。（图 4–164）

图 4–164

我上体左转，同时，用右臂向前上挑开对方来拳。（图4–165）

对方见右拳攻防失效，速用左拳向我面部击打。（图 4–166）

我速用左手接抓住对方左拳腕，向左后回领其臂。（图4–167）

图 4–165

图 4–166

图 4–167

上动不停，我身体右转，转身的同时用右臂向右后挑击对方左腋及胸部。（图4–168）

要点：吞腹身拳要及时，左、右挑臂防拳要快速，右臂挑击对方左腋及胸部要快速、有力，力达右臂。

图 4–168

五十四、井栏直入之“摆掌按掌”的实战用法（一）

对方右脚前上一步，成为右弓步，同时，用右拳向我腹部击打，我右虚步站立，吞腹躲过对方来拳。（图 4–169）

图 4–169

接上动作，我用右臂向右上挑架开对方来拳。（图4-170）

接上动作，我身体右转，左脚前上一步于对方右腿外后侧，别绊住对方右腿。（图 4-171）

图 4-170

图 4-171

上动不停，我用左掌向左后抓拍击对方腹部，使对方后倒。（图4–172）

要点：吞腹躲拳要及时，右臂挑架对方右拳要横臂向上挑架。上步要快，绊腿要牢，左掌拍腹要快速、准确、有力，力达左掌掌根。

图 4–172

五十五、井栏直入之“摆掌按掌”的实战用法（二）

对方左脚前上一步，成为左弓步，同时，用左拳向我胸部击打，我右虚步站立，同时，吞胸躲开对方来拳。（图 4–173）

图 4–173

接上动作，我右臂向右上挑架防开对方左拳。（图 4-174）

接上动作，我身体右转，左脚前上一步于对方左腿外后侧，别绊住其腿。（图 4-175）

图 4-174

图 4-175

上动不停，我左腿向左后挂对方右腿，同时用左手下压对

方胸部。（图 4–176）

上动不停，左脚继续后挂其右腿，左掌继续下压其胸，使对方后倒。（图 4–177）

要点： 吞胸躲拳要及时，右臂挑拨对方来拳要向右上用力，上步要快速，绊腿要牢固，后挂腿与左掌按胸要协调一致，同时用力，下挂、上按要快速、有力，力达左腿、左掌。

图 4–176

图 4–177

五十六、风扫梅花之“转身后扫”的实战用法

对方右脚前上一步，成为右弓步，同时，用右拳向我胸部击打，我开步侧身站立，偏身躲开对方来拳。（图 4–178）

我速用右臂向右上架挡开对方来拳。（图 4–179）

图 4–178

图 4–179

紧接上动，我右脚向对方右腿外后侧，身体右转，随转身右臂向右后扫对方右腿，右臂向右后扫击其后腰。(图 4–180)

要点：偏身躲拳要及时，右臂架挡对方来拳要横臂上架，右脚上步要快速，后扫击对方右腿及后腰要快速、有力，力达右腿、右臂。

图 4–180

五十七、风扫梅花之“虚步绕臂”的实战用法

对方左脚前上一步，成为左弓步，同时，用左拳向我胸部击打，我右虚步，同时，用右臂向右上挑架开对方来拳。(图 4–181)

图 4–181

接上动作，对方又用右拳向我胸部击打，我右脚向右后撤步，身体右后转，同时，随转身用左手向右横拍开对方来拳。(图 4-182)

图 4-182

要点：右臂挑架对方左来拳要及时，转身要快速，转身与左横拍掌要协调一致，横拍掌防对方右拳要及时。

五十八、撇身捶之“搓脚合掌”的实战用法（一）

对方左脚前上一步，成为左弓步，同时，用左拳向我胸部击打，我开步站立，同时，吞胸躲开对方来拳。(图 4-183)

图 4-183

接上动作，我用右臂向外搂开对

方左拳。（图 4–184）

对方见左拳攻击失效，速用右拳向我面部击打，我左腿支撑身体，右腿屈膝里收，两臂交叉向上架开对方右来拳。（图 4–185）

要点： 吞身躲拳要及时，右手勾搂防对方左拳要向右上勾搂。叉架防对方右拳要快速。

图 4–184

图 4–185

五十九、撇身捶之“搓脚合掌”的实战用法（二）

对方左脚前上一步，成为左弓步，同时，用右拳向我胸部

击打，我开步站立，同时吞身躲过对方来拳。（图 4–186）

接上动作，我两臂向上叉架开对方右来拳。（图 4–187）

要点：吞身躲拳要及时，叉臂上架防拳要快速。

图 4–186

图 4–187

六十、撇身捶之“马步分掌”的实战用法

对方左脚前上一步，成为左弓步，同时，用右拳向我面部击打，我左腿支撑身体，右脚屈膝提起，同时，两臂交叉向上架开对方右拳。（图 4–188）

接上动作，我右脚前上一步于对方左腿外后侧，别绊住对方左腿，同时，左手顺势抓握住对方右腕向右后回领其臂，并用右肘从对方右臂下顶击其右肋部。（图 4–189）

图 4–188

图 4–189

上动不停，我两臂外分展，并用右臂向右后靠击对方右肋部，使其后倒。（图 4-190）

要点：叉臂上架对方右拳要及时，上步要快速，别绊腿要牢固，右顶肘击肋与分掌击肋要一气呵成。击其右肋要有力，力达右臂。

图 4-190

六十一、撇身捶之“双肘并推”的实战用法（一）

对方右脚前上一步，成为右弓步，同时，用右拳向我面部击打，我左脚左前上步，同时，用右手接抓住其来拳之拳，用左臂上挑住对方来拳之腕。（图 4-191）

图 4-191

接上动作，我借对方来拳之劲，右手向右后回领对方右来拳，同时，并用左肘臂向前下压对方右肘关节。（图 4–192）

当对方有前倾感，回抽右臂以调整重心时，我借其劲用双肘臂向前推撞对方胸部。（图 4–193）

图 4–192

图 4–193

要点：右手接抓对方来拳与左臂挑其右腕要及时，右手抓腕回领其臂与左肘压其右肘关节要协调一致，左肘压对方右肘要反其关节。两肘臂向左前推撞对方胸部要快速、有力，力达两肘臂。

六十二、撇身捶之“双肘并推”的实战用法（二）

对方右脚前上一步，成为右弓步，同时，用右拳向我胸部击打，我开步站立，吞胸躲开对方来拳。（图 4–194）

接上动作，我两臂交叉向上架开对方来拳。（图 4–195）

图 4–194

图 4–195

上动不停，我顺势用右手抓住对方右腕，左手固住对方右肘，借其来拳之劲向右后回领。（图 4–196）

当对方有前倾感，回抽右臂以调整身体重心时，我借其回抽右臂之劲，顺势用两肘臂推撞对方胸部。（图 4–197）

要点：吞身躲拳要及时，两臂交叉上架对方来拳要快速。抓腕固肘要牢固，向右后回领其臂要借其来拳之力。两肘推撞对方胸部要快速、有力，力达两肘臂。

图 4–196

图 4–197

六十三、撇身捶之“双肘并推”的实战用法（三）

对方左脚前上一步，成为左弓步，同时，用左拳向我面部击打，我两臂交叉向上架住对方来拳。（图 4–198）

接上动作，我右手抓握住对方左腕，向左回领，同时，用左臂向上挑担对方左肘关节。（图 4–199）

图 4–198

图 4–199

当对方回抽左臂以解脱我对其肘的控制时，我借其抽臂之劲，顺势用两肘臂向对方左肋部推撞。（图 4-200）

图 4-200

要点：两拳交叉上架对方来拳要及时，抓腕领臂与挑担其肘要协调一致，担肘要有力，力达左前臂。两肘臂推撞对方左肋部时要快速、准确、有力，力达两肘臂。

六十四、撇身捶之“拦拳格肘”的实战用法

对方左脚前上一步，成为左弓步，同时，用左拳向我胸部击打，我开步站立，同时，用右臂向左横拦格开来拳。（图 4-201）

图 4-201

对方见左拳失去攻击方向，速又用右拳向我胸部击打，我用左臂横格开来拳。（图 4-202）

接上动作，对方右拳失去攻击效果，速又用左拳向我胸部击打，我用右肘向左横向格开对方来拳。（图 4-203）

要点： 右、左、右格肘防拳要及时，格肘幅度不可过大和过小，以使对方拳不及我身为准，格肘要横向用力，以横破直。

图 4-202

图 4-203

六十五、撇身捶之“转身摆拳”的实战用法（一）

对方右脚前上一步，成为右弓步，同时，用右拳向我腹部击打，我开步站立，同时，吞腹躲开对方来拳。（图 4-204）

接上动作，我左臂向外勾搂开对方右来拳。（图 4-205）

图 4-204

图 4-205

对方见右拳攻击失效，又用左拳向我腹部击打，我用右臂向外勾搂开对方来拳。（图 4–206）

对方见左拳也攻击失效，再次用右拳向我胸部击打，我用左肘向右横格开对方来拳。（图 4–207）

图 4–206

图 4–207

上动不停，我上体左转，同时，用右摆拳向对方左耳侧摆击。（图 4–208）

要点： 吞腹防拳要及时，左、右勾搂对方右左来拳要快速，左格肘防对方右来拳要横向用力，以横破直。摆拳击打对方左耳侧要快速、准确、有力，力达右拳拳面。

图 4–208

六十六、撇身捶之“转身摆拳”的实战用法（二）

对方右脚前上一步，成为右弓步，同时，用左拳向我腹部击打，我开步站立，同时，用左手向外搂开对方来拳。（图 4–209）

图 4–209

对方又用右拳向我左肋部击打，我用左臂向外挂开对方来拳。（图 4–210）

紧接上动，我上体左转，同时用右摆拳掼击对方左面侧部。（图 4–211）

要点：搂挂防拳要及时，右摆拳掼击对方左面侧要快速、准确、有力，力达右拳拳面。

图 4–210

图 4–211

六十七、撇身捶之“转身摆拳”的实战用法（三）

对方左脚前上一步，成为左弓步，同时，用左拳向我胸部击打，我开步站立，同时，用右臂向外挂开对方来拳。（图 4–212）

对方又用右拳向我左肋部击打，我用左臂向外挂开对方来拳。（图 4–213）

图 4–212

图 4–213

紧接上动，我上体左转，同时，用右拳向对方左面侧摆击。（图 4–214）

要点：右、左挂臂防拳要及时，右摆拳击打对方左面侧要快速、准确、有力，力达右拳拳面。

图 4–214

六十八、撇身捶之“屈肘转靠”的实战用法（一）

对方右脚前上一步，成为右弓步，同时，用左拳向我胸部击打，我开步站立，后闪身躲开对方来拳。(图 4–215)

图 4–215

我速用右臂从对方左腕上方向里屈于对方左拳腕上方。

（图 4–216）

上动不停，我右肘向下、向外上挂开对方来拳。（图 4–217）

图 4–216

图 4–217

对方见左拳被防，速用右拳向我腹部击打。（图 4–218）

紧接上动，我用左肘从对方右臂内侧向外挂开其来拳。（图 4–219）

要点： 闪身对方左拳要及时，右、左两肘挂防对方左、右两拳要快速，挂肘时要粘住其臂，用转靠之劲将其拳挂开。

图 4–218

图 4–219

六十九、撇身捶之“屈肘转靠”的实战用法（二）

对方左脚左前上一步，成为左弓步，同时，用右拳向我面部击打，我左脚左前上步，同时用右手粘住对方右腕，用左手粘住对方右肘，顺其来拳之劲向右后回领其右臂。（图 4–220）

紧接上动，我身体右转，同时，右手握其腕向右后回领其右臂，并用左肘向前下转臂靠压其肩关节。（图 4–221）

要点：上步要快速，两手粘其腕肘要牢，右手抓握其右腕向右后回领其右臂要借对方右来拳之劲，顺劲捋领，要边领边转动左肘臂向前下靠压对方右肩关节，靠压肩要反其关节，下压有力，力达左臂。

图 4–220

图 4–221

七十、撇身捶之“屈肘转靠”的实战用法（三）

对方左脚前上一步，成为左弓步，同时，用左拳向我面部

击打，我开步站立，同时，用右臂向右上架挡开对方来拳。(图 4–222)

接上动作，我右手反手抓握住对方左腕，顺其来拳之劲向右后回领对方左臂，同时，左臂屈肘于对方左肘上方。(图4–223)

图 4–222

图 4–223

接上动作，我右手抓其左腕向前上推提，同时，左肘向左下压对方左肩关节。(图 4–224)

图 4–224

上动不停，右手松握，左肘继续下压对方左肩关节，使其前倒。(图 4–225)

要点：右臂架挡防对方左拳要及时，右手抓握对方左腕要牢固，右手推提对方左腕与左肘左下压其左肩关节要协调一致，压肩有力，力达左肘肘尖。

图 4–225

七十一、撇身捶之“屈肘转靠”的实战用法（四）

对方右脚前上一步，成为右弓步，同时，用右拳向我腹部击打，我开步站立，同时，吞腹躲开对方来拳。(图 4–226)

接上动作，我用右臂向右上架挡开对方来拳。(图 4–227)

图 4–226

图 4–227

上动不停，我右手顺势抓握住对方右腕，顺其来拳之劲向右后回领对方右拳，同时，屈左肘压于对方右肩关节处。（图4–228）

上动不停，我左臂向前下绕于对方右上臂内侧下方。（图4–229）

图 4–228

图 4–229

上动不停，我左臂继续从对方右上臂下向后上缠绕，并用左掌向前下索缠对方右肩部，使其被控。（图4–230）

图 4–230

要点：吞腹躲拳要及时，右臂挑架防对方右拳要快速，左肘压对方右肩部要牢固，左臂缠绕对方右臂要紧固，索缠其右臂肩要有力，力达左臂。

七十二、撇身捶之“弓步分展”的实战用法（一）

对方右脚前上一步，成为右弓步，同时，用右拳向我腹部击打，我左前偏身上步，躲开对方来拳。（图 4–231）

图 4–231

接上动作，我用右手向右下勾搂开对方右拳。（图 4–232）

图 4–232

紧接上动，我左脚前半步于对方左腿外后侧，套住对方右腿，同时，

左臂从对方右腋下穿过向左前掤挑对方右腋及肋部。（图 4–233）

要点： 上步要快速，偏身躲拳要及时，右手勾搂开对方来拳要快，上步套腿要牢，左臂掤挑对方右腋及肋部要快速、有力，力达左臂。

图 4–233

七十三、撇身捶之“弓步分展”的实战用法（二）

对方右脚前上一步，成为右弓步，同时，用右拳向我腹部击打，我左前偏身上步，躲开对方来拳。（图 4–234）

图 4–234

接上动作，我左腿支撑身体，右腿屈膝提起，同时，用右手接抓住对方右腕，顺其来拳之劲向右后回领对方右臂。（图4–235）

图 4–235

紧接上动，我右脚下踏，左脚左上步于对方左腿外后侧，套住对方右腿，同时，左臂从对方右腋下穿过向左前掤挑对方右腋及肋部。（图 4–236）

图 4–236

要点：上步要快速，偏身躲拳要及时，右手抓其右腕要牢固，向右领对方右臂要顺其来拳之劲，上步套腿要牢，左臂挒挑对方右腋及肋部要快速、有力，力达左臂。

七十四、斩手之“转身双捋”的实战用法

对方右脚前上一步，成为右弓步，同时，用右拳向我腹部击打，我左脚左前偏身上步，躲开对方右来拳。（图 4–237）

图 4–237

图 4–238

接上动作，我用右手去接抓对方右来拳。（图 4–238）

上动不停，我右手抓住对方右腕，左手抓按住对方右肘，顺其来拳之劲向右后回领对方右臂，使其

前跌。（图 4–239）

要点：上步要快速，偏身躲其来拳要及时，右手接抓其腕与左手抓其右肘要牢固，两手捋对方右臂要顺其来拳之劲捋之。

图 4–239

七十五、斩手之“弓步砸拳”的实战用法（一）

对方右脚前上一步，成为右弓步，同时，用右拳向我胸部击打，我左脚左前偏身上步，偏身躲开对方来拳。（图 4–240）

图 4–240

接上动作，我用左掌向左下压拨开对方右来拳。

（图 4–241）

接上动作，我上体左转，同时，用右拳向对方面部翻拳砸击。（图 4–242）

要点： 上步要快速，偏身躲拳要及时，左掌左下压拨对方来拳要快速，向左下用力，右拳砸击对方面部要快速、准确、有力，力达右拳拳背。

图 4–241

图 4–242

七十六、斩手之“弓步砸拳”的实战用法（二）

对方左脚前上一步，成为左弓步，同时，用左拳向我胸部击打，我左脚左前偏身上步，偏身躲开对方左拳。（图 4–243）

接上动作，我用左臂向左上挑架开对方左拳。（图4–244）

图 4–243

图 4–244

上动不停，我左手顺势反手抓握住对方左腕向左后回领其臂，同时，用右拳向对方后背部翻拳砸击。（图4–245）

要点：上步要快，偏身躲拳要及时，左臂向左上挑架对方右来拳要快速，横臂上架，抓握对方左腕要牢固，领臂同时外旋拧其腕，右拳翻拳砸击对方后背要快速、准确、有力，力达右拳拳背。

图 4–245

七十七、斩手之“弓步砸拳”的实战用法（三）

对方右脚前上一步，成为右弓步，同时，用右拳向我胸部击打，我左脚左前偏身上步，偏身躲开对方左拳。（图 4–246）

图 4–246

接上动作，我用左臂向左上挑架开对方右拳。（图 4–247）

上动不停，我左手顺势反手抓握住对方右腕向左后回领其臂，同时，用右拳向对方胸部翻拳砸击。（图 4–248）

要点：上步要快，偏身躲拳要及时，左臂向左上挑架对方右来拳要快速，横臂上架，抓握对方右腕要牢固，领臂同时外旋拧其腕，右拳翻拳砸击对方胸部要快速、准确、有力，力达右拳拳背。

图 4–247

图 4–248

七十八、飞步拗鸾肘之“跳步拐肘”的实战用法（一）

对方右脚前上一步，成为右弓步，同时，用右拳向我胸部击打，我左虚步，同时，用左掌向右横拍防开对方来拳。（图4–249）

图 4–249

接上动作，我左手顺势抓握住对方右腕向左后回领，同时，左腿支撑身体，右脚提起，并用右肘拐击对方颌部。（图4–250）

要点：左手横拍防对方右来拳要及时，左手握其右腕要牢，左后回领其臂要借其来拳之劲，右肘拐击对方颌部要快速、准确、有力，力达右肘肘尖。

图 4-250

七十九、飞步拗鸾肘之"跳步拐肘"的实战用法（二）

对方右脚前上一步，成为右弓步，同时，用右拳向我胸部击打，我左虚步站立，同时，用左掌向右横拍防开对方来拳。（图 4-251）

图 4-251

接上动作，我右脚支撑身体，左腿屈膝提起，准备前上

步。（图 4–252）

图 4–252

上动不停，我左手顺势抓握住对方右腕，向左后回领其臂，同时，我左脚前下落步，右脚前上一步成为右弓步，同时，用右肘拐击对方面侧部。（图 4–253）

图 4–253

要点：左掌横拍防开对方右拳要及时，左手抓其右腕要牢，借来拳之劲向左后回领，前上右步要快速，右肘拐击对方面部要快速、准确、有力，力达右肘肘尖。

八十、飞步拗鸾肘之“弓步拐肘”的实战用法（一）

对方右脚前上一步，成为右弓步，同时，用右拳向我左肋部击打，我左脚左前上步，于对方右腿外后侧别绊住其腿，同时，用左臂向外挂开对方右来拳。（图4–254）

接上动作，我身体左转，同时，随转身用右肘向左拐击对方头面部。（图 4–255）

要点：上步快速，绊腿要牢，挂臂防拳要及时，右肘拐击对方面部要快速、准确、有力，力达右肘肘尖。

图 4–254

图 4–255

八十一、飞步拗鸾肘之“弓步拐肘”的实战用法（二）

对方左脚前上一步，成为左弓步，同时，用左拳向我左肋部击打，我左脚左前上成左虚步，同时，用左掌推按开对方左来拳之臂。（图 4–256）

图 4–256

紧接上动，我左脚前上一步，成为左弓步，同时，用右肘拐击对方头面左侧部。（图 4–257）

图 4–257

要点：左手推按对方左臂要横向用力，推按要及时，上步要快速，右肘拐击对方面侧要快速、准确、有力，力达右肘肘尖。

八十二、（前）云手之“插步旋掌”的实战用法（一）

对方左脚前上一步，成为左弓步，同时，用右拳向我面部击打，我左脚向右脚后外侧插步，上成交叉步，同时，用左臂向上、向外架挡开对方来拳。（图 4–258）

图 4–258

接上动作，我右脚向右侧撤一步，成为开立步，同时，左臂继续向左下压开对方右拳臂。（图 4–259）

要点：插步与撤步要连贯，左臂挑挡外下压对方右拳臂要及时，上下脚动作要协调一致。

图 4–259

八十三、（前）云手之“插步旋掌”的实战用法（二）

对方左脚前上一步，成为左弓步，同时，用左拳向我胸部击打，我左脚左前偏身上步，同时，偏身躲开对方来拳。（图4-260）

图 4-260

接上动作，我左脚从右腿后向右后插步成为叉步，同时，用右掌向上、向右挑拨开对方来拳。（图 4-261）

图 4-261

对方见左拳失效，速前上右脚一步成为右弓步，同时，用右拳向我右部击打，我动作不

停，我右脚右撤一步，成开立步，同时，用左臂向左上挑架开对方来拳。（图 4–262）

要点：上步要快，偏身躲拳要及时。插步撤步要连贯，右、左两臂外挑防拳要及时，上下肢动作要协调一致。

图 4–262

八十四、（前）云手之“插步旋掌”的实战用法（三）

对方左脚前上一步，成为左弓步，同时，用左拳向我胸部击打，我开步站立，偏身躲开对方来拳。（图 4–263）

图 4–263

接上动作，左脚从右腿后向右后插步

成为叉步，同时，用右手接抓住对方左腕，左手托住对方左肘，顺其劲向右后回领对方左臂。（图 4–264）

动作不停，我两手抓住对方左腕、肘向外旋拧其臂，使对方左臂受控而不能动弹。（图 4–265）

要点：插步要快速，右手抓其腕与左手抓其肘要牢固，回领其臂要借其来拳之劲捋之，要边捋边向外旋拧，拧其臂要有力，力达两手。

图 4–264

图 4–265

八十五、（前）云手之“开步旋掌”的实战用法

对方右脚前上一步，成为右弓步，同时，用右拳向我面部击打，我开步站立，同时，用右臂向右上架挡开对方来拳。（图4–266）

接上动作，我左脚从右脚后向右后插步成为叉步。（图4–267）

图 4–266

图 4–267

接上动作，我右脚向右撤一步，成为开立步，同时，用左臂挑住对方右臂，腾出左手。（图 4–268）

上动不停，我右臂向右横击对方颈部右侧。（图 4–269）

要点：插步与开步要连贯，两臂架挡对方右拳臂要及时，架挡与右臂横击对方颈部要一气呵成，上下肢动作要协调一致。右臂横击对方颈侧要快速、准确、有力，力达右臂。

图 4–268

图 4–269

八十六、高探马之“提膝击掌”的实战用法

对方左脚前上一步，成为左弓步，同时，用左拳向我胸部击打，我右脚右前上成开立步，同时，用左掌向左上挑架开对方来拳。（图 4–270）

接上动作，我左脚支撑身体，右脚屈膝提起，同时，左手顺势抓握住对方左腕向左后回领，并用右掌向前推击对方面部。（图 4–271）

要点：左臂挑架来拳要及时，支撑腿要稳，右掌推击对方面部要快速、准确、有力，力达右掌。

图 4–270　　图 4–271

八十七、（后）云手之“开步旋掌”的实战用法（一）

对方左脚前上一步，成为左弓步，同时，用右拳向我胸部

击打，我开步站立，同时用左掌向左前推开对方右拳臂。（图 4–272）

图 4–272

接上动作，我右脚从左脚后向左后插步成为叉步，同时，用左手接抓住对方右腕，右手托住对方右肘，顺其来拳之劲向左后回领对方右臂。（图 4–273）

上动不停，我左脚向左撤一步成开立步，同时，两手抓住对方腕、肘向外旋拧，使对方右臂被控不能动弹。（图 4–274）

要点：左掌挑架来拳要及时，左手抓其腕，右手抓其肘要牢固，两手外旋拧对方右臂与撤左步要一致，以加大旋拧其臂的幅度。旋拧臂要有力，力达两手。

图 4–273

图 4–274

八十八、（后）云手之“开步旋掌”的实战用法（二）

对方左脚前上一步，成为左弓步，同时，用右拳向我面部击打，我开步站立，同时，用左臂向左上挑架开对方来拳。（图 4–275）

接上动作，我右脚从左脚后向左后插步成为叉步，同时，左手抓握对方右腕向左下搬压，右手托住对方右肘向里上提拉。（图 4–276）

图 4–275

图 4–276

上动不停，我左脚向左撤一步成为开立步，同时，左手继续向左下搬按对方右腕，右手向右上提拉对方右肘，使其被控不能动弹。（图 4–277）

图 4–277

要点： 挑架对方右来拳要及时，左手抓其右腕与右手抓其右肘要牢固，叉步与两手抓腕肘要一致，左脚撤成开立步与左手左下搬按对方右腕和右手提拉对方右肘要协调，两手同时用力，力达两手。

八十九、（后）云手之“插步旋掌”的实战用法

对方左脚前上一步，成为左弓步，同时，用左拳向我胸部击打，我开步站立，吞胸躲开对方来拳。（图 4–278）

图 4–278

接上动作，我右脚从左脚后向左后插步成为叉步，同时，用右手挑架开对方左腕，用左手托住对方左肘。（图 4–279）

接上动作，我右手握其左拳腕向右下搬按，左手托住对方左肘向上提拉。（图 4–280）

图 4–279

图 4–280

上动不停，我左脚向左撤步成为开立步，同时，两手抓住对方左腕、肘，向外压腕提肘，外旋对方左臂，使其臂反扭而不能动弹。（图 4–281）

要点：接抓腕与托肘要及时，撤步与旋拧其臂要一致，旋拧时右手压腕与左手提肘要同时用力，力达两手。

图 4–281

九十、高探马之“虚步横击”的实战用法（一）

对方左脚前上一步，成为左弓步，同时，用左拳向我胸部击打，我成右虚步，同时后闪身躲开对方来拳。（图 4–282）

接上动作，我用左臂向上架开对方左来拳。（图 4–283）

图 4–282

图 4–283

上动不停，我左手抓握住对方左腕，向左后回领对方左臂，同时，用右掌向对方面部推击。（图4-284）

图 4-284

要点：闪身躲拳要及时，左臂上架来拳要快，左手反手抓握对方左腕要牢固，回领对方左臂与右推掌击面要同时用力，以加大右掌对其面部的推击力度。推掌击面有力，力达右掌。

九十一、高探马之“虚步横击”的实战用法（二）

对方右脚前上一步，成为右弓步，同时，用右拳向我胸部击打，我右虚步站立，偏身躲开对方来拳。（图 4-285）

图 4-285

接上动作，我左掌向左上挑架开对方来拳。（图 4–286）

上动不停，我左手反手顺势抓住对方右腕向左后回领其臂，同时，右掌向对方胸部推击。（图 4–287）

要点： 偏身躲拳要及时，左臂上架防拳要快速，左手反手抓握对方右腕要牢固，顺其来拳之劲，向左后领其臂，领臂同时，用右掌推击其胸，推击胸有力，力达右掌。

图 4–286

图 4–287

九十二、连珠炮之“跟步前推”的实战用法（一）

对方左脚前上一步，成为左弓步，同时，用左拳向我面部击打，我右脚右前偏身上步，同时，用左手接抓住对方左拳，右手托住对方左肘，顺其来拳之劲向左后领其左臂。（图 4-288）

当对方有前倾感，向后回抽左臂，以调整身体重心时，我左脚跟进半步，借其左臂回抽之劲，顺劲用双掌推击对方左肋部。（图 4-289）

要点：左手接抓对方左腕与右手托其左肘要及时，领捋其左臂要借其来拳之劲，推击其肋与跟步要一致，推其肋要顺其回抽臂之劲而推击，推击要有力，力达两掌。

图 4-288

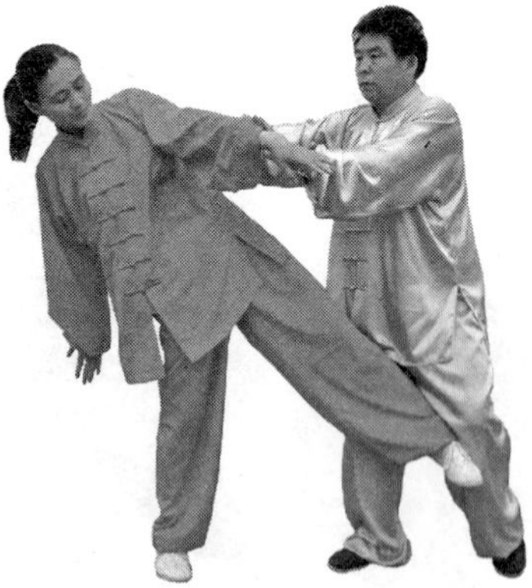

图 4-289

九十三、连珠炮之“跟步前推”的实战用法（二）

对方右脚前上一步，成为右弓步，同时，用右拳向我腹部击打，我右脚右前偏身上步，同时，偏身躲开对方来拳。（图4–290）

接上动作，我左手反手接抓住对方右拳，右手托住对方右肘，顺其来拳之劲向左后上方捋领对方右臂。（图 4–291）

图 4–290

图 4–291

对方有前倾感，回抽右臂时；我借其回抽臂之劲，左脚跟进半步，同时，顺劲用双掌推击对方右肋部。（图 4–292）

图 4–292

要点： 偏身躲拳要及时，左手抓其拳腕与右手托其肘要牢固，要借其来拳之劲捋领其臂，跟步与双推掌要协调一致，两掌推击对方右肋部要快速、有力，力达两手。

九十四、白蛇吐信之“跟步穿掌”的实战用法（一）

对方右脚前上一步，成为右弓步，同时，用右拳向我胸部击打，我左脚左前偏身上步，偏身躲开对方右拳。（图 4–293）

图 4–293

接上动作，我右脚前跟半步，同时，用左手外搂开对方来拳。（图 4–294）

上动不停，我左脚前上一半步，成为左虚步，同时，我用右掌向前插击对方喉部。（图 4–295）

要点：偏身躲拳要及时，左手搂对方右拳要快速，向外勾搂，上步与右插掌要同时，插掌要快速、准确、有力，力达右掌指尖。

图 4–294

图 4–295

九十五、白蛇吐信之“跟步穿掌”的实战用法（二）

对方左脚前上一步，成为左弓步，同时，用左拳向我胸部击打，我左脚左前偏身上步，偏身躲开对方来拳。（图 4–296）

我右脚前上半步，同时，用右掌向右下搂按开对方来拳。（图 4–297）

图 4–296

图 4–297

上动不停，我左手向左外搂开对方来拳，腾出右手。（图4–298）

紧接上动，我左脚前上一步，成为左虚步，同时，用右掌向对方面部插击。（图 4–299）

要点：偏身躲拳要及时，右、左手勾搂开对方来拳要连贯、快速。上步与右插掌要一致，右插掌击面要快速、准确、有力，力达右掌指尖。

图 4–298

图 4–299

九十六、海底翻花的实战用法

对方右脚前上一步，成为右弓步，同时，用右拳向我面部击打，我左脚左前上步，偏头躲过对方来拳。（图 4-300）

接上动作，我左臂上左上挑架开对方右来拳。（图 4-301）

图 4-300

图 4-301

对方见右拳失去攻击效果，速用左拳向我腹部击打。（图4-302）

紧接上动，我左腿支撑身体，右腿屈膝提起，同时，用右臂向右下斩开对方左拳。（图 4-303）

要点：偏头躲对方来拳要及时，左臂上挑对方右拳要横臂上架，支撑腿要稳，右拳右下斩对方左拳向右下用力，力达右臂。

图 4-302

图 4-303

九十七、掩手肱捶之“马步崩捶”的实战用法

对方右脚前上一步，成为右弓步，同时，用右拳向我腹部击打，我马步站立，同时，吞腹躲开对方来拳。（图 4–304）

接上动作，我用左掌向下按开对方右来拳。（图 4–305）

图 4–304

图 4–305

上动不停，我左掌继续下按对方右拳，同时，用右翻背拳向对方面部击打。（图 4–306）

要点：吞腹躲开对方来拳要及时，左掌向下按开对方右拳，按拳时要横掌下按，在按掌的同时，用右翻背拳向对方面部击打，击打要快速、准确、用力，力达右拳拳背。

图 4–306

九十八、掩手肱捶之“弓步发拳”的实战用法（一）

对方右脚前上一步，成为右弓步，同时，用右拳向我腹部击打，我马步站立，同时吞腹躲过对方来拳。（图 4–307）

图 4–307

接上动作，我用左掌向左上挑拨开对方右来拳。（图 4-308）

紧接上动，我左手顺势反手抓握住对方右腕，向外旋拧其右臂。（图 4-309）

图 4-308

图 4-309

上动不停，我身体重心左移，成为左横弓步，左手向左后回领对方右臂，同时，用右拳向对方面部击打。（图 4–310）

图 4–310

要点： 吞腹躲拳要及时，左臂上架挑对方右臂要快，左手抓握对方右臂要牢固，外旋拧有力，领其右臂与右拳击打对方面部要同时，击打对方面部要快速、准确、有力，力达右拳拳面。

九十九、掩手肱捶之“弓步发拳”的实战用法（二）

对方左脚前上一步，成为左弓步，同时，用左拳向我胸部击打，我马步站立，同时，用左臂向左上架挡开对方来拳。（图 4–311）

图 4–311

接上动作，我左手反手抓握对方左来拳，向外旋拧。（图4–312）

上动不停，我身体重心左移，成为左弓步，左手握其腕向左后回领其臂，同时，用右直拳向对方面部击打。（图4–313）

要点： 架挡对方左来拳要及时，左手握其左腕要牢固，外旋拧其左臂要有力，旋拧其腕与回领其臂要一气呵成，回领其臂与右拳击其面部要一致，击面要快速、准确、有力，力达右拳拳面。

图 4–312

图 4–313

一百、左裹鞭炮之“马步双劈”的实战用法（一）

对方右脚前上一步，成为右弓步，同时，用右拳向我腹部击打，我右腿支撑身体，左脚里收于右腿内侧，脚尖点地，同时，用右手向外勾搂开对方来拳。（图 4–314）

接上动作，我左脚左上一步于对方右腿外后侧，别绊住其腿，同时，左臂从对方右腋下伸过对方胸前，向左后靠击对方胸部，使对方后倒。（图 4–315）

要点：右手勾搂开对方右来拳要及时，上步要快速，别绊腿要牢固，左臂靠击对方胸部要横向用力，靠击快速、有力，力达左臂。

图 4–314

图 4–315

一百零一、左裹鞭炮之“马步双劈”的实战用法（二）

对方左脚前上一步，成为左弓步，同时，用左拳向我腹部击打，我右脚支撑身体，左脚收于右脚内侧，前脚掌虚着地，同时，两臂交叉挡住对方左来拳。（图 4–316）

接上动作，我左脚左上一步，成为马步，同时用左臂向对方左胸肋部劈击。（图 4–317）

要点：交叉臂挡防对方来拳要及时，上步要快速，左臂劈击对方胸部要向下用力，发力顺畅，力达左臂。

图 4–316

图 4–317

一百零二、左裹鞭炮之“马步双劈”的实战用法（三）

对方右脚前上一步，成为右弓步，同时，用左拳向我腹部击打，我右腿支撑身体，左脚收于右腿内侧脚尖点地，同时，两臂交叉挡开对方左来拳。（图 4–318）

接上动作，我左脚左侧上步于对方右腿外后侧别绊住对方右腿，同时，用左臂向左后下劈击对方胸部，使对方后倒。（图 4–319）

要点：两臂交叉挡防对方左来拳要及时，上步要快速，别绊腿要牢固，左臂向左后下方臂砸对方胸部要快速、有力，力达左臂。

图 4–318

图 4–319

一百零三、兽头势之“弓步翻砸”的实战用法（一）

对方右脚前上一步，成为右弓步，同时，用右拳向我腹部击打，我左虚步站立，偏身躲开对方来拳。（图 4–320）

接上动作，我用右手接握住对方右腕向右后回领对方右臂。（图 4–321）

图 4–320

图 4–321

上动不停，我重心前移成为左弓步，同时，用左翻背拳向对方面部击打。（图4-322）

图 4-322

要点： 偏身躲拳要及时，右手接抓对方右腕要牢固，右手抓领对方右臂要借对方来拳之劲，右手回领其臂与左拳翻砸对方面部要一致，砸击对方面部要准确、快速、有力，力达左拳拳面。

一百零四、兽头势之“弓步翻砸”的实战用法（二）

对方左脚前上一步，成为左弓步，同时，用左拳向我腹部击打，我右脚支撑身体，左脚里收于右脚内侧，脚尖点地，同时，用右手接抓住对方左腕向右后回领其臂。（图 4-323）

图 4-323

接上动作，我左脚左前上步，成为左弓步，同时，用左翻背拳向对方面部砸击。（图 4–324）

要点：右手接抓对方左腕要及时、牢固，上步要快速，右手回领与左拳砸击对方面部要一致，左拳砸击对方面部要快速、准确、有力，力达左拳拳背。

图 4–324

一百零五、兽头势之“弓步冲拳”的实战用法

对方左脚前上一步，成为左弓步，同时，用右拳向我腹部击打，我左虚步站立，同时，用左肘向外挂开对方来拳。（图 4–325）

图 4–325

接上动作，我上体左转，同时，用右拳向对方面部击打。（图 4–326）

要点：左脚外挂开对方来拳要及时，右拳击打对方面部要快速、准确、有力，力达右拳拳面。

图 4–326

一百零六、兽头势之"马步侧冲"的实战用法

对方左脚前上一步，成为左弓步，欲向我进攻时，我抢先左脚前上一步，成为左弓步，同时，用右拳向对方面部击打。（图 4–327）

图 4–327

接上动作，我上体右转，成为马步，同时，右拳回抽收抱于腰间，

用左侧冲拳向对方胸部击打。（图 4–328）

要点： 上步快速，两拳击打要连贯、准确、快速、有力，力达拳面。

图 4–328

一百零七、劈架子之“弓步掤臂”的实战用法

对方右脚前上一步，成为右弓步，同时，用右拳向我腹部击打，我左腿支撑身体，右腿屈膝提起，同时用右手准备接抓对方右腕。（图 4–329）

图 4–329

接上动作，我右脚下踏震地，左脚屈膝提起，同时，右手抓握住

对方右腕向右后回领对方右臂。（图 4–330）

上动不停，我左脚左前上步于对方右腿外后侧别绊住对方右腿，同时，左臂从对方右腋下伸于对方胸前，向左后上横向挒撞对方胸部，使对方后倒。（图 4–331）

要点： 右手接抓对方右腕要及时，抓腕要牢固，右下回领对方右臂要借对方来拳之劲，震脚上步要快速，别绊腿要牢固，左臂挒撞对方胸部要横向用力，发力顺畅，力达左臂。

图 4–330

图 4–331

一百零八、伏虎之“仆步架拳”的实战用法

对方左脚前上一步，成为左弓步，同时，用左拳向我胸部击打，我左脚左前上成左虚步，同时，偏身躲开对方来拳。(图 4–332)

接上动作，我用右手向外搂开对方左拳。(图 4–333)

图 4–332

图 4–333

对方见左拳攻击失效，速用右拳向我胸部击打，我用左臂向右横向格开对方右拳。（图 4–334）

上动不停，对方又用左拳向我面部击打，我速下蹲身成为左仆步，并用右臂向右上架挡开对方来拳。（图 4–335）

要点：偏身躲拳要及时，右手勾搂开对方来拳要快速，左臂横格开对方来拳要横向用力，下蹲躲要及时，右臂向上横臂架挡对方来拳。

图 4–334

图 4–335

一百零九、抹眉肱之“提膝推掌”的实战用法

对方左脚前上一步，成为左弓步，同时，用左拳向我胸部击打，我左脚左前偏身上成左虚步，同时，偏向躲开对方来拳。（图 4–336）

接上动作，我上体右转的同时，用右掌向左横拍开对方左来拳。（图 4–337）

图 4–336

图 4–337

上动不停，我右掌顺势向下、向后压带对方左臂，同时，右腿支撑身体，左腿屈膝上提，并用左掌推击对方面部。（图4–338）

图 4–338

要点：偏身躲拳要及时，右掌横拍对方来拳要快速，边横拍边转为压带，向右后回领对方左臂，支撑腿要稳，左掌推击对方面部要快速、准确、有力，力达左掌。

一百一十、黄龙三搅水之“跟步外摆”的实战用法

对方左脚前上一步，成为左弓步，同时，用左掌向我胸部推击，我右脚右上一步，同时，用右臂向左横格开对方来掌。（图 4–339）

图 4–339

对方见左掌失去攻击效果，速用右拳向我胸部击打，我左脚跟进一步，同时，用右掌向右推开对方

来拳。（图4–340）

要点：右臂横格开对方来拳要及时，跟步要快速，跟步与右掌右摆推要一致，右掌右摆推开对方来拳要横掌，摆推要及时、有力，力达右掌。

图 4–340

一百一十一、黄龙三搅水之“撤步转身”的实战用法(一)

对方右脚前上一步，成为右弓步，同时，用右拳向我胸部击打，我右脚向右上一步，同时，用右臂向左横格开对方来拳。（图4–341）

图 4–341

接上动作，对方见右拳攻击失效，速用左拳向我右面部击打，我速向右后撤右脚一步，身体向右后转，同时，用右掌向右挡开对方来拳。(图 4–342)

图 4–342

要点： 右臂横向格挡对方右拳要及时，右脚右后撤步要快，撤步与右后转身要一致，右掌向右挡拨对方来拳要及时。

一百一十二、黄龙三搅水之“撤步转身”的实战用法（二）

对方右脚前上一步，成为右弓步，同时，用右拳向我胸部击打，我左虚步站立，身体右后闪，躲开对方来拳。（图 4–343）

图 4–343

我重心移至左腿，身体左转，右脚向左前绕上一步，同时，用左掌向外拨开对方右拳。（图 4–344）

对方见右拳失去攻击效果，速用左拳向我胸部击打，我右脚向右后撤步，身体向右后转身，同时，我左掌向右横拨开对方来拳。（图 4–345）

要点：闪身躲拳要及时，绕上步要快速，左掌外拨对方来拳随转身外拨。撤步转身要快，左掌右横拨对方来拳要及时。

图 4–344

图 4–345

一百一十三、左蹬一跟之“分手侧踹”的实战用法

对方左脚前上一步，成为左弓步，同时，用左拳向我腹部击打，我左丁步站立，同时，两臂交叉向下挡防开对方来拳。(图 4–346)

接上动作，我右腿支撑身体，左腿屈膝上提，同时两臂叉挡着对方左拳向前推开对方左拳。（图 4–347）

图 4–346

图 4–347

上动不停，对方回抽左臂时，我借其回抽臂之机，顺其劲两臂外分，同时用左脚向对方左肋部踹击。（图 4–348）

要点：叉臂防拳要及时，支撑腿要稳，左踹腿踹击对方左肋部要借其回抽臂之劲，踹击要快速、准确、有力，力达左脚。

图 4–348

一百一十四、右蹬一跟之“分手侧踹”的实战用法

对方左脚前上一步，成为左弓步，同时，用左拳向我腹部击打，我左脚右前上步成为盖步，同时，两臂交叉挡开对方来拳。（图 4–349）

图 4–349

接上动作，我左腿支撑身体，右腿屈膝提起，同时，右臂向外勾搂开对方左来拳。（图 4–350）

上动不停，我两臂外分展，同时，用右侧踹腿向对方左肋部踹击。（图 4–351）

要点：叉臂挡开对方来拳要及时，支撑腿要稳，右侧踹腿踹击对方左肋部要快速、准确、有力，力达右脚。

图 4–350

图 4–351

一百一十五、扫蹚腿之“俯身前扫”的实战用法

对方右脚前上一步，成为右弓步，同时，用右拳向我胸部击打，我右腿全蹲，速下蹲身，仆左腿躲开对方来拳。（图 4–352）

接上动作，我身体向右后旋转，带动左腿向前、向右扫击对方右腿，对方提右腿躲之。（图 4–353）

图 4–352

要点：仆腿下蹲身躲拳要及时，左扫腿扫击对方右腿要快速、有力，力达左腿。

图 4–353

一百一十六、扫蹚腿之“俯身后扫”的实战用法

对方左脚前上一步，成为左弓步，同时，用左拳向我胸后背击打，我左腿全蹲，身体下蹲，仆直右腿，躲开对方来拳。(图 4–354)

接上动作，我身体向右后转，带动右腿向右后扫击对方左腿，对方速提左腿躲开我的扫击。（图 4–355）

要点：下蹲身躲拳要及时，右后转身要快速，右腿后扫对方左腿要快速、有力，力达右腿。

图 4–354

图 4–355

一百一十七、右冲之“换步双冲”的实战用法

对方左脚前上一步，成为左弓步，同时，用左拳向我腹部击打，我开步站立，吞腹躲开对方来拳。（图 4–356）

接着我左腿支撑身体，右腿屈膝提起，同时，用两臂向右前挑开对方左来拳。（图 4–357）

图 4–356

图 4–357

紧接上动，我右脚下踏震步，左脚提起前上一步于对方裆前，同时，两手托住对方左臂向右后回领对方左臂。（图 4–358）

上动不停，我重心左移成为左弓步，同时，用两拳向对方左肋部击打。（图 4–359）

要点：两臂挑防对方左来拳要及时，震脚上步要快，两拳击打对方左肋部要快速、有力，力达两拳拳面。

图 4–358

图 4–359

一百一十八、左冲之“换步双冲”的实战用法

对方右脚前上一步，成为右弓步，同时，用右拳向我腹部击打，我左脚左前上步，成为左虚步，同时，用两臂向右后挑拨开对方来拳。（图 4–360）

接上动作，我右腿支撑身体，左腿屈膝上提，同时，两臂向右后挂带对方右臂。（图 4–361）

图 4–360

图 4–361

上动不停，我左脚下踏震步，右腿屈膝上提，同时，两臂向左前挑对方来拳。（图 4–362）

紧接上动，我右脚前上一步于对方左腿外后侧，绊住其腿，同时，用两拳向对方左肋部击打。（图 4–363）

要点：挑拨对方来拳要及时，震脚换步要快，上步绊对方左腿要牢固，两拳击打对方左肋部要快速、有力，力达两拳拳面。

图 4–362

图 4–363

一百一十九、右冲之“换步双冲”的实战用法

对方左脚前上一步，成为左弓步，同时，用左拳向我右肋部击打，我左腿支撑身体，右腿屈膝提起，同时用左手抓握住对方左腕，用右拳臂下压对方左腕臂部防开对方来拳。（图4–364）

接上动作，我右脚下踏震步，左腿屈膝提起，同时，两臂向右后挑拨开对方左拳。（图 4–365）

图 4–364

图 4–365

上动不停，我左脚左前上步，成为左弓步，同时，用两拳向对方左肋部击打。（图 4-366）

要点： 支撑腿要稳，换步要快速，挑拨防对方左拳要及时，上步要快，两拳击打对方左肋部要快速、有力，力达两拳拳面。

图 4-366

一百二十、倒插的实战用法（一）

对方右脚前上一步，成为右弓步，同时，用右拳向我腹部击打，我左脚左前偏身上成左虚步，偏身躲开对方来拳。（图4-367）

图 4-367

接上动作，我右脚前上一步，成为右虚步，同时，左手向右下

按开对方右拳，同时，右掌从对方右臂上方向前插击对方右肋部。（图 4–368）

要点：偏身躲拳要及时，上步要快，左掌向右下压对方右臂要斜向用力，幅度不可过大，也不可过小，以对方右拳不及我身为准，右掌插击对方右肋部要快速、准确、有力，力达右掌指尖。

图 4–368

一百二十一、倒插的实战用法（二）

对方左脚前上一步，成为左弓步，同时，用左拳向我腹部击打，我左脚在前，成为左虚步，后闪身躲开对方来拳。（图 4–369）

图 4–369

接上动作，我用左手向下、向外搂开对方左来拳。（图4–370）

接上动作，我右脚前上一步，成为右虚步，同时，右掌从对方左臂上方伸过向对方左肋部插击。（图4–371）

要点：后闪身躲拳要及时，左手搂对方左拳要横向用力，上步要快速，右掌插击对方左肋部要快速、准确、有力，力达右掌指指尖。

图 4–370

图 4–371

一百二十二、海底翻花的实战用法

对方右脚前上一步，成为右弓步，同时，右拳向我腹部击打，我左脚左前偏身上步，偏身躲开对方右拳。（图 4–372）

接上动作，我左手向左搂开对方右拳。（图 4–373）

图 4–372

图 4–373

对方见右拳失去攻击效果，速用左拳向我胸部击打，我稍向后偏身躲开对方来拳。（图 4–374）

上动不停，我左腿支撑身体，右腿屈膝上提，同时，用右臂向上架开对方左来拳。（图 4–375）

要点：偏身躲拳要及时，左搂手防拳要快速，且闪身躲拳要及时，支撑腿要稳，右臂上挑架对方来拳要快速。

图 4–374

图 4–375

一百二十三、夺二肱之“震脚砸拳”的实战用法（一）

对方左脚前上一步，成为左弓步，同时，用左拳向我面部击打，我左腿支撑身体，右腿屈膝上提，同时，屈右臂向上挑架开对方来拳。（图 4–376）

对方见左拳失去攻击效果，速用右拳向我右肋部击打，我右脚下落震步，同时，用右拳臂向下砸开对方来拳。（图 4–377）

要点：右臂上架防拳要及时，横臂上架，上架幅度不可过大，也不可太小，下砸防拳要快速，下砸防拳要横臂下砸。

图 4–376

图 4–377

一百二十四、夺二肱之“震脚砸拳”的实战用法（二）

对方左脚前上一步，成为左弓步，同时，用右拳向我面部击打，我左腿支撑身体，右腿屈膝上提，同时，屈右臂向上挑架开对方来拳。（图 4–378）

对方见右拳失去攻击效果，速用左拳向我右肋部击打，我右脚下踏震步，同时，用右拳臂向下砸击对方左来拳。（图 4–379）

图 4–378

图 4–379

要点：右臂上架防拳要及时，横臂上架，上架幅度不可过大，也不可太小，下砸防拳要快速，下砸防拳要横臂下砸，下砸拳发力顺达，力达右臂。

一百二十五、夺二肱之“马步撩拳”的实战用法（一）

对方右脚前上一步，成为右弓步，同时，用右拳向我胸部击打，我右脚右前偏身上步，躲开对方来拳，右臂屈肘上举于对方右臂上方。（图 4-380）

接上动作，我右脚向下、向外挂开对方右拳臂。（图 4-381）

图 4-380

图 4-381

上动不停，我用右拳向右撩击对方右肋部。（图 4–382）

要点：偏身躲拳要及时，右肘下挂开对方来拳要快，右拳撩击对方右肋部要快速、准确、有力，力达右拳拳背。

图 4–382

一百二十六、夺二肱之“马步撩拳”的实战用法（二）

图 4–383

对方右脚前上一步，成为右弓步，同时，用右拳向我面部击打，我右腿支撑身体，左脚右前提迈，同时，用右臂向右上挑架开对方来拳。（图 4–383）

对方再用左拳向我右肋部击打，我左脚下踏震步，右脚提起，同时，右

臂屈肘向下、向外挂开对方左来拳。（图 4–384）

上动不停，我右脚前下落步，同时，用右拳向对方腹部撩击。（图 4–385）

要点：挑架对方右来拳要及时，右臂挂开对方左来拳要快，上步要快速，上步与右撩拳要协调一致，撩击对方腹部要快速、准确、有力，力达右拳拳背。

图 4–384

图 4–385

一百二十七、连环炮的实战用法

对方左脚前上一步，欲向我攻来，我右脚前上一步，同时，用左拳向对方颌部击打。（图 4–386）

接上动作，我上体左转，同时，再用右侧冲拳击打对方胸部。（图 4–387）

要点：上步要快，两拳抢攻要连续，左拳击打对方下颌与右侧冲拳击其胸要快速、准确、有力，力达拳面。

图 4–386

图 4–387

一百二十八、玉女穿梭之“跃步冲拳”的实战用法

对方左脚前上一步，欲向我发起进攻时，我抢先上右脚一步，同时，用右侧冲拳击打对方胸部。（图 4–388）

紧接上动，我右腿支撑身体，左腿屈膝提起，同时，用左拳向对方喉部击打。（图 4–389）

要点：上步要快，右侧冲拳击胸要及时，支撑腿要稳，左拳击打对方喉部要快速、准确、有力，力达左拳拳面。

图 4–388

图 4–389

一百二十九、回头当门炮之“弓步双冲”的实战用法(一)

对方右脚前上步，成为右弓步，同时，用右拳向我胸部击打，我右腿支撑身体，同时，用两臂向下磕砸对方右来拳之臂。（图 4–390）

紧接上动，我左脚前下落步于对方右腿外后侧，绊住其右腿，同时，用两拳向对方右肋部击打。（图 4–391）

要点：支撑腿要稳，两拳臂下磕砸对方右拳臂要及时，上步要快速，绊其腿要牢固，两拳冲击对方右肋部要快速、准确、有力，力达两拳拳面。

图 4–390

图 4–391

一百三十、回头当门炮之“弓步双冲”的实战用法（二）

对方左脚前上一步，成为左弓步，同时，用左拳向我胸部击打，我左腿支撑身体，右腿屈膝提起，同时，用两臂向左下格砸开对方左来拳。（图 4–392）

接上动作，我右脚前上下落于对方左腿外后侧，别绊住其腿，同时，用两拳向对方左肋部击打。（图 4–393）

要点：支撑腿要稳，两拳臂左下格砸对方左拳臂要及时，上步要快速，绊其腿要牢固，两拳冲击对方左肋部要快速、准确、有力，力达两拳拳面。

图 4–392

图 4–393

一百三十一、拗鸾肘之“上步拐肘”的实战用法（一）

对方左脚前上一步成为左弓步，同时，用左拳向我胸部击打，我左脚前上一步成为左虚步，同时用左臂挑向外挑拨开对方来拳。（图 4–394）

接上动作，我左手顺势反手抓握住对方左腕，向左后回领其左臂，同时，用右掌向前插击对方喉部。（图 4–395）

图 4–394

图 4–395

上动不停，我右脚前上一步于对方左腿前方别绊住对方左腿，同时，用右肘向前、向左拐击对方头部。(图 4–396)

要点：左臂挑拨对方来拳要及时，左手反手抓握对方来拳之腕要牢固，回领其臂与右掌插其喉要协调一致。上步要快速，别绊腿要牢固，拐肘横击对方头部要快速、准确、有力，力达右肘肘尖。

图 4–396

一百三十二、拗鸾肘之“上步拐肘”的实战用法（二）

对方右脚前上一步，成为右弓步，同时，用右拳向我胸部击打，我左脚前上一步，成为左虚步，同时，用左臂向左上挑拨开对方来拳。(图 4–397)

图 4–397

接上动作，我左手顺势，反手抓握住对方左臂向左后回领，同时，用右掌向前插击对方喉部。（图 4–398）

上动不停，我右脚前上一步于对方右腿外后侧别绊住对方右腿，同时，我用右肘向前、向左横向拐击对方颌部。（图 4–399）

要点：左臂挑拨对方来拳要及时，左手反手抓握对方来拳之腕要牢固，回领其臂与右掌插其喉要协调一致。上步要快速，别绊腿要牢固，拐肘横击对方下颌部要快速、准确、有力，力达右肘肘尖。

图 4–398

图 4–399

一百三十三、顺鸾肘之“弓步顶肘”的实战用法

对方左脚前上一步，成为左弓步，同时，用左拳向我胸部击打，我右脚右前上步，同时，用两手刁托住对方左腕、肘部，顺其来拳之劲向左后回领其臂。（图 4–400）

接上动作，我屈右肘向右侧顶击对方左肋部，使对方肋部受伤。（图 4–401）

要点： 刁托对方来拳之腕肘要及时，借其来拳之劲，顺劲回领其臂，右肘顶击对方左肋要快速、准确、有力，力达右肘肘尖。

图 4–400

图 4–401

一百三十四、穿心肘之“弓步顶肘”的实战用法（一）

对方左脚前上一步，成为左弓步，同时，左拳向我胸部击打，我右脚右上一步于对方左腿外后侧，同时，左手顺势抓握住对方左腕向左后回领其臂，右臂屈肘向前推对方左肘关节，使其肘受控。（图 4–402）

接上动作，我用右肘向右侧顶击对方左颈侧。（图 4–403）

要点：上步要快速，左手接抓对方来拳之腕要牢固，借劲顺势向左后回领其臂，右肘向前推对方左肘要反其关节，右肘侧顶对方左颈侧要快速、准确、有力，力达右肘肘尖。

图 4–402

图 4–403

一百三十五、穿心肘之“弓步顶肘”的实战用法（二）

对方左脚前上一步，成为左弓步，同时，用左拳向我胸部击打，我右脚右上一步于对方左腿外后侧，同时，左手顺势抓握住对方左腕向左后回领其臂，右臂屈肘向前推对方左肘关节，使其肘受控。（图 4–404）

接上动作，我用右肘从对方左臂下向右侧顶击对方左肋部。（图 4–405）

要点：上步要快速，左手接抓对方来拳之腕要牢固，借劲顺势向左后回领其臂，右肘向前推对方左肘要反其关节，右肘侧顶对方左肋部要快速、准确、有力，力达右肘肘尖。

图 4–404

图 4–405

一百三十六、窝底炮之“弓步顶肘”的实战用法

对方右脚前上一步，成为右弓步，同时，用右拳向我胸部击打，我右脚右侧上步，同时，用右臂向左前横格开对方来拳。（图 4–406）

接上动作，我右手粘其臂顺其来拳之劲向左后捋推。（图 4–407）

图 4–406

图 4–407

上动不停，我左手固住对方右臂，同时，用右肘向对方右颈侧顶击。（图 4–408）

要点：右臂格防对方来拳要及时，右手捋推对方来拳要借其来拳之劲，右肘顶击对方右颈侧要快速、准确、有力，力达右肘肘尖。

图 4–408

第二节　动作实战用法秘要

陈式太极拳动作实战用法是该拳技击内涵的具体体现，也是操拳反复实践之经验。它的技法特点是以快制快，一粘就走。化打同时进行。在对敌中，借力使力，乘势打击，发挥以柔克刚，四两拨千斤之巧妙作用。

动作在临敌运用时要求：项要顶起，身要竖起，塌裆圆胯。步要轻、手要快。陈鑫先贤讲："足快尤显手快之能。"击敌如电闪，打人如迅雷。出去撒手，着人成拳。以身催手，步到身到，身手齐到。静以待动，动以处静。敌不动，我不动，敌微动，我随动。心要整，目要清。侧身站位，两肘不离肋，两拳不离胸，体松意静，目视对方。做到“直来横拨，横来掤化。左来右迎，右来左迎”。

在劲力方法上讲究“粘连黏随，不丢不顶”。

在战术上要求击其不备，袭其不意，乘袭而击，乘击而袭。虚而实之，实而虚之，取本求末。正像陈鑫先贤所讲：“虚笼诈诱，只为一转。”也如王宗岳在《太极拳论》中所论：“人不知我，我独知人。”知彼知己，百战不殆。

陈式太极拳动作在实战应用时要注意做到以下几点：

一、以柔克刚

太极拳以柔克刚，这很符合老子的道家思想。老子认为，天下之柔弱莫过于水，最卑下的也莫过于水，然而，最坚强的胜利者也是水。老子曾说：“天下之至柔，驰骋天下之坚。无有入无间，吾是以知无之有益。不言之教无为之益天下希及之。”气和水最柔弱，但它无所不入，又无所不能出。所以虚无柔弱者无所不通，又无有不可穷者。至柔不可折，那也就是无为之益了。

何谓以柔克刚？即与对方交手时，跟随对方之劲路，随屈就伸，人刚我柔，我顺人背，虽变幻无穷，但丝毫不含抵抗性。以柔克刚，关键在不顶抗对方，而让它的力量在我之圈里走化掉，使之引进而落空。如果对方加力于我身上，原想可以把我击倒，但进入我的圈里，使之感觉到什么都没有，就像打在空气里或棉堆上，突然失去方向和着力点，继而失去身体平衡而破绽百出，我借其身体失去自控能力的同时，顺其劲而击之，可一举获胜，这就是以柔克刚，也是太极拳论里所说的

"四两拨千斤"和"非力胜"。

柔是无限的，取之不尽，用之不完；而刚劲则是有限的，不管有多大力量，其能量既有限又易折损。拳经云"任他巨力来打我，牵动四两拨千斤"，道出了以小力胜大力，避实就虚，以柔克刚的太极实战应用原理。

二、以明对暗

何谓以明对暗，即"人不知我，我独知人"。通过长期太极拳的练习，可使之由招熟而渐悟懂劲，由懂劲阶及神明，也就是功夫到了懂劲和知己知彼的程度。功夫由听劲而来，能听才能懂。所谓称斤量尺，知己知彼，百战不殆。

太极拳的懂劲就是能听懂对方劲之大小、方向。所谓"听之于心，疑之于耳，行之于气，运之于手"；"以心行意，以意行气，以气运身，听而后发"。听劲要准确，能听懂对方的劲路就能控制他，这样就能"人不知我，而我独知人"，进击的目标就特别精确。如果你的侦察不明，判断错误，则你的进击只能是盲目和危险的举动。

三、后发先至

后发者是以我之静，待彼之动。在彼先动我未动的这一瞬间，给了我审视对方破绽选择反击时机和反击点的机会。彼即已动，他的虚实、重心及劲源即呈现出来，我则可以静观之，选准进击点和时机，避实就虚进行还击。这叫有的放矢，知己知彼稳操胜券。守静待动而不是不动地等到机会再发动。

先至是指动度的准确性以及时间、地点和程度的确定性。

那么将劲发到什么程度为“至”呢？是将劲发到接触到对方身上为“至”，还是将劲发到对方的中轴或劲源上，使对方失去平衡跌出，或被控制失去战斗力为“至”?作者认为，应以后者为“至”。

所谓后发先至，就是静静地审视着对方将动时出现的情形，迅速地做出准确判断，紧紧抓住有利时机，运用直截了当的方法进行快捷反击，使其未动起来，则被我所制服。这也是太极拳里所要求的“动急则急应，动缓则缓随”，心神镇静，观敌来势，审势待机，手、眼、身、步一致。对方打不着你的时候，距离不够不可先发，发则失误，浪费精力，且易处于被动的地位而反被对方击倒。《天远机论》曰：“见空不打，见人不上。拳不往空打，打起不空落。手起脚要落，足落手要起。心要占先，意要胜人。身要攻人，步要过人。前腿似弓，后腿似蹬。头要仰起，腰要长起，丹田要运起，自顶至脚，一气相贯。”当对方与你的距离、时间足以威胁到你的安全，也就是对方能在瞬间击到你时，你之意在先，其速更迅。所谓起手如闪电，打下如迅雷，能在更短的距离和时间内击倒对方，即是后发先至。其关键是时间、地点和速度，三合为一，身法要灵敏，速度要恰当，动作要轻快，变化要精微。

四、以静制动

以静制动，遇敌不乱，沉着机智。在行拳走架时，意念要做到面前无人如有人；实战应用时，要做到眼前有人似无人，面前有手不见手，胸前有肘不见肘。也就是在交手时起手不空落，不发则已，一发必中。诸如“彼不动，己不动；彼未动，己先动”这些技击上的策略，都必须静观敌情，找准出击时机。以静制动，并非不动。所谓心机一发，四肢皆动。发手以得人为准，以不见形为妙。静候伏机，如猫之捕鼠、鹰之捉兔、虎豹之扑牛追羊，无不惊心动魄，先静后动。以静制动，主要是观察来势之机，揣敌人之短长，静以待动，动以处静。静如山岳，动若处子。一触即发，一击必胜，这就是以静制动的效果。

五、贵化不抗

贵化不贵抗，主要是在对方向我攻击时，我以化解的方法，使对方的攻击力量不能作用在我身上，我的化劲分散和削弱了对方的攻击力，使之对我构不成重大威胁。

化是建立在掤的基础上的，只有掤得住才能化得开。对方攻来，我之防护堡垒不被对方所摧垮，化解于我之防护圈的外围，能使其力顺我防护圈的切线偏心而跑掉，不能触及我身，而使之找不到着力点而失去身体重心平衡，则可借机反击而制之。这是一种高级的技击防卫法。太极拳实战用法，主要是在接触发劲的一瞬间，自身及时做极小的旋转吞吐运动，把对方的进攻力量消耗掉。贵化不抗，应不丢不顶，而不是一味地化解。化者不能招招化尽。要半圈化半圈发，即化即发。化而不发，还是会受对方的牵制而导致失败。

六、以顺应逆

陈式太极拳是画圈走弧的艺术，凡举动则无处不画圆，无处不阴阳，无处不太极，形成自然的逆来顺受之规律，这是在太极拳实战时常用的法则。

以顺应逆必须舍己从人，挪、捋、挤、按、采、挒、肘、靠，是主要的技击方法。粘、连、黏、随是以不丢不顶，顺从不离，随屈就伸，人刚我柔为原则，使对手进退不得，完全被我之劲所控制，以致“敌欲变而不得其变，敌欲攻而难得逞，敌欲逃而不得脱”，最终导致对方出现极为被动的挨打局面。

七、以整击散

以整击散，主要是我运用周身如一家之整劲，去击打对方的既零碎而又散乱的偏刚劲。我劲不整不发，敌力不散不击，乘势借力，以整击散。经过化引造成对方失势落空及重心不稳时，我顺人背，且对方又显出破绽，以我之整击彼之散。正如《打手歌》曰：“挪捋挤按须认真，上下相随人难进，任他巨力来打我，牵动四两拨千斤。引进落空合即击，粘连黏随不丢顶。”

如何才能做到周身如一家？《拳经》指出：必须做到内外相合，即外三合和内三合。内外相合，上下相随，使之节节贯穿。外三合不仅是为了保证动作外形姿势的正确，更是为了整劲的集中。要求做到：手与脚合、肘与膝合、肩与胯合，心与意合、气与力合、筋与骨合。内三合以意领气，以气促劲，意到气到，气到劲到。陈式太极拳的动作虽形于外而实源于内，外形之蓄发，必须是心意的蓄发，这是意、气、劲在太极拳中的运用。周身如一家，要以我之整劲，趁彼劲之大小及散乱程度而击之，无不应手而即仆者，这正是以整击散的效应。

八、舍己从人

“舍己从人”四个字，说起来容易，做起来难。难就难在人的本性难改。一般人都存在“我执”，放不下自我，因此抵抗就成为人的本能，尤其是当自己处于背势时，抗劲就出来了。因此，要做到舍己从人，就要放下“我执”，在练拳中逐渐养成顺人之劲而不抗的习惯。这就要求心平，气和，体松，神聚，做到用意不用力，才能虚灵，才能真正做到舍己从人，粘连黏随，不顶不丢，才能练出太极功夫。著名太极拳家李亦畬先生云：“先，以心使身，从人不从己；后,身能从心，由己仍是从人。由己则滞，从人则活。”

何谓舍己从人？从字面上理解，舍己从人就是舍弃自我，顺从他人。这就是俗话所说的“舍得舍得”，有舍才有得。舍己从人包含有深刻的哲理。舍己从人是太极拳实战应用的一项基本原则。能舍己，才能从人；能舍己，才能不盲动；能舍己，才能粘连黏随，引进落空；能舍己，才能避实击虚；能舍己，才能得机得势。舍己从人的本质是因势利导，争取主动。它是一种手段和方法。其目的是引进落空，以柔克刚，是为了造成我顺人背的局面。陈鑫云：“人以手来，我以手引之，使令其不得势，是谓之走。走者，引之别名。何以既名引又名走，引者，诱之使进，走者，人来我去，不与顶势，是之谓走。然走之中自带引进之劲，此是拳中妙诀，非功久不能。”因此，要做到舍己从人，就必须阴阳相济，刚柔并举，化打结合。所谓“左重则左虚，而右已去；右重则右虚，而左已去”。完全是一种避实就虚，得机得势、把握主动的技法。舍己从人，绝不是被动挨打，而是诱敌深入，摸清敌情，选择有利机势出击，从而克敌制胜。

“舍己从人” 的功夫是以柔克刚，以小力胜大力，四两拨千斤的功夫。是太极拳的精髓，也是太极拳有别于其他拳种的特色。

九、吃啥喂啥

吃啥喂啥，就是你用什么招打我，我就用相应的方法打你，以牙还牙。实施吃啥喂啥的关键在于走化的功夫上。这就要求腕、肘、肩、脚、膝、胯高度灵活、化发自如。化胯最难，它统领各大关节，为根节之根节，活与不活全赖于此。关节要活络，犹如万向接节，不断变换重心，调整虚实，使对方无法进击，周身如一家，内劲浑厚，无论对方用什么招数打我，我遂即走化，即走其招还制其身，吃啥喂啥，攻其不守。吃啥喂啥，还要看各人的功夫深浅、经验多少而定。一般拿法还容易走化，拿人要拿根，技术高者不仅拿人手肘，还能拿至腰胯，使对方不能转换求变而陷于绝地。

十、招法圆活

太极实战应用不是力的抗衡，也不是后天拙力竞争，那是什么呢？答案只有一个是圆的较量。

圆的较量贵在于活。圆的轨迹则是圈，圈活圆就活，则招法就活。要达到活的境地，要有掤劲作基础，必须掌握“气势圆满”和“力撑八面”，而形成防护圈，使之来力不至摧垮防护圈，顺其切线而偏心走掉。活的动力在内而不在外，外随内动，劲无断续。动者，为气转动，而非形之动。周身成为一家，气自然能遍及身躯，于是能八面转换而旋转自如，我意欲往何处，气即能行往何处，意气自然能达到物来顺应的境界。

拳经有云“察四两拨千斤之句，显非力胜；观耄耋御众之形，快何能为。立如枰准，活似车轮。”“一举动，周身俱要轻灵，尤须贯串。气宜鼓荡，神宜内敛。无使有缺陷处，无使有凹凸处。”“气若车轮，腰似车轴。”“意气须换得灵，乃有圆活之趣，所谓变动虚实也。”就陈式太极拳来说，走架自始自终都在画圈，所以，不管是大圆、小圆、平圆、斜圆、形形式式之弧圆，都能贯穿于全身各个部位。动作的实战应用时也同样走弧形，处处有圈，无处不太极。进退走化亦画圆，沾粘黏随亦是圆。小圈克大圈，大圈套小圈。半圈进，半圈退；半圈化，半圈发。无论对方有多大力量，经过圆的化解，就可消除其给你的力量和威胁。圆周是以一点为圆心，半径小即圆小，半径大则圆也大。大圈的周长比小圈的周长人，所以走小圈的路线要比走大圈的路线要短。小圈的转换动作小，很快能化掉对方的力，并通过惯性把力作用于对方。由于动作小，路线短，节省了时间，使对方不及走化而被击出。这当然也不是一概而论，而是要看双方技击的实力。

总之，能得“圆活”之妙，遇敌也不含抵抗性，能随敌劲以为伸缩。迎战时则能以变应变，随境而化；随意而变，随心所欲；似攻似守，似发似收。犹如水之无所不至，气之无所不入，抽丝之连绵不断，迎敌则无所不适，克敌则无坚不摧。

第三节　实战经验要论

历代太极拳家在实战中总结出很多的宝贵经验，并用简洁而明了的语言加以论述，有的散传于武林、有的散留于各类武术著作之中。这些要论对指导利用太极拳进行技击有着深远的现实意义。现加以整理，将其集录于下：

太极拳宗师陈长兴说：利用太拳进行技击时要“心气一

发，四肢皆动，足起有地，动转有位，或粘而游，或连而随，或腾而闪，或折而空，或掤而捋，或挤而按。拳打五尺以内，三尺以外，远不发肘，近不发手，无论前后左右，一步一捶，遇敌以得人为准，以不见形为妙。拳术如战术，击其无备，袭其不意，乘击而袭，乘袭而击，虚而实之，实而虚之，避实击虚，取本求末。出遇众围，如生龙活虎之状，逢击单敌，以巨炮直轰之势，上中下一气把定，身手足规距绳束，手不向空起，亦不向空落，精敏神巧全在于活。”他又说：太极拳“古有闪、进、打、顾之法；何为闪，何为进，进即闪，闪即进，不必远求。何为打，何为顾，顾即打，打即顾，发手便是。”他还在《用武要言》里说：“出身先占巧地，是为战斗要诀。骨节要对，不对则无力，手把要灵，不灵则生变。发手要快，不快则迟误。打手要狠，不狠则不济。脚手要活，不活则担险。存心要精，不精则受遇。发身要鹰扬猛勇，泼辣胆大，机智连环，勿畏惧迟疑；如关临白马，赵临长坂，神威凛凛，波开浪裂。静如山岳，动如雷发。拳打上风，审顾地形，手要急，足要轻，察势如猫行。心要整，目要清，身手齐到始成功。手到身不到，击敌不得妙，手到身亦到，破敌如薅草。”他在《用武要言》里又说：与人交手“先动为师，后动为弟，能教一思进，莫教一思退。胆欲大而心欲小，运用之妙，存乎一心而已。一理运乎二气，行乎三节，现乎四梢，统乎五行。时时操演，朝朝运化，始而勉强，久而自然。拳术之道学，终于此而已矣。”

古人在《交手法》中云：与人交手“能去，能就，能刚，能柔，能进，能退，不动如山岳，难知如阴阳，无穷如天地，充实如太仓，浩渺如四海，炫耀如三光，察来势之机会，揣敌人之短长，静以待动，动以处静，然后可言拳术也。”“心如火药，手如弹，灵机一动，鸟难逃。身似弓弦，手似箭，弦响鸟落显奇神。起手如闪电，电闪不及合眸。袭敌如迅雷，雷发不及掩耳。左过右来，右过左来；手从心内发，落向前落。力从足上起，足起犹火作。上左须进右，上右须进左，发步时足跟先着地，十指要抓地，步要稳当，身要庄重，去时撤手，著人成拳，上下气要均停，出入以身为主宰；不贪，不歉，不即，不离。拳由心发，以身催手，一肢动百骸皆随；一屈，统身皆屈；一伸，统身皆伸；伸要伸得尽，屈要屈得紧。如卷炮卷得紧，崩得有力。”

太极拳《要诀》云：与人交手“捶自心出，拳随意发，总要知己知彼，随机应变。”《要诀》又云：在与敌交手时，“借法容易，上法难，还是上法最为先。发步进入须进身，身手齐到是为真，法中有诀从何取，介开其理妙如神。”《要诀》还云：“人之来势，务要审察，足踢头前，拳打膊下，侧身进步，伏身起发。足来提膝，拳来肘发，顺来横击，横来捧压，左来右接，右来左迎，远便上手，近便用肘，远便足踢，近便加膝。”《要诀》里说：“操演时面前如有人，对敌时有人如无人。面前手来不见手，胸前肘来不见肘，手起足要落，足落手要起。心要占先，意要胜人，身要攻入，步要过人，头须仰起，胸须现起，腰须竖起，丹田须运起，自顶至足，一气相贯。”

《拳诀》言道：“在敌旧力已过，新力未生之际，出其不意而袭之，就可以一举而中。”《拳诀》又言道：“刚在人力前，柔乘他力后，彼忙我静待，知拍无所畏。”《拳诀》还言道：“善守者，使敌不知所攻，善攻者，使敌不知所守。见勇者，而故示以怯。遇智者，而故露若遇。俟彼骄气浮，然后乘机而进。”《拳诀》还言道：“以长攻短，是为力斗，以短攻长，是为斗智，以敌之长，攻敌之短，以敌之短，攻敌之长，则为斗之以神。”《拳诀》还言道：“以攻为守不见守，以守为攻不见攻，以攻对攻，贵在抢攻，消极防御，防不胜防，积极防御，不守而防。”

《战斗篇》云：“击于勇猛，不当击梢，迎面击中堂，抢上抢下势如虎，类似鹰鹞下鸡场；翻江拨和不须忙，单凤朝阳不为忙；云背日月天交地，武艺相争见短长。”《战斗篇》里又说：“善击者，先看步位，后下手势。上打咽喉下打阴，左右两胁并中心。前打一丈不为远，近打只在一寸间。胆战心寒者，必不能取胜。 不能察形势者，必不能防人。”《战斗篇》里还说：“不拘提打、按打、击打、冲打、膊打、肘打、胯打、腿打、头打、手打、高打、低打、顺打、横打、进步打、退步打、截气打、借气打以及上下百般打法，总要一气相贯。”

李亦畲在《走架打手行功要言》中说：“欲要四两拨千斤，引进落空，先要知己知彼。欲要知己知彼，先要舍己从人。欲要舍己从人，先要得机得势。欲要得机得势，先要周身一家。欲要周身一家，先要周身无缺憾。欲要周身无缺憾，先要神气鼓荡。欲要神气鼓荡，先要提起精神，使神不外散。欲要神不外散，先要神气收敛入骨。欲要神气收敛入骨，先要两股前节有力，两肩松开，气向下沉。劲起于脚跟，变换在腿，含蓄在胸，运劲在两肩，主宰于腰，上于两膊系，下于两腿随。劲由内换。收便是合，放便是开，开中寓合。触知则施转自如，无不得力，才能引进落空，四两拨千斤。”

《天运机论》中载：“身动时如崩墙倒，脚落如树栽根。手起如炮直冲，身动如蛇前行。击首则尾随，击尾则首应。打前要顾后，知进知退。心动快似马，身动速如风。操练时面前无人如有人，交手时面前有人如无人。前手起后手紧催，起前脚后脚紧随。面前有手不见手，胸前有肘不见肘。见空不打，见空不上。拳不望空打，打起不空落。手起足要落，足落手要起。心要占先，意要胜人，身要攻人，步要过人。前腿似弓，后腿似箭。头要仰起，腰要长起。丹田要运起，自顶至足，一气相贯。”

《交手必要三十论》中说：“凡与人交手，务要先定自心。不可失之忙迫。盖定而后能静，任敌人手舞足蹈，我惟以静待之，蹈其隙以乘之。兵法所谓：以静制动也。凡与人交手，务要先壮起胆来。盖胆者心之辅，胆壮心亮手脚自不忙乱，此兵法所谓：将有谋而士卒从令也。凡与人交手，不可掉以轻心。如敌弱于我，亦要小心翼翼不可欺弱，稍微大意。兵法云：骄兵必败也。凡与人交手要去贪心。我微有不便即不可冒险图功，必蹈其隙而后乘之，此兵法所谓：观隙而动也。凡与人交手不可太老实。必诓骗、引诱、虚诈，使敌人入我圈套，兵法所谓：兵不厌诈也。凡与人交手不可专恃勇力。如敌强我弱，来势刚强，我手不能遮架，当用以柔克刚之法，或滑手以进之，或借彼力以取之，兵法云：逢强智取所之谓也。凡与人交手不恃遮拦于巧，而恃有攻取之方。拳经云：双手逼他单手。即兵法所谓：制人而不制于人者也。凡与人交手不可枉费气力。如彼来势勇猛，我只可坦然承接，彼气竭，我力方盈，我盈敌竭未有不胜。兵法云：以逸待劳也。凡与人交手要善用诓骗。如我欲打其上，先向其下取之。彼防其下，则我转而向上。欲取其左，先向右以诱之，使彼防右，则我转而向左。兵法所谓：兵行诡道而人莫测者也。凡与人交手宜知乘虚。如彼手向上则下虚，彼手向左则右虚，我乘其势以攻之。兵法所谓：兵避实而击虚也。凡与人交手要善卖破绽，诱之使人，我可乘间取之，使其不可及防，兵法云：出其不意攻其不备者是也。凡与人交手要后人发，先人至，手疾眼快，防不及防。此兵法所谓：兵贵神速，迅雷不及掩耳也。凡与人交手妙在静乱分清。如敌静以待我，我先用虚手以晃，使彼眼乱，眼乱则心乱，然后从而乘之，此兵所谓：虚张声势，以惑敌心者也。凡与人交手欲以柔克刚，莫过妙于顺人之势，借人之力，此兵法所谓：因其势而利导之者也。凡与人交手不可备式，今人交手备式，不知此最吃亏。如备式，我从旁审视可知其先出何手。如彼之备式，并意我使某手打他，他先备此式，以备我，我若不然，则彼来手无策也。师云：凡与人交手不可备式，恐敌窥我虚实也。凡与人交手站立宜如平时，不可稍带形迹，使彼不知我虚实。此兵法所谓：出其不意者也。凡与人交手要带一番儒雅气象，使敌人视我文弱无能心懈力怠，不知格外防备，我可乘其怠而攻之，兵法所谓以羸师诱敌此也。凡与人交手先用眼注彼膀尖，不可旁视，膀动则手出，我可以防之，兵法所谓：以静观动也。凡与人交手要识破为哪一家。如彼上身，我亦上身，棋逢对手固无不可。如我为上身，彼善用腿，我则当用硬攻直进，挨身靠打，使彼不能离开，则腿不能使上，兵法云：知彼知己，百战不殆者是也。凡与人交手两手要放中间，救护攻取方能得力，此兵法所谓：依山傍水，势据险要也。凡与人交手务要将家看住，如右手既出，则左手看家，左手一出，则右手看家。不然一手既出，而一手恍如无事，敌必然乘虚而入矣。兵法云：有攻取者必有护守是也。凡与人交手两手务要抱住，慎勿散乱，如行兵与纪律。兵法云：纪律不乱，敌不敢攻，此之谓也。凡与人交手前腿要向里合，以防腿固。兵法所谓：行阵严整，不畏敌攻者也。凡与人交手，如让我先打，我则虚打一手，着则更好，不着即疾速将手撤回，作为引手。彼如用手来破我手，其出手之时即我下手之时，此兵法所谓：及其阵未定而荡之者也。凡与人交手，如用虚手务要虚中藏实，彼如能破我手则虚，彼不能破我手则实也，此兵法所谓：虚则实之者也。凡与人交手，敌疑我强，必先小败，以骄其志。盖志骄则欺敌然后乘其疏而取之。此兵法所谓：骄其志而攻其怠也。凡与人交手莫妙于善于诈语。如我欲取上先招手向彼下路使其全神贯注在下部，则上路破绽全卖出矣。此兵法所谓：声东击西者也。凡与人交手敌或败走，我不可逐追，当审其真伪，即或追之亦要处处留心，勿乱手脚。此兵法所谓：步步为营者也。凡与人交手我一人，敌亦一人，固宜逢强智取，逢弱力擒，为己所长，不可怯弱无往而不可。凡与人交手，我只一人，敌四五人或数十人。若于城邑院落之内，固宜先占地利，或据隧巷，或据窄口；若在平原则宜以纵跳为主，不必冒险入重围，相其空闲之处即我托足之所。彼众赶来转身即走：频频回顾，逼近者即乘势打之，着不着撒身又走，出险即息，罢之使赶，又复如前，则一可敌百矣。”

本书作者在《太极拳推手秘技》中说：“两人搭手相推出现‘顶牛’时，只要把对方打偏，破坏我被对方顶成的双重，顶牛自然瓦解。对方若用大力向我冲击而来，要采用闪身移步之法，使之落空。若对方硬拉硬拽，应就其拉拽之力，顺势随劲跟进而撞之，将其撞向后倒。对方若施技对我进行搬摔，我须周身放松，使对方顶空，而无法施之。对方若用抱摔摔我时，最好的办法是伸手给对方一个横力，打在对方前胸上，使其向我背后跌出。对方若要施用擒拿之法，控制我的关节时，我应突然放松被拿控之关节，放松的同时将反关节旋顺成顺关节。有时还需身体里进，尽量贴近对方身体，这样则可放松下来，解除被拿控的局面。忌向外挣，有时是越挣越紧。以上方法巧妙施之无有不效。”这些技法虽然说只是太极拳推手的技法，但也适合于散手技击。本书作者曾在《武术论》里说：“打法不外乎内、外两家，外家打法追求‘三字诀’，‘快、准、狠’，发力刚强，力法快长，发劲由松到紧的过程，讲究‘寸’劲；内家打法讲究‘听、化、发’三字，发劲沉着松静，发劲时由收缩变为伸张，是由紧到松的过程，追求‘整’劲。两者虽法各异，但目的相同，即制人取胜。”

第四节　太极拳临战经验

利用太极拳实战时要运动好虚实之机，或说动静之机，变化全要因对方变化而变化。正所谓，因敌变化示神奇。

一、感知劲道随劲而应

与对方交手时，要细心体会对方的劲道，即攻来的力点在哪里？攻来的力量的大小有多少？方向是向哪里？一定要感知到。这样才能随劲而变或引、或化、或随，使出稍大对方之力的力而制之。

二、全身掤劲不能丢

掤劲是一种擎住对方之劲的劲，这种劲稍大于对方之劲，是一种浑圆之劲，受力不瘪、不垮的一种具有弹性的、能伸能曲的、柔韧性的、螺旋式的外撑劲。它是实战时引、化、发的基础。

三、容吞引化

在实战过程中，必须敢于将对方的劲放进来，等对方失控或撤劲时，再顺势给对方多少的力量，使之跌出。能容吞引化后才能吐、能放、能发。容吞引化的关键在于：要使自己的胸前容量加大。

四、能合就赢

先合住、或说先拿住、或说先控制住对方，一定要主动，赶到“先”这个胜者的位置，才能立于不败之地。

五、化打合一

要求在化掉对方来力的同时找准发放的位置和方法，将对方击出。

六、多走立体螺旋劲

太极拳是一种浑圆圈的运动,每一动作，不只单单有平圆或立圆，它们是同时存在的。

七、下塌外碾

先合住对方，再把劲塌到对方的脚下，然后用一种搓力将对方发出。

八、造势借力

从反面入手施制。要做到欲左先右，欲前先后等用法，用太极的哲理来指导应用。

九、交替运用招招递进

实战中不能总想着一招制服对方，有些方法在某些人身上并不好使，所以方法得交替使用，这招不行，我还有下招，招招递进。

十、意气力结合

讲用意不用力不对，用力不用意也不对。应该意气力（精气神）结合最好。

第五章　陈式新架二路拳功夫练法

陈式太极拳新架二路的功夫是打好该拳的基础，是提高该拳技术、提高专项素质的根本环节。本章选择了桩功和缠丝功两种功法作为该拳的基本功法。通过意念、呼吸与动作的协调配合练习，使意气力三者合为一体，从而使动作具有既沉着又轻灵，既刚健又柔韧的劲力内蕴，达到柔中寓刚，棉里藏针，周身圆满完整，力撑八面，沉实有劲，为练好陈式太极拳新架二路奠定可靠的基础。

第一节　桩功

桩功是陈式太极拳新架二路的一项重要的基本功。拳谚曰："百练不如一站"，"练拳无桩步，房屋无立柱。"拳理中又有"欲求技击妙用，须以站桩换劲为根始，所谓使其弱者转为强，拙者化为灵也"的精辟论述。由此可见，站桩既能增强体质，又是能提高技击能力的一种有效的方法。因此，桩功倍受太极拳家的重视。陈式太极拳新架二路常用的桩功有无极桩、太极桩、缠绕桩、开合桩、滚球桩等。

一、无极桩

【桩法】

两脚并拢，身体自然直立，两臂自然下垂于两腿外侧，头颈正直；目视前方或双目微闭。（图 5–1）

图 5–1

【要领】

身体正直，沉肩垂臂，虚领顶劲，胸背舒展，敛臀收腹，口轻合闭，颌部内收，舌舐上腭。全身放松。

【呼吸】

以鼻呼吸，采用腹式呼吸，呼吸均匀、深长。

【意念】

（一）意守丹田穴法

思想集中在丹田穴处，想象丹田穴随着呼吸逐渐充盈。

（二）循经导引法

吸气时想象丹田穴内气向下经会阴穴过长强穴向后上沿督脉行至百会穴，呼气时想象内气由百会穴向前下过膻中穴沿任脉沉入丹田穴。

【要求】

根据需要择取一种意念练习。每次坚持练习 5~30 分钟，每日练 1~2 次。

二、太极桩

【桩法】

（一）起势

两脚并拢，身体自然直立，两臂自然下垂于两腿外侧，头颈正直；目视前方或双目微闭。（图 5–2）

图 5–2

（二）开步直立

身体重心移向右腿，左腿屈膝，脚跟脚尖依次提起，并向左横跨一步，两脚平行开立，两脚间距离与肩同宽，身体自然直立，两臂自然松垂，两手贴于大腿两侧；目视前方。（图 5–3）

（三）提膝举拳

身体重心移向左腿，屈膝微蹲，左臂微屈，左手屈腕外旋掌心翻向上，置于腹前，同时右臂屈肘，右手握拳外旋举至胸前约 10 厘米处，拳心斜向上，右腿屈膝提起，膝与腹平，脚尖向前，上体正直；目视右拳。（图 5–4）

图 5–3

图 5–4

（四）踏脚砸拳

右脚下落，轻轻踏地，右腿微屈，两脚横开距离与肩同

宽，身体重心移至两腿之间，同时右拳下落砸于左掌心上，拳心斜向里上方；目视右前下方。（图 5–5）

图 5–5

【要领】

虚领顶劲，含胸拔背，两腿微屈，敛臀坐胯，身体中正，不偏不倚，全身放松。

【呼吸】

以鼻呼吸，采用腹式呼吸。动作时，开步直立、提膝举拳时吸气，踏脚砸拳时呼气。静站时，呼吸细外匀、深长。

【意念】

（一）循经导引法

（1）动作中：提膝举拳时想象丹田穴内气向下经会阴穴向后上沿督脉行至百会穴，踏脚砸拳时想象内气由百会穴向前下过膻中穴沿任脉沉入丹田穴。

（2）静站中：吸气时想象丹田穴内气沿督脉行至百会穴，呼气时想象内气由百会穴沿任脉行至丹田穴。

（二）采精华之气

踏脚砸拳站定之后，想象自身置于宇宙空间，整个空间充满清新、透明、金黄色或橙色、或浅绿色的精华之气，身体各穴窍及毛孔全部敞开。吸气时精华之气从各穴窍及毛孔纳入体内，呼气时体内浊气排出体外。

（三）意守丹田穴法

踏脚砸拳站定后，意念集中于丹田穴处，想象丹田穴内气逐渐充盈。

（四）外境观想法

踏脚砸拳站定后，想象自身站立于青山翠柏之中，到处显现出鸟语花香，一轮红日初升的美景，给人以空气清新，环境幽静，心旷神怡的感觉。

【要求】

开步直立、提膝举拳、踏脚砸拳是摆桩前成桩过程的动作，踏脚砸拳后静心站定则为桩势，摆成桩势后静站 5~20 分钟，每日练 1~2 次。练习时只可选择其中一种意念即可。

三、缠绕桩

【桩法】

（一）起势

两脚开步站立，身体正直，两臂向里屈于小腹前，左掌在下，掌心向上，指尖向右，右拳置于左掌心内，拳心向上，拳眼向前，头颈正直；目视前方或双目微闭。（图 5–6）

图 5–6

（二）托拳左绕

身体微向左转，身体重心移

向左腿，同时左掌托右拳向左、向上绕至左胸前约 10 厘米处；目随手视。（图 5–7）

图 5–7

（三）托拳右绕

上动不停，身体微向右转，身体重心微向右腿，同时左掌托右拳由左胸前继续向上、向右绕至右胸前约 10 厘米处；目随手视。（图 5–8）

（四）托拳下绕

上动不停，身体微向左转，身体重心移于两腿之间，左掌托右拳继续向右、向下、向左弧形绕至小腹前，还原成无极桩势；目视前下方。（图 5–9）

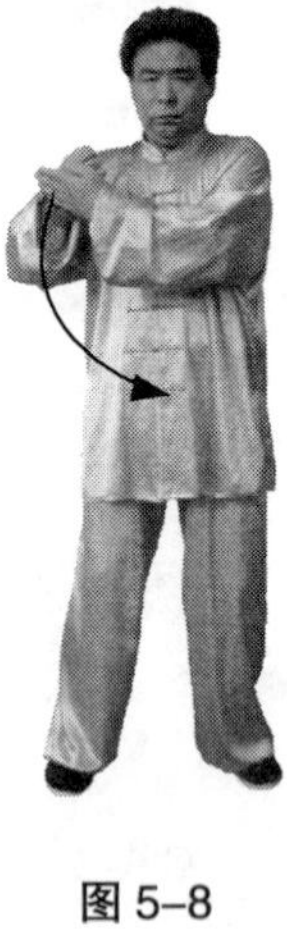

图 5–8

图 5–9

【要领】

两腿微屈膝，身体重心左右移动；两手体前环绕成椭圆，动作柔缓、连贯。

【呼吸】

以鼻呼鼻吸，采用腹式呼吸。托拳向上、向左、向右绕时吸气，托拳向下、向左绕时呼气。

【意念】

（一）意守丹田穴法

托拳向上、向左、向右绕时，想象丹田穴内气向左上、向右旋转半周。托拳向下、向左绕时，想象丹田穴内气向右下、向左旋转半周。

（二）外境观想法

练功时，想象蔚蓝的天空中漂浮着淡淡的白云，艳阳透过白云洒下柔和的阳光，阳光照得丹田穴暖洋洋的。随着两手的绕转，气在丹田穴中旋绕。

【要求】

按照桩法动作，每次向左（逆时针方向）绕环练习 8 圈，然后再向右（顺时针方向）绕环练习 8 圈。每日练习 1~2 次。

四、开合桩

【桩法】

（一）起势

两脚开步站立，身体正直，两臂向里屈于小腹前，左掌在

下，掌心向上，指尖向右，右拳置于左掌心内，拳心向上，拳眼向前，头颈正直；目视前方或双目微闭。（图5–10）

图 5–10

（二）转身托拳

身体重心移至左腿，上体左转，同时左掌托右拳向左、向上划弧至左胸前；目视右拳。（图 5–11）

（三）转身翻掌

上动不停，身体重心移至右腿，上体右转，同时右拳变掌，两前臂内旋，两掌外翻，掌心向外，两腕相搭于胸前，右腕在里；目视左手。（图 5–12）

图 5–11

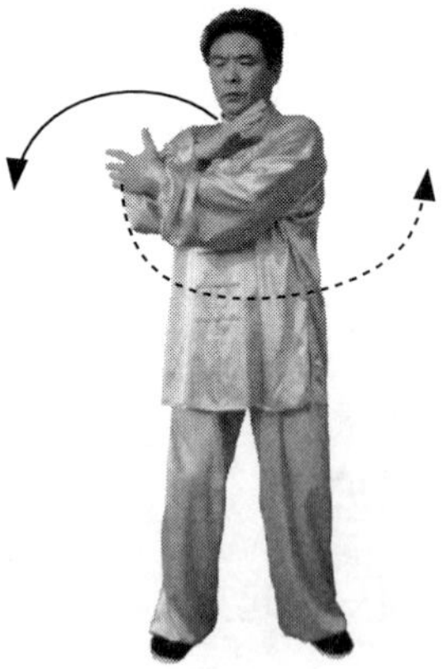

图 5–12

（四）转身分掌

上动不停，身体重心移至左腿，上体左转，同时右掌向上、向右、向下绕至右胯旁，掌心向下，指尖向前，左掌向下、向左、向上绕至额头上方，掌心向前，指尖斜向上；目视右下方。（图 5–13）

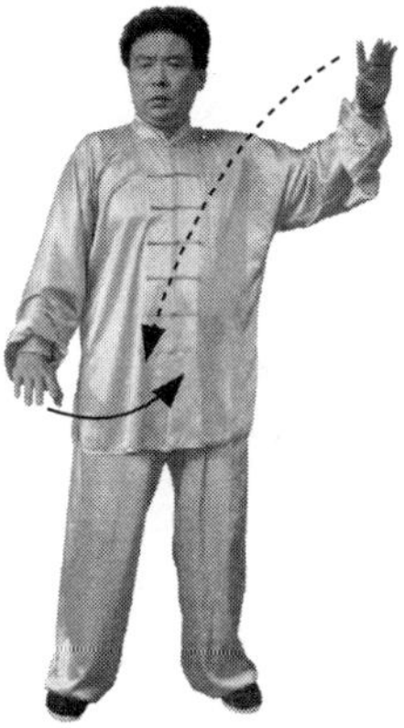

图 5–13

（五）转身合手

上动不停，身体重心移至两腿之间，上体微右转正对前方，同时右掌向左绕至小腹前，掌心翻向上，指尖向左，左掌外旋变拳向右经面部下落至右掌上，拳心向上稍斜向里；目视前下方。（图 5–14）

图 5–14

（六）转身托拳

身体重心移至右腿，上体右转，同时右掌托左拳向左、向上划弧至右胸前；目视左拳。（图 5-15）

图 5-15

（七）转身翻掌

上动不停，身体重心移至左腿，上体左转，同时左拳变掌，两前臂内旋，两掌外翻，掌心向外，两腕相搭于胸前，左腕在里；目视右手。（图 5-16）

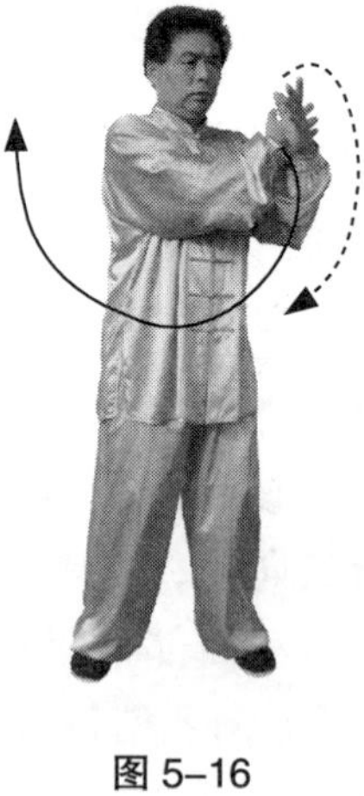

图 5-16

（八）转身分掌

上动不停，身体重心移至右腿，上体右转，同时左掌向上、向右、向下绕至左胯旁，掌心向下，指尖向前，右掌向下、向左、向上绕至额头上方，掌心向前，指尖斜向上；目视左下方。（图 5–17）

（九）转身合手

上动不停，身体重心移至两腿之间，上体微左转，正对前方，同时左掌向左绕至小腹前，掌心翻向上，指尖向右，左掌外旋变拳向左经面部下落至左掌上，拳心向上稍斜向里；目视前下方。（图 5–18）

图 5–17

图 5–18

【要领】

此法，身体是左右回转的身法，两手臂先内旋，再外旋（即先双逆缠，再双顺缠）。两手在体前左右缠绕做开合运动，在空间画太极图。身体右转时，身体重心移至右腿。身体左转时，身体重心移至左腿，左右不断变换虚实。

【呼吸】

转身托拳、转身翻掌时吸气，转身分掌、转身合手时呼气。

【意念】

（一）循经导引法

转身托拳、转身翻掌时想象内气由两手行至丹田穴，转身分掌、转身合手时想象丹田穴内气行至两手。

（二）信息刺激法

转身托拳、转身翻掌时想象两手扯着弹簧一端，另一端踩在脚下，随着转身托拳弹簧被拉长。转身分掌时想象两手分别握弹簧两端，随着分掌弹簧被拉长。

【要求】

每次练习 8 遍，每日练习 1~2 次。

五、滚球桩

【桩法】

（一）起势

两脚开步站立，身体正直，两臂向里屈于小腹前，左掌在下，掌心向上，指尖向右，右拳置于左掌心内，拳心向上，拳眼向前，头颈正直；目视前方或双目微闭。（图 5–19）

图 5–19

（二）转身抱拳

身体重心移至左腿，上体微左转，同时左掌托右拳向左、向上划弧至左胸前；目视右拳。（图 5–20）

图 5–20

（三）转身翻掌

上动不停，身体重心向右移，上体微右转，同时右拳变掌，两前臂内旋，两掌外翻，掌心均向外，两腕相搭于胸前，右腕在里；目视左手。（图 5–21）

图 5–21

（四）右转抱球

上动不停，身体重心移

至左腿，上体继续微右转，同时左掌边向前、向下落，边外旋，掌心翻向上至腹前，掌指向右，右掌向上、向右划弧边内旋，掌指向左，两掌心相对如抱球状；目视右掌。（图 5–22）

（五）左转抱球

上动不停，身体重心移至右腿，上体左转，同时右掌向前、向下弧形边落、边外旋，掌心翻向上至腹前，掌指向左，左掌向左、向上、向右划弧内旋至左胸前，掌心翻向下与右掌心相对，如抱球状；目视左掌。（图 5–23）

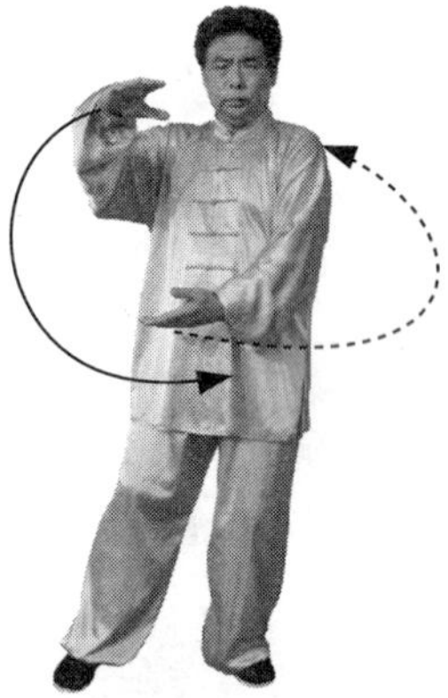
图 5–22

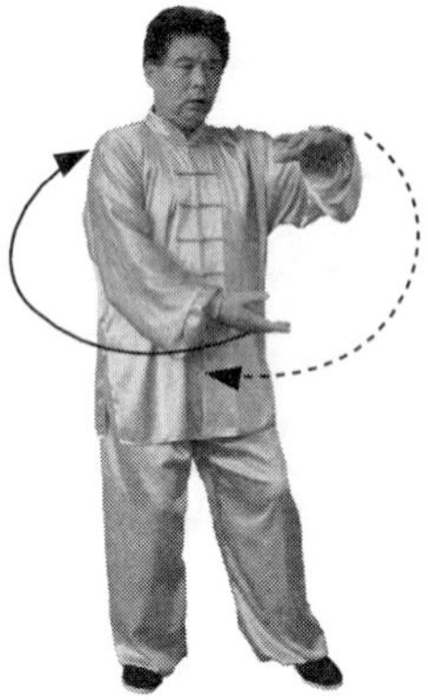
图 5–23

（六）右转抱球

上动不停，身体重心移至左腿，上体右转，同时左掌向前、向下弧形边落、边外旋，掌心翻向上至腹前，掌指向右，右掌向右、向上、向左，划弧内旋右胸前，掌心翻向下与左掌

心相对，如抱球状；目视右掌。（图 5-24）

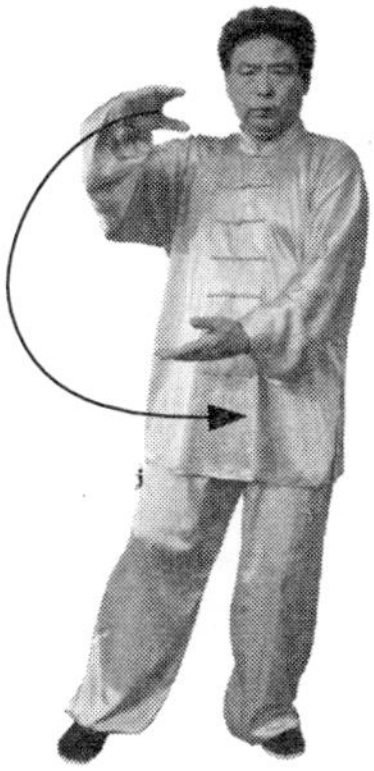

图 5-24

（七）左转抱球

上动不停，身体重心移至右腿，上体左转，同时右掌向前、向下弧形边落、边外旋，掌心翻向上至腹前，掌指向左，左掌向后沿腹部向上划弧内旋提至胸前，掌心翻向下与右掌心相对，如抱球状；目视左掌。（图 5-25）

（八）转身合手

上动不停，身体重心稍右移至两脚之间，上体微右转，面向正前方，左掌变拳落于右掌上，成无极桩势。（图 5-26）

注：以上动作，为滚球桩左势。

图 5-25

图 5-26

（九）转身托拳

身体重心移至右腿，上体微右转，同时右掌托左拳向右、向上划弧至右胸前；目视左拳。（图 5–27）

图 5–27

（十）转身翻掌

上动不停，身体重心左转，上体微左转，同时左拳变掌，两前臂内旋，两掌外翻，掌心均向外，两腕相搭于胸前，左腕在里；目视右掌。（图 5–28）

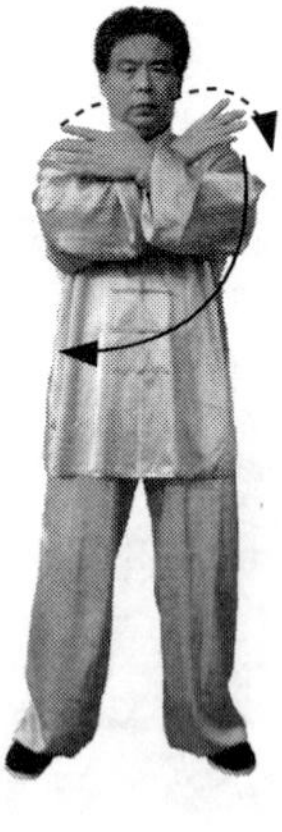

图 5–28

（十一）左转抱球

上动不停，身体重心

移至右腿，上体继续微左转，同时右掌边向前、向下落，边外旋，掌心翻向上至腹前，掌指向左，左掌向上、向左划弧内旋，掌指向右，两掌心相对如抱球状；目视左掌。（图 5–29）

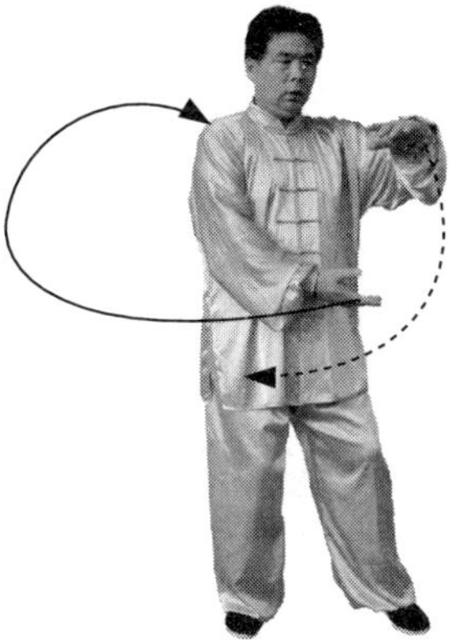

图 5–29

（十二）右转抱球

上动不停，身体重心移至左腿，上体右转，同时左掌向前、向下弧形边落、边外旋，掌心翻向上至腹前，掌指向右，右掌向右、向上、向左划弧内旋至右胸前，掌心翻向下与左掌心相对，如抱球状；目视右掌。（图 5–30）

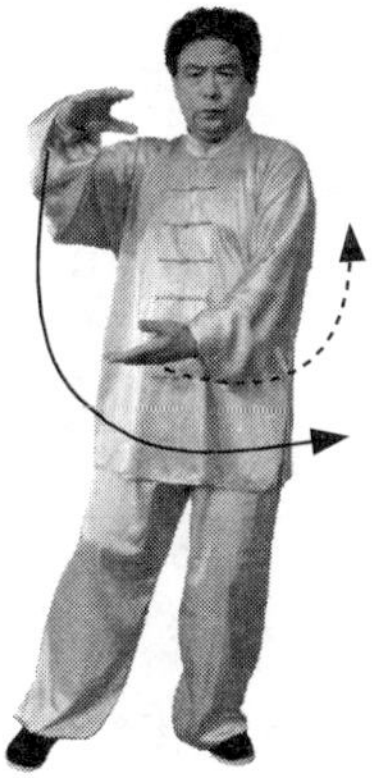

图 5–30

（十三）左转抱球

上动不停，身体重心移至右腿，上体左转，同时右掌向前、向下弧形边落、边外旋，掌心翻向上至腹前，掌指向左，左掌向左、向上、向右划弧内旋至左胸前，掌心翻向下与右掌心相对，如抱球状；目视左掌。（图 5–31）

（十四）右转抱球

上动不停，身体重心移至左腿，上体右转，同时左掌向前、向下弧形边落、边外旋，掌心翻向上至腹前，掌指向右，右掌向右、向上、向左划弧内旋至右胸前，掌心翻向下与左掌心相对，如抱球状；目视右掌。（图 5–32）

图 5–31

图 5–32

（十五）转身合手

上动不停，身体重心稍向左移至两脚之间，上体微左转，

面向正前方，右掌变拳落于左掌上，成无极桩势；目视前方。（图 5–33）

注：以上动作为滚球桩右势。

图 5–33

（十六）收势

上动不停，左掌托右拳提至胸前，右拳变掌，两掌同时内旋，掌心翻向外，然后随两腿缓缓伸起，两掌分别向左右慢慢落至两大腿外侧成开步直立；目视前方。（图 5–34、图 5–35、图 5–36）。

身体重心移向右腿，左腿屈膝，脚跟、脚尖依次提起向右脚靠拢并立；目视前方。（图 5–37）

图 5–34

图 5–35

图 5–36

图 5–37

【要领】

两腿保持微蹲，但在重心移动过程中，身体重心偏于一腿时，其膝随动作成屈蹲，另一腿腿膝侧微伸，这样进行左右变换虚实。上体在左转、右转过程中，要保持正直。

【呼吸】

转身抱拳、转身翻掌时吸气，右转抱球时呼气。左转抱球时吸气，右转抱球时呼气。左转抱球时吸气，转身合手时呼气。转身托拳、转身翻掌时吸气，左转抱球时呼气。右转抱球时吸气，左转抱球时呼气。右转抱球时吸气，转身合手时呼气。收式动作中落掌开立时吸气，并步直立时呼气。

【意念】

（一）内气缠绕法

滚球桩滚球时，想象丹田穴内气逐渐充盈，并随两手缠绕而内转。

（二）外景观想法

滚球桩滚球时，想象两手间抱着一个太极图形的气态球，随着两手的缠绕，气态太极球不断翻滚，并进行阴阳的消长演化。

【要求】

每次练习 8~36 遍。每日 1~2 次。

第二节　缠丝功

缠丝功是陈式太极拳独有的一种运动方法，是在意识指导下的内气流行与外形内缠外绕合一的螺旋运动。练习时，周身上下无处不缠，无一不动。然而这种缠绕是在意念控制下的，由里及表地、节节相关，有内在联系地拧旋滚动。其主要表现在上肢的旋腕转肩，下肢的旋踝转腿，躯干的旋腰转脊。这三者是起于腿主宰于腰而形于手指。意念由中而发，自内而外地向某一部位集散。使外形动作渐渐与内气相合，内气缓缓地向预定目标缠绕流注，从而使气血周流全身，疏通经络并使肌腱、韧带产生弹簧般的韧性。久练可达到一触即动的化引进击之劲，也是练习拳架的基本功法。

一、内外旋功

（一）起势

【动作】

1. 并步直立

两脚并步，两腿自然直立，身体正直，两臂自然下垂于两

腿外侧；目视前方。（图 5–38）

2. **开步直立**

身体重心慢慢移至右腿，左腿屈膝左脚跟、脚尖依次离地慢慢提起向左横开一步，脚尖、脚跟依次着地，全脚踏实，两脚相距与肩同宽，身体重心移至两腿之间；目视前方。（图 5–39）

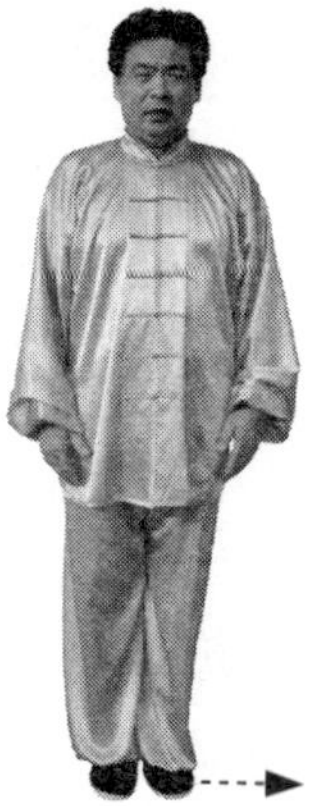

图 5–38

图 5–39

【要点】

头要正直，顶项虚领，颌部微收，口轻闭合，舌舐上腭，两肩放松，两腿微屈。

【呼吸】

开步时吸气，落步时呼气。

【意念】

并步直立时，意守丹田穴片刻。开步时，想象内气由两脚行至丹田穴，落步时，想象丹田穴内气行至两脚。

（二）屈肘提掌

图 5–40

【动作】

两臂屈肘上提，两手收于腰间，掌心均向下，两掌拇指侧轻贴腰部，掌指均向前；目视前方。（图 5–40）

【要点】

两掌同时上提，提于腰间时，向下坐腕，掌指前上翘。

【呼吸】

提掌时吸气，坐腕时呼气。

【意念】

提掌时想象内气由两脚上行至丹田穴，坐腕时想象丹田穴内气充盈。

（三）左臂外旋

图 5–41

【动作】

上体微右转，左臂外旋向左前方伸出，肘尖下垂，臂微屈，左掌高与胸平，小指侧翻向上，指尖朝左前；目视左掌。（图 5–41）

【要点】

以身带臂，左臂应随腰部右转缓慢向左前方旋转伸出。外旋伸臂时手节领先，肘节相随肩要松沉催劲。左掌小指侧向内裹劲上翻。

【呼吸】

左臂外旋时吸气。

【意念】

左臂外旋时，想象丹田穴内气沿任脉螺旋上绕经膻中穴沿左臂旋绕行至指尖。

（四）左臂内旋

【动作】

上体微左转，左臂内旋回收，左掌收于左腰侧，掌心向下，拇指侧轻贴腰部，掌指尖朝前；目随手视。（图 5–42）

图 5–42

【要点】

以身带臂，左臂要随上体左转缓缓内旋回收。回收时要松肩屈肘，以肘带手，拇指侧向内裹劲下翻。

【呼吸】

左臂内旋时呼气。

【意念】

左臂内旋时想象内气沿臂旋绕经膻中穴，沿任脉回入丹田穴。

（五）右臂外旋

图 5-43

【动作】

上体微左转，右臂外旋向右前方伸出，肘尖下垂，臂微屈，右掌高与胸平，小指侧翻向上，指尖朝右前；目视右掌。(图 5-43)

【要点】

以身带臂，右臂应随腰部左转缓慢向右前方旋转伸出。外旋伸臂时手节领先，肘节相随肩要松沉催劲。右掌小指侧向内裹劲上翻。

【呼吸】

右臂外旋时吸气。

【意念】

右臂外旋时想象丹田穴内气沿任脉螺旋上绕经膻中穴沿右臂旋绕行至指尖。

（六）右臂内旋

【动作】

上体微右转，右臂内旋回收，右掌收于右腰侧，掌心向

下，拇指侧轻贴腰部，掌指尖朝前；目随手视。（图 5–44）

图 5–44

【要点】

以身带臂，右臂要随上体右转缓缓内旋回收。回收时要松肩屈肘，以肘带手，拇指侧向内裹劲下翻。

【呼吸】

右臂内旋时呼气。

【意念】

右臂内旋时想象内气沿臂旋绕经膻中穴，沿任脉回入丹田穴。

（七）左臂外旋

图 5–45

【动作】

上体微右转，左臂外旋向左前方伸出，肘尖下垂，臂微屈，左掌高与胸平，小指侧翻向上，指尖朝左前；目视左掌。（图 5–45）

【要点】

以身带臂，左臂应随腰部右转缓慢向左前方旋转伸出。外旋伸臂时手节领先，肘节相随肩要松沉催劲。左掌小指侧向内裹劲上翻。

【呼吸】

左臂外旋时吸气。

【意念】

左臂外旋时想象丹田穴内气沿任脉螺旋上绕经膻中穴沿左臂旋绕行至指尖。

（八）内外旋臂

【动作】

上体微左转，左前臂内旋回收，左掌收于左腰侧，掌心向下，拇指侧轻贴左腰部，掌指尖朝前。在左臂内旋回收的同时，右臂外旋，向右前方伸出，肘尖下垂，臂微屈，右掌高与胸平，小指侧翻向上，指尖朝前；目视右掌。（图 5–46）

图 5–46

【要点】

以身带臂，动作协调一致。

【呼吸】

内外旋臂时呼气。

【意念】

内外旋臂时想象内气由左手沿左臂螺旋缠绕行经膻中穴再沿右臂螺旋缠绕行至右手。

注：以上左臂外旋、内旋及右臂外旋、内旋的练习方法，可采取三个步骤：①一臂单独反复做外旋、内旋练习。②左右两臂交替轮做外旋、内旋的重复练习。③一臂外旋伸出，另一臂内旋回收，两者交替反复练习。

（九）收势

【动作】

1. 转身收掌

上体微右转，右下臂内旋回收，右掌收于右腰侧，掌心向下，拇指侧轻贴右腰部，掌指尖朝前；目随手视。（图 5–47）

2. 落手开立

两臂慢慢伸直下垂，两手下落轻贴于两腿外侧，两脚自然开立；目视前方。（图 5–48）

图 5–47

图 5–48

【要点】

头身正直，顶项虚领，颌部微收，两肩自然放松，两臂松垂，两腿微屈。

【呼吸】

转身收掌时吸气，落手开立时呼气。

【意念】

转身收掌时想象内气由右手沿右臂螺旋缠绕行至丹田穴，落手开立时想象丹田穴内气逐渐充盈。

二、横掌缠旋功

（一）起势

【动作】

两脚开立，两臂外旋屈肘上提，两小指侧轻贴腰部，掌心均朝上；目视前方。（图 5–49）

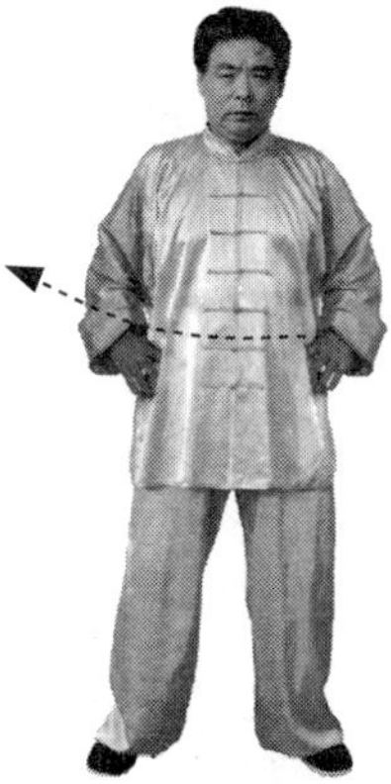

图 5–49

【要点】

身体正直，顶项虚领，颌部微收，口轻闭合，舌舐上腭，两肩松沉，两臂屈肘，两腿微屈。

【呼吸】

做预备姿势时吸气。

【意念】

做预备姿势时想象内气由两手行至丹田穴。

（二）转身穿掌

【动作】

上体右转，左臂外旋，左掌经腹前向右前穿出，臂微屈，左掌高与腰平，左掌心斜向上；目视左掌。（图 5–50）

图 5–50

【要点】

转身与穿掌要同时，穿掌时边旋边穿。转身、旋臂、穿掌要协调一致。

【呼吸】

转身穿掌时呼气。

【意念】

转身穿掌时想象丹田穴内气沿任脉、左臂旋绕行至左掌。

（三）旋臂翻掌

【动作】

上动不停，左臂内旋，左掌心翻向下；目视左掌。(图 5–51)

【要点】

掌和前臂翻转。

【呼吸】

旋臂翻掌时吸气。

【意念】

旋臂翻掌时想象内气由左掌沿左臂旋绕行至丹田穴。

图 5–51

（四）转身拉掌

【动作】

上体左转，同时左掌向上、向左经面前划弧左后拉，横掌至身体左前方，高与肩平，掌心斜向下；目视左掌。(图 5–52)

图 5–52

【要点】

拉掌与转身要协调一致。直臂向左后拉掌。

【呼吸】

转身拉掌时呼气。

【意念】

转身拉掌时想象丹田穴内气行至左掌。

（五）旋臂立掌

【动作】

上动不停，左臂微外旋，坐腕成立掌，掌心向左前方，掌指与肩同高；目视左掌。（图 5–53）

图 5–53

【要点】

臂腕掌旋翻，立掌坐腕，指掌上翘。

【呼吸】

旋臂立掌时吸气。

【意念】

旋臂立掌时想象内气由左手沿左臂旋绕行至丹田穴。

（六）左臂屈收

【动作】

上动不停，左臂外旋回收，左掌心翻向上，小指侧轻贴腰部，掌指朝前；目视左掌。（图5–54）

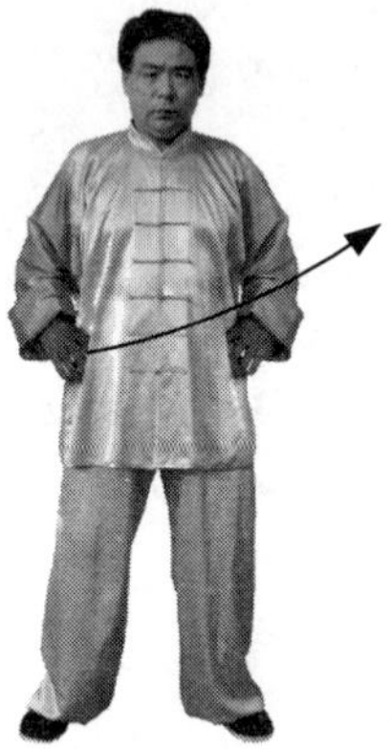

图 5–54

【要点】

屈臂回收与旋臂翻掌要一致。

【呼吸】

左臂屈收时呼气。

【意念】

左臂屈收时想象丹田穴内气充盈。

注：以上为左横掌缠旋。

（七）转身穿掌

【动作】

上体左转，右臂外旋，右掌经腹前向左前穿出，臂微屈，右掌高与腰平，右掌心斜向上；目视右掌。（图 5–55）

图 5–55

【要点】

转身与穿掌要同时，穿掌时边旋边穿。转身、旋臂、穿掌要协调一致。

【呼吸】

转身穿掌时呼气。

【意念】

转身穿掌时想象丹田穴内气沿任脉、右臂旋绕行至右掌。

（八）旋臂翻掌

【动作】

上动不停，右臂内旋，右掌心翻向下；目视右掌。（图5–56）

图 5–56

【要点】

掌和前臂翻转。

【呼吸】

旋臂翻掌时吸气。

【意念】

旋臂翻掌时想象内气由右掌沿右臂旋绕行至丹田穴。

（九）转身拉掌

【动作】

上体右转，同时右掌向上、向右经面前划弧右后拉，横掌至身体右前方，高与肩平，掌心斜向下；目视右掌。(图 5–57)

图 5–57

【要点】

拉掌与转身要协调一致。直臂向右后拉掌。

【呼吸】

转身拉掌时呼气。

【意念】

转身拉掌时想象丹田穴内气行至右掌。

（十）旋臂立掌

【动作】

上动不停，右臂微外旋，坐腕成立掌，掌心向右前方，掌指与肩同高；目视右掌。（图 5–58）

图 5–58

【要点】

臂腕掌旋翻，立掌坐腕，掌指上翘。

【呼吸】

旋臂立掌时吸气。

【意念】

旋臂立掌时想象内气由右手沿左臂旋绕行至丹田穴。

（十一）右臂屈收

【动作】

上动不停，右臂外旋回收，右掌心翻向上，小指侧轻贴腰部，掌指朝前；目视右掌。（图 5–59）

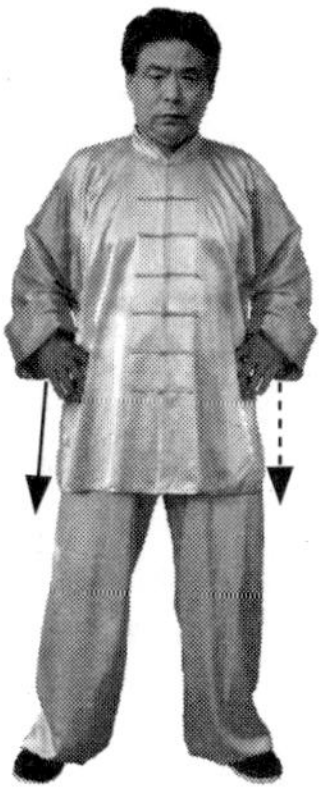

图 5–59

【要点】

屈臂回收与旋臂翻掌要一致。

【呼吸】

右臂屈收时呼气。

【意念】

左臂屈收时想象丹田穴内气充盈。

注：以上为右横掌缠旋。左右横掌缠旋可交替反复进行，一般每次练习 8 遍后再做收势。

（十二）收势

【动作】

1. **落手开立**

两臂内旋慢慢伸直下垂，两手下落轻贴于大腿两侧，身体

正直，两腿自然开立；目视前方。（图 5-60）

2. **并步直立**

身体重心慢慢移至右腿，左脚提起向右脚并拢，成并步自然直立；目视前方。（图 5-61）

图 5-60

图 5-61

【要点】

身体自然正直，两臂自然松垂。

【呼吸】

落手开立时吸气，并步直立时呼气。

【意念】

落手开立时想象内气由两手行至丹田穴，并步直立时想象丹田穴内气逐渐充盈。

第六章　相关基础知识

第一节　人体经络

人体经络是人体内经脉和络脉的总称。“经”有路径的意义，是经络系统中直行的干线，多循行于深部。“络”有网络的意义，为经的分支，犹如网络一样遍布周身，无处不至，分布部位较浅。经络是运行全身气血，联络全身脏腑肢节，沟通，上下，内外，调节体内各部分的通路。由于经络遍布全身，有规律性的循行和错综复杂的交会，把人体的五脏六腑，四肢百骸，五官九窍和皮肉筋脉等组织器官联结成一个有机的整体。

经络系统由经脉、络脉，十二经别，十二经筋，十二皮部等组成。经脉主要有十二经脉和奇经八脉两大类，络脉有别络、孙络、浮络。现将经络的组成用图 6-1 表示。

- 经络
  - 经脉
    - 十二正经
      - 手三阴经
        - 手太阴肺经
        - 手少阴心经
        - 手厥阴心包经
      - 手三阳经
        - 手阳明大肠经
        - 手太阳小肠经
        - 手少阳三焦经
      - 足三阴经
        - 足太阴脾经
        - 足少阴肾经
        - 足厥阴肝经
      - 足三阳经
        - 足阳明胃经
        - 足太阳膀胱经
        - 足少阳胆经
    - 奇经八脉
      - 督脉 任脉
      - 冲脉 带脉
      - 阴维脉 阳维脉
      - 阴络脉 阳络脉
  - 络脉
    - 别络——共十五、为主要络脉，有别走邻经之意
    - 孙络——别络之细小分支
    - 浮络——浮现于体表的络脉
  - 其他
    - 十二经别——十二经脉别出的正经
    - 十二经筋——起于四肢末端，分布在四肢、躯体不入内脏
    - 十二皮部——皮肤部分的经络分区

图 6-1

在陈式太极拳新架套路里最常用的主要有十二正经和督、任两脉。现分别介绍如下：

一、十二经脉

（一）手太阴肺经（图 6–2）

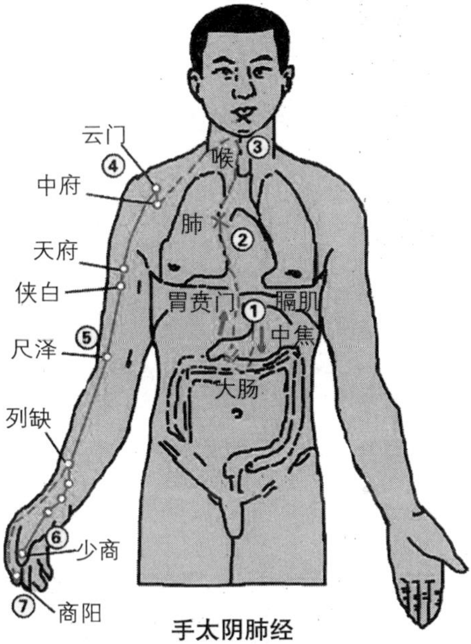

图 6–2

手太阴肺经起于中焦，下络大肠，还循胃口（下口幽门、上口贲门），通过膈肌，属肺，至喉部，横行至胸部外上方（中府穴），出腋下，沿上肢内侧前缘下行，过肘窝入寸口上鱼际，直出拇指之端（少商穴）。

分支：从手腕的后方（列缺穴）分出，沿掌背侧走向食指桡侧端（商阳穴），交于手阳明大肠经。

（二）手阳明大肠经（图 6–3）

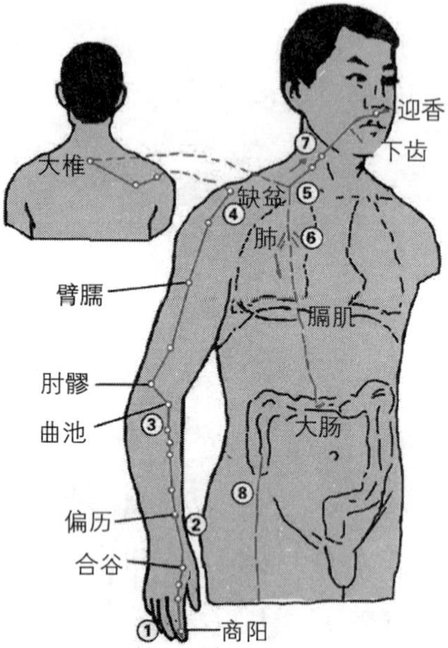

手阳明大肠经

图 6–3

起于食指桡侧端（商阳穴），经过手背行于上肢外侧前缘，上肩，至肩关节前缘，向后到第七颈椎棘突下（大椎穴），再向前下行入锁骨上窝（缺盆），进入胸腔络肺，向下通过膈肌下行，属大肠。

分支：从锁骨上窝上行，经颈部至面颊，入下齿中，回出挟口两旁，左右交叉于人中，至对侧鼻翼旁（迎香穴），交于足阳明胃经。

（三）足阳明胃经（图 6–4）

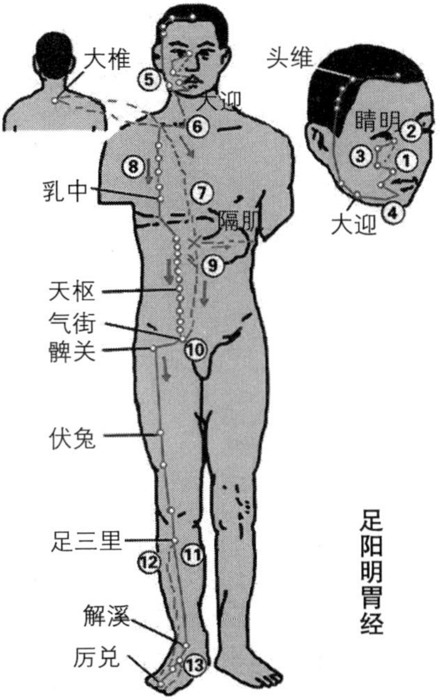

图 6–4

起于鼻翼旁（迎香穴），挟鼻上行，左右侧交会于鼻根部，旁行入目内眦，与足太阳经相交，向下沿鼻柱外侧，入上齿中，还出挟口两旁，环绕嘴唇，在颏唇沟承浆穴处左右相交，退回沿颌骨后下缘到大迎穴处，沿颌角上行耳前，经过上关穴（客主人），沿发际，到额前。

分支：从大迎穴前方下行到人迎穴，沿喉咙向下后行至大椎，折向前行，入缺盆，深入体腔，下行穿过膈肌，属胃络脾。

直行者：从缺盆出体表，沿乳中线下行，挟脐两旁（旁开二寸），下行至腹股沟处的气街穴。

分支：从胃下口幽门处分出，沿腹腔内下行到气街穴，与直行之脉会合，而后下行大腿前侧，至膝膑，沿下肢胫骨前缘下行至足背，入足第二趾外侧端（厉兑穴）。

分支：从膝下三寸处（足三里穴）分出，下行入中趾外侧端。

分支：从足背上冲阳穴分出，前行入足大趾内侧端（隐白穴），交于足太阴脾经。

（四）足太阴脾经（图 6-5）

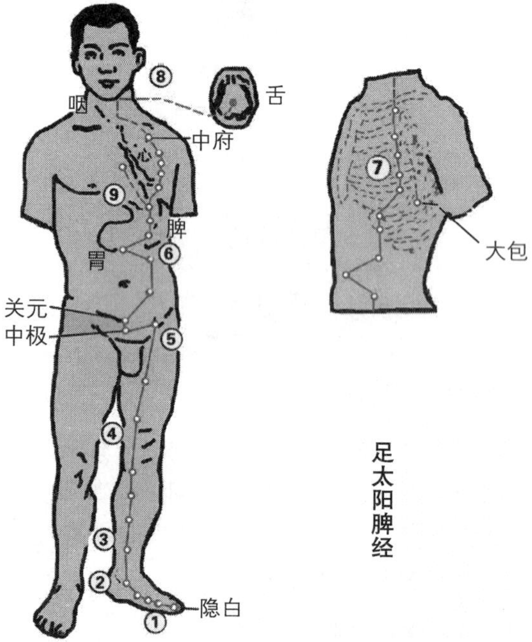

图 6-5

起于足大趾内侧端（隐白穴），沿内侧赤白肉际，上行过内踝的前缘，沿小腿内侧正中线上行，在内踝上八寸处，交出足厥阴肝经之前，上行沿大腿内侧前缘进入腹部，属脾，络胃。向上穿过膈肌，沿食道两旁，连舌本，散舌下。

分支：从胃别出，上行通过膈肌，注入心中，交于手少阴心经。

（五）手少阴心经（图 6–6）

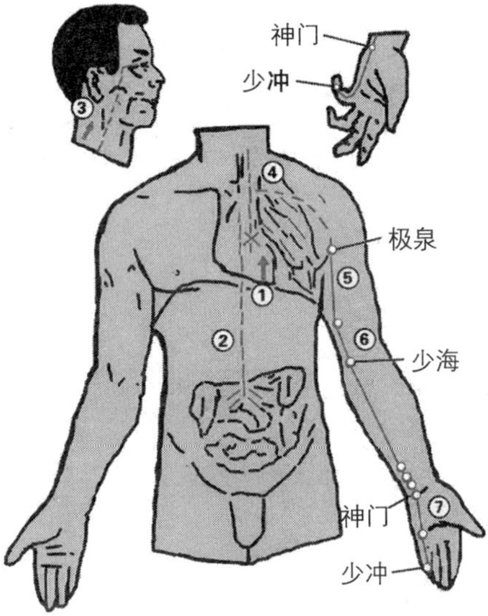

手少阴心包经

图 6–6

起于心中，走出后属心系，向下穿过膈肌，络小肠。

分支：从心系分出，挟食道上行，连于目系。

直行者：从心系出来，退回上行经过肺，向下浅出腋下（极泉穴），沿上肢内侧后缘，过肘中，经掌后锐骨端，进入掌中，沿小指桡侧，出小指桡侧端（少冲穴），交于手太阳小肠经。

（六）手太阳小肠经（图 6–7）

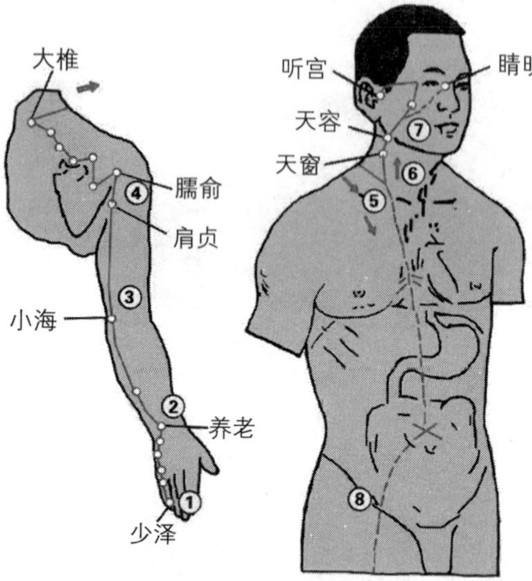

图 6–7

起于小指外侧端（少泽穴），沿手背、上肢外侧后缘，过肘部，到肩关节后面，绕肩胛部，交肩上（大椎穴），前行入缺盆，深入体腔，络心，沿食道，穿过膈肌，到达胃部，下行，属小肠。

分支：从缺盆出来，沿颈部上行到面颊，至目外眦后，退行进入耳中（听宫穴）。

分支：从面颊部分出，向上行于眼下，至目内眦（睛明穴），交于足太阳膀胱经。

（七）足太阳膀胱经（图 6–8）

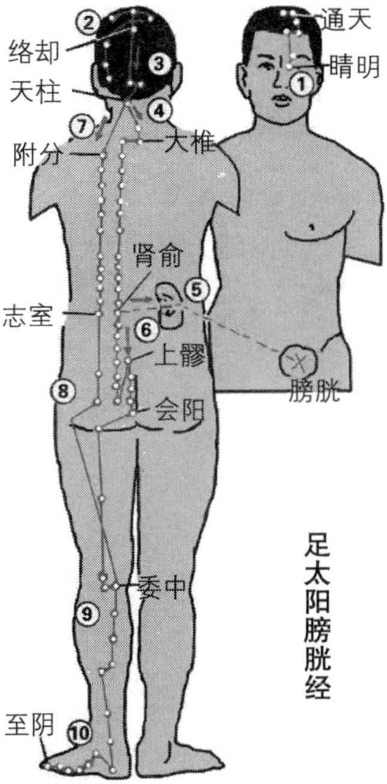

图 6–8

起于目内眦（睛明穴），向上到达额部，左右交会于头顶部（百会穴）。

分支：从头顶部分出，到耳上角部。

直行者：从头顶部分别向后行至枕骨处，进入颅腔，络脑，回出分别下行到项部（天柱穴），下行交会于大椎穴，再分左右沿肩胛内侧，脊柱两旁（一寸五分），到达腰部（肾俞穴），进入脊柱两旁的肌肉（膂），深入体腔，络肾，属膀胱。

分支：从腰部分出，沿脊柱两旁下行，穿过臀部，从大腿后侧外缘下行至腘窝中（委中穴）。

分支：从项分出下行，经肩胛内侧，从附分穴挟脊（三寸），下行至髀枢，经大腿后侧至腘窝中与前一支脉会合，然后下行穿过腓肠肌，出走于足外踝后，沿足背外侧缘至小趾外侧端（至阴穴），交于足少阴肾经。

（八）足少阴肾经（图 6–9）

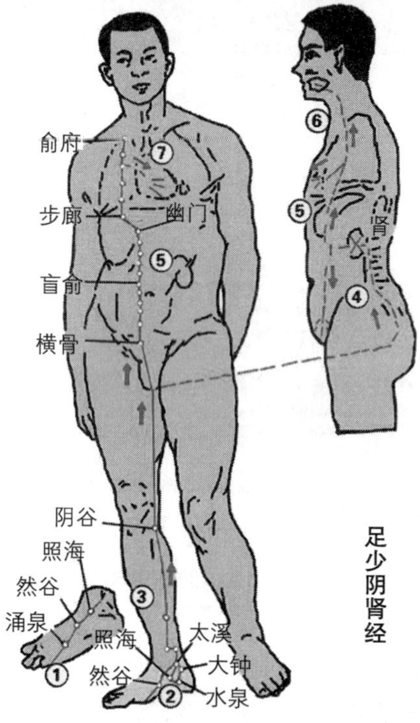

图 6–9

起于足小指下，斜行于足心（涌泉穴），出行于舟骨粗隆之下，沿内踝后，分出进入足跟，向上沿小腿内侧后缘，至腘内侧，上股内侧后缘入脊内（长强穴），穿过脊柱，属肾，络膀胱。

直行者：从肾上行，穿过肝和膈肌，进入肺，沿喉咙，到舌根两旁。

分支：从肺中分出，络心，注于胸中，交于手厥阴心包经。

（九）手厥阴心包经（图 6–10）

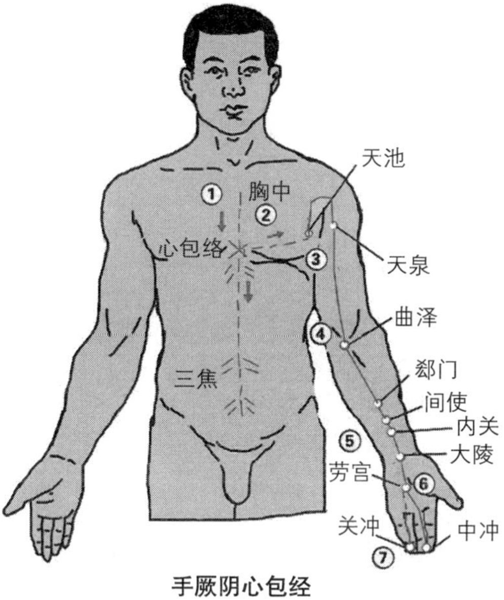

手厥阴心包经

图 6–10

起于胸中，出属心包络，向下穿过膈肌，依次络于上、中、下三焦。

分支：从胸中分出，沿胸浅出肋部当腋下三寸处（天池穴），向上至腋窝中，沿上肢内侧中线入肘，过腕部，入掌中（劳宫穴），沿中指桡侧，出中指桡侧端（中冲穴）。

分支：从掌中分出，沿无名指出其尺侧端（关冲穴），交于手少阳三焦经。

（十）手少阳三焦经（图 6–11）

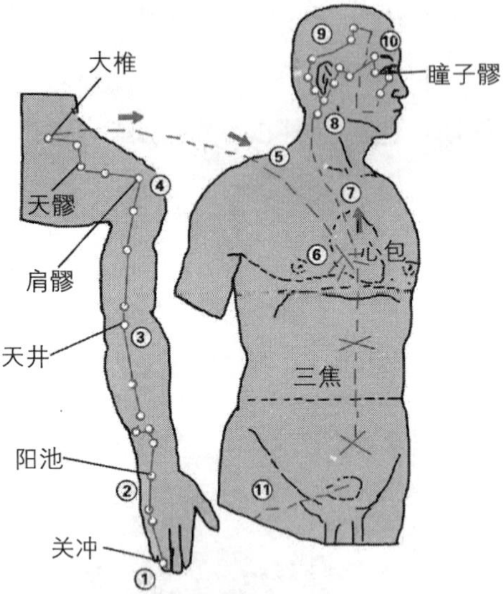

图 6–11

起于无名指末端（关冲穴），向上沿无名指尺侧至手腕背面，上行尺骨、桡骨之间，通过肘尖，沿上臂外侧向上至肩部，向前行入缺盆，布于膻中，散络心包，穿过膈肌，依次属上、中、下三焦。

分支：从膻中分出，上行出缺盆，至肩部，左右交会于大椎，上行到项，沿耳后（翳风穴），直上出耳上角，然后屈曲向下经面颊部至目眶下。

分支：从耳后分出，进入耳中，出走耳前，经上关穴前，在面颊部与前一分支相交，至目外眦（瞳子髎穴），交于足少阳胆经。

（十一）足少阳胆经（图 6–12）

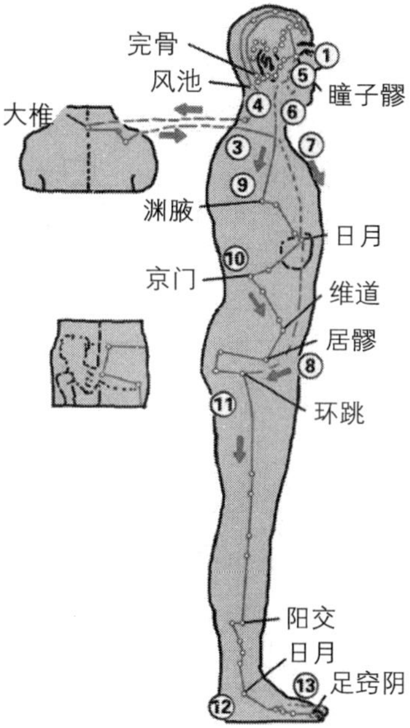

足少阳胆经

图 6–12

起于目外眦（瞳子髎穴）上至头角（颔厌穴）。再向下到耳后（完骨穴），再折向上行，经额部至眉上（阳白穴），又向后折至风池穴，沿颈下行至肩上，左右交会于大椎穴，前行入缺盆。

分支：从耳后进入耳中，出走于耳前，到目外眦后方。

分支：从目外眦分出，下行至大迎穴，同手少阳经分布于面颊部的支脉相合，行至目眶下，向下的经过下颌角下行至颈部，与前脉会合于缺盆后，进入体腔，穿过膈肌，络肝，属胆，沿胁肋浅出气街，绕毛际，横向至环跳穴处。

直行者：从缺盆下行至腋，沿胸侧，过季肋，下行至环跳穴处与前脉会合，再向下沿大腿外侧、膝关节外缘，行于腓骨前面，直下至腓骨下端，浅出外踝之前，沿足背行出于足第四趾外侧端（窍阴穴）。

分支：从足背（临泣穴）分出，前行出足大趾外侧端，折回穿过指甲，分布于足大趾爪甲后毫毛处，交于足厥阴肝经。

（十二）足厥阴肝经（图 6–13）

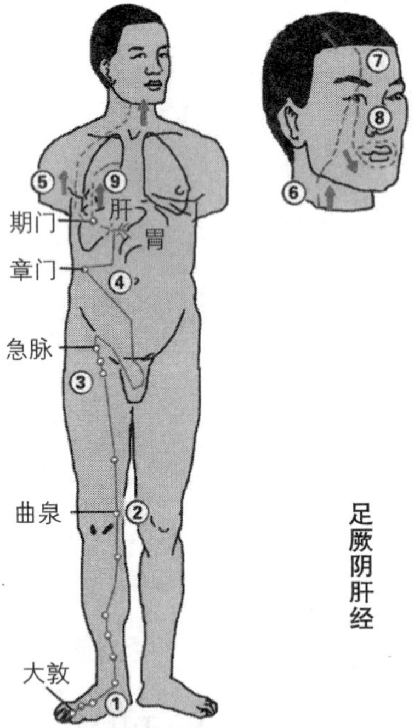

图 6–13

起于足大趾甲后毫毛处，向上沿足背至内踝前一寸处（中封穴），向上沿胫骨内缘，在内踝上八寸处交出足太阴脾经之后，上行过膝内侧，沿大腿内侧中线进入阴毛中，绕阴器，至小腹，挟胃两旁，属肝，络胆，向上穿过膈肌，分布于胁肋部，沿喉咙的后边，向上进入鼻咽部，上行连接目系，出于额，上行与督脉会于头顶部。

分支：从目系分出，下行于颊里，环绕在口唇的里边。

分支：从肝分出，穿过膈肌，向上注入肺，交于手太阴肺经。

从以上十二经脉的命名及分布等情况不难看出，它是根据脏属阴，腑属阳，内侧为阴，外侧为阳的原则，把各经按照所属脏腑结合循行于四肢的部位订出各经名称的。

十二经脉在四肢分布是太阴，阳明在前。厥阴，少阳在中间。少阴，太阳在后。在躯干部，手足三阳经分布在头面、躯干的前、后、侧，手足三阴经则分布在胸腹部。

十二经脉在体内各属，络于一定的脏腑，阳经属腑而络脏，阴经属脏而络腑，组成表（阳）里（阴）相结合的关系。各经之间又相互衔接，成为全面运行的主要通路。其中有一定穴位，是气血输注于体表的部位。十二经脉对称地分布于人体的两侧，沿着一定的方向循行。其总的循行交接规律是：

手三阴，从胸（经臂内侧）走手，交手三阳。

手三阳，从手（经臂外侧）到头，交足三阳。

足三阳，从头（经腿外侧）走足，交足三阴。

足三阴，从足（经腿内侧）走胸，交手三阴。

这样构成一个“阴阳相贯，如环无端”的循行径路。（图6–14）

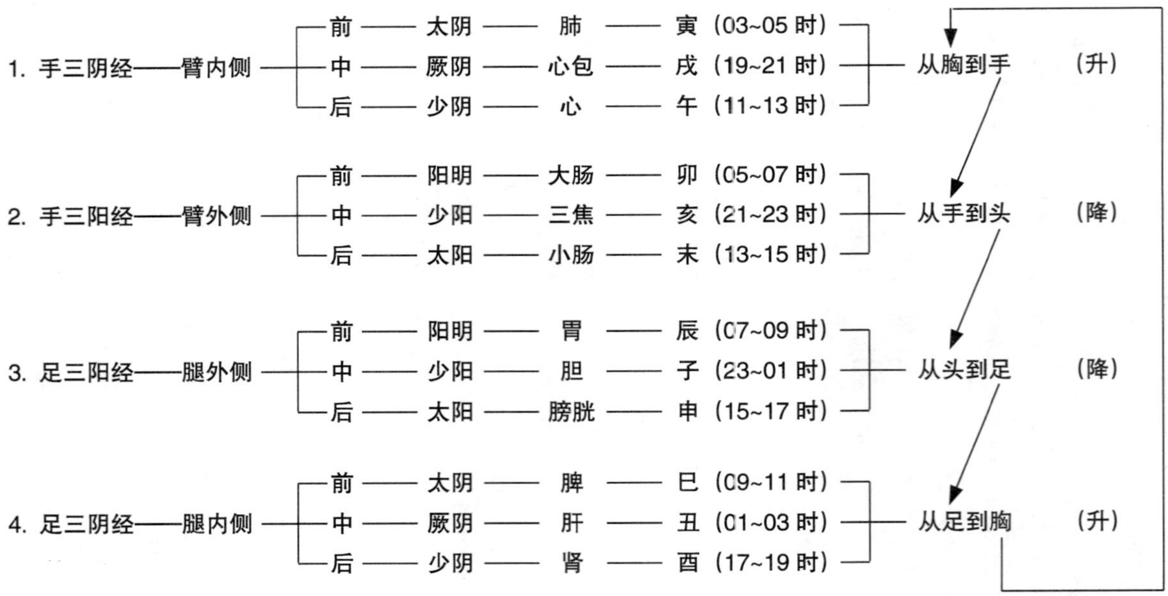

安氏十二经脉循行交接规律图

图 6–14

十二经脉是气血流注的通路。经脉中的气血运行是照应时辰一经接一经，手足阴阳经互相衔接，循环相贯的。循行开始于手太阴肺经，依次传至足厥阴肝经，再传至手太阴肺经，首尾相贯，环流不息。其次序如图 6-15 所示。

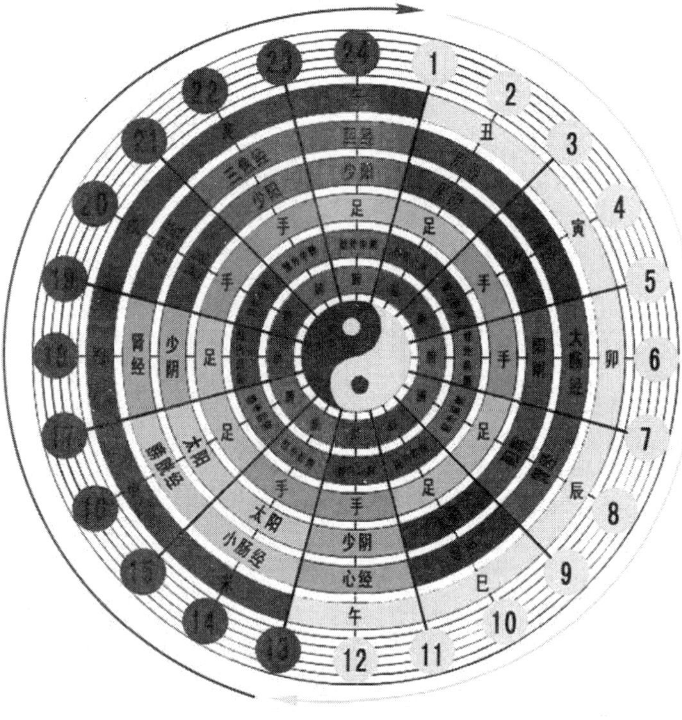

安氏十二经脉循行流注图

图 6-15

二、督任两脉

任督两脉原属于奇经八脉，督脉主气，为阳脉之海；任脉主血，为阴脉之海。因其在陈式太极拳中作用巨大，故专对此两脉加以介绍。

（一）督脉（图 6–16）

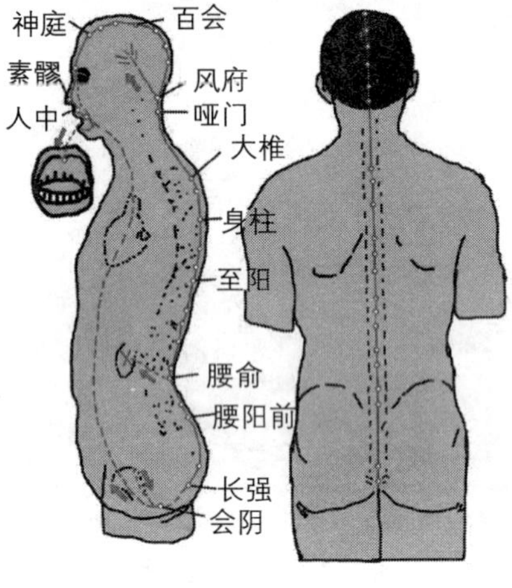

督脉

图 6–16

督，有总督的意思。督脉行于背正中，能总督一身之阳经，故称为“阳脉之海”。

起于小腹内，下出会阴，沿脊柱里面上行，至项后风府穴处进入颅内，络脑，并由项沿头部正中线，经头顶、额部、鼻部、上唇，到上唇系带处。

分支：从脊柱里面分出，属肾。

分支：从小腹内部直上，贯脐中央，上贯心，到喉部，再向上到颌部，环绕口唇。向上至两眼下部的中央。

（二）任脉（图 6–17）

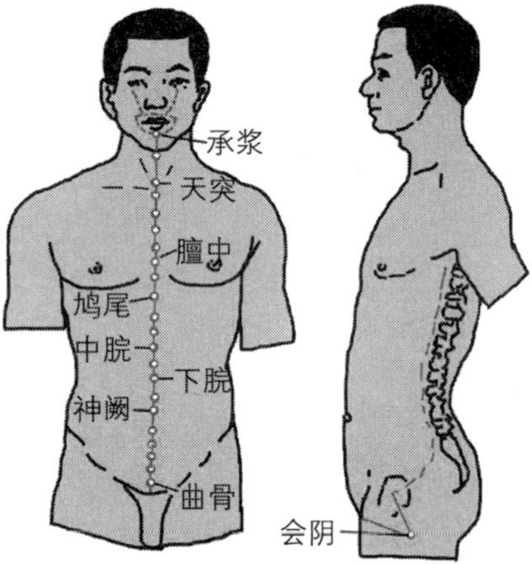

任脉

图 6–17

任，即担任。任脉行于胸部的正中，能总任一身之阴经，故有“阴脉之海”的称号。任还有“妊养”的意思，其脉起于小腹内，在女子具有妊育胎儿的作用，所以又有“任主胞胎”的说法。

起于小腹内，下出会阴，经阴阜，沿腹部和胸部正中线上行，至咽喉，上行至下颌部，环绕口唇，沿面颊，分行至目眶下。

第二节 锻炼经脉的作用

《灵枢·经脉》指出：“经脉者，所以决生死，处百病，调虚实，不可不通”，概括说明了经络系统在生理、病理和防治疾病方面的重要性。

经脉之所以能决定人的生和死，是因其具有联系人体全身内外，起着运行气血的基本作用；具有抗御病邪、反映症候的作用；具有传导感应，起补虚泻实的作用。

一、 联系全身

经脉是人体气血运行的主要通道，也是联结人体各个部分的基本途径。人体的脏腑、器官、皮毛、孔窍、肌肉、筋腱、骨骼等，就是依靠经络的沟通和联结而成为一个有机的整体。

经脉外行于体表，内属于脏腑，沟通表里，贯穿上下，通过多种通路和途径将机体各个部分，以及脏与脏、腑与腑、脏与腑之间，脏腑与体表，体表与脏腑，官窍、皮肉、筋腱和骨骼之间紧密地联系在一起。 使有机体各部分之间保持着完整和统一。

二、运行气血

《灵枢·本藏》论经脉的作用是：“行血气而营阴阳，濡筋骨，利关节。”经气推动气血在经脉中的运行，约束气血的运行轨道，调节气血的容量，对全身脏腑气血阴阳的协调平衡起着总领的作用。没有经脉对全身的维系、协调和平衡，就不可能有有机体正常的生命运动。

运行气血的功能，首先取决于“宗气”。《灵枢·邪客》说：“宗气积于胸中，出于喉咙，以贯心脉而行呼吸”。其次取决于出自“脐下、肾间”的“原气”。《难经·八难》指出：“脐下、肾间动气”是“五脏六腑之本，十二经脉之根”。经脉的功能活动表现称为“经气”。经气来源于真气，真气来自先天之原气，又依赖后天水谷精微之气的不断充养，是人体生命活动最根本的动力。原气与胸内的膻中，一上一下，分别称为上下气海。

此外，产生于中部的营气和卫气，依赖于饮食，由“水谷之气”转化而成，营气运行于经脉之中，起濡养全身的作用，并变化为血液；卫气寓布到经脉之外，起保卫全身的作用，抵抗病邪的侵犯，并有调节体温、管理汗液分泌、充实皮肤和温煦肌肉等功能。

由于宗气和原气的参与和推动，“内溉脏腑，外濡腠理”（见《灵枢·脉度》），从而使体内的脏腑和体表的五官七窍，皮肉筋骨，均能息息相通，协调一致。

三、协调阴阳

协调阴阳是除指经络气血营运全身，濡养所有器官组织外，还有“平衡阴阳”的作用。如人体内外、上下、左右、前后、脏腑、表里之间，不仅由于经脉的联系使生命有机体的各个部分相互联系，而且由于阴阳的相互协调，相互促进，相互制约，使气血盛衰、机能动静保持正常节律，从而使机体成为统一的、协调而稳定，并与外部环境息息相关的有机整体。

四、抗御病邪

经脉内联脏腑，外络肢节，当人体正气充足时，经脉之气就能首当其充，奋起抵御外邪的入侵；而当人体正气不足，抵抗力下降时，经络便会成为疾病的传入通路。邪气（致病因素）侵入人体，通过经络的传导由表向里，由浅入深，传入内脏，并且还会通过经络系统影响到人体的其他部分。

通过太极拳的练习，由于意念活动能激发经气和经脉本身抗御病邪的功能，从而疏通经脉，“行气血而营阴阳”，营气行于脉中，卫气行于脉外，使营卫之气密布周身。当外邪侵犯机体时，卫气首当其冲发挥其抗御外邪、保卫机体的屏障作用。

第三节　人体穴位

穴位也称穴道。它是沟通脏腑经络气血通于体表部位的特定部位。它是古代医家在针刺、按摩等后所产生的酸麻重胀热凉等感应（称“气至”）的基础上，逐渐发现与形成的。经过反复实践，人们发现这种得气感应不仅在穴位局部出现，还沿着一定的路线向远处传导，从而认识到人体各部之间有联系通路；还发现许多穴位可以治疗远隔部位的病痛，这些穴位往往有规律地排列在一条路线上；进而把这些穴位进行了归纳和分类。人体周身约有 52 个单穴，300 个双穴、50 个经外奇穴，共 720 个穴位。这些穴位中在陈式太极拳新架二路里提到了以下几个，务必了解掌握。现介绍如下。

一、劳宫穴

位置：在掌心横纹中，第二、三掌骨之间。屈指握拳时，当中指尖下是穴。（图 6–18）

经属：是手厥阴心包经荥穴。

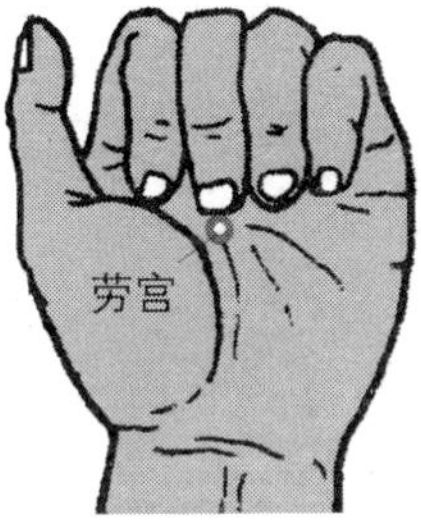

图 6–18

二、百会穴

位置：在后发际正中直上 7 寸，当头部中线与两耳尖连线的交点处。（图 6–19）

经属：是足太阳经、督脉之交会穴。

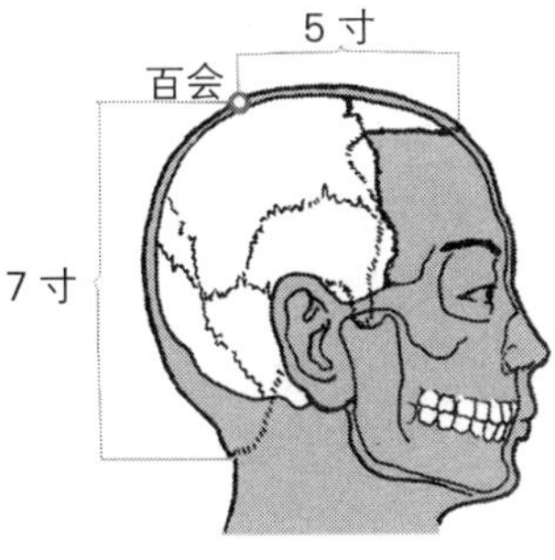

图 6–19

三、膻中穴

位置：在胸正中线上，平第四肋间隙，当两乳之间。（图6–20）

经属：是手厥阴心包经募穴，八会穴之一，气会膻中。

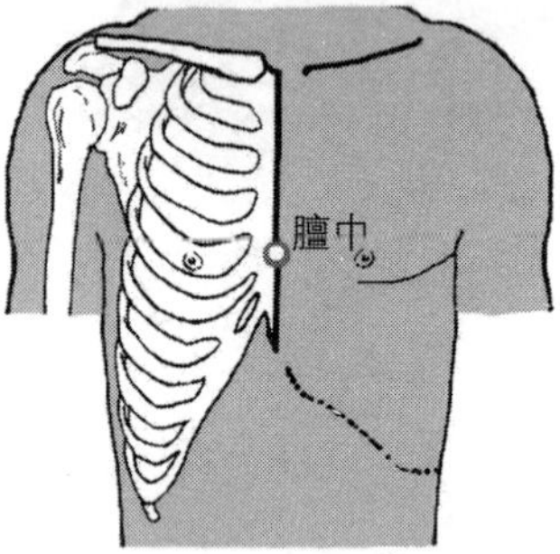

图 6–20

四、丹田穴

位置：在腹正中线上，脐下 1.5 寸处。（图 6–21）

经属：是任脉。肓之原穴。为强壮要穴。

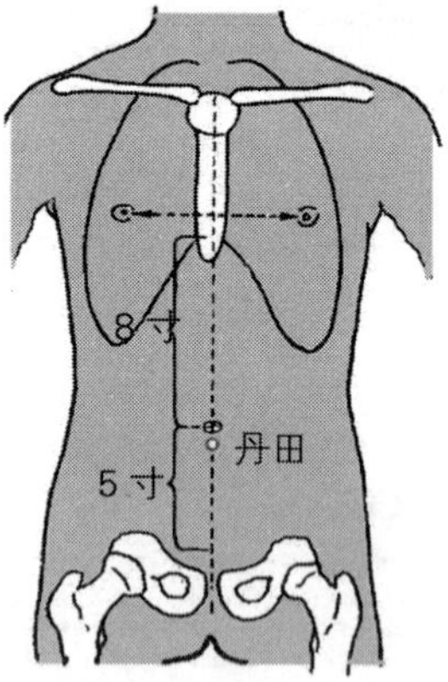

图 6–21

五、会阴穴

位置：在大便前小便后两阴之间。（图 6–22）

经属：是任脉、督脉冲脉交会点。

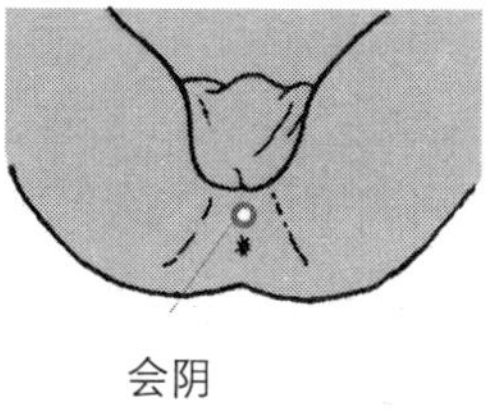

图 6–22

六、涌泉穴

位置：在足底中线瓣前、中 1/3 交点处，当足趾跖屈时，足底前呈凹陷处。（图 6–23）

经属：是足少阴肾经井穴。

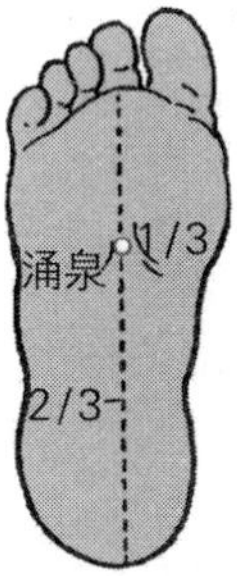

图 6–23

第四节 锻炼穴位的作用

穴位是经络脏腑之气，转输和聚集于体表的地方。人体穴位大都散在于经脉循行的道路上，它与人体各脏腑有密切的联系。因此在练习太极拳时记住以上穴位，才能使内气正确地沿经脉运行。经气运行能使经脉更加畅通，从而使血液循环系统得到改善，能使身体各部得到气血的滋养，能使脏腑功能增强，促进新陈代谢，活跃机体，能使身体健康强壮。